[redacted]

Fausia Kufi

Nur eine Tochter

Fausia Kufi

in Zusammenarbeit mit Nadene Ghouri

Nur eine Tochter

Eine Frau verändert Afghanistan

Aus dem Englischen von
Anne Emmert

KAILASH

Die Originalausgabe wurde 2010 unter dem Titel »Letters to My Daughters« verfasst. Die französische Ausgabe erschien 2011 unter dem Titel »Lettres à mes filles« bei Éditions Michel Lafon Publishing, Neuilly-sur-Seine.

FSC
www.fsc.org
MIX
Papier aus verantwortungsvollen Quellen
FSC® C014496

Verlagsgruppe Random House FSC-DEU-0100
Das für dieses Buch verwendete FSC®-zertifizierte Papier
Munken Premium Cream liefert Arctic Paper Munkedals AB, Schweden.

1. Auflage
Deutsche Erstausgabe

Lektorat: Claudia Alt, München
Karte von Afghanistan rechts: Peter Palm, Berlin
Satz: EDV-Fotosatz Huber/Verlagsservice G. Pfeifer, Germering
Druck und Bindung: GGP Media GmbH, Pößneck
Printed in Germany
ISBN 978-3-424-63048-0
www.kailash-verlag.de

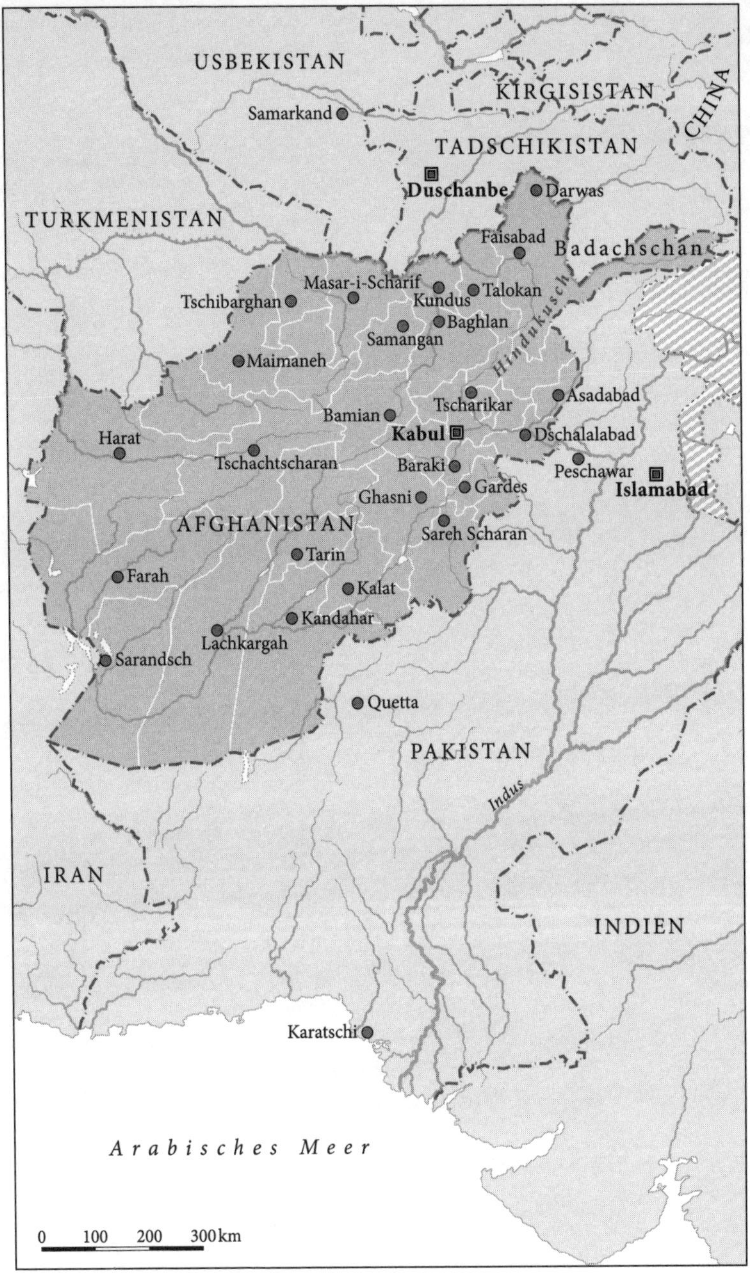
USBEKISTAN
KIRGISISTAN
CHINA
Samarkand
TADSCHIKISTAN
Duschanbe
Darwas
TURKMENISTAN
Faisabad
Badachschan
Masar-i-Scharif
Talokan
Tschibarghan
Kundus
Baghlan
Samangan
Hindukusch
Maimaneh
Asadabad
Tscharikar
Bamian
Kabul
Dschalalabad
Harat
Tschachtscharan
Baraki
Peschawar
Islamabad
Gardes
Ghasni
AFGHANISTAN
Sareh Scharan
Tarin
Farah
Kalat
Kandahar
Lachkargah
Sarandsch
Quetta
PAKISTAN
Indus
IRAN
INDIEN
Karatschi
Arabisches Meer
0 100 200 300km

Inhaltsverzeichnis

Vorwort (September 2010) 9

Teil eins

1 Nur eine Tochter (1975) 15
2 Geschichten aus alten Zeiten (1977) 32
3 Ein schrecklicher Verlust (1978) 48
4 Ein Neuanfang (1979–1990) 58
5 Wieder Dorfmädchen (1991–1992) 72
6 Wenn die Gerechtigkeit stirbt (Mai 1992) 93
7 Der Krieg im Innern (1992–1995) 100
8 Abschied (November 1993) 122

Teil zwei

Brief an meine Mutter 135

9 Ein ganz normaler Donnerstag (September 1996)... 138
10 Rückzug in den Norden (1996) 152
11 Alles wird weiß (1997) 169
12 Eine Hochzeit unter den Taliban (1997) 177
13 Ein Ende vor dem Anfang (1997) 186
14 Dunkelheit senkt sich übers Land (1997) 197

15 Zurück zu den Wurzeln (1998) 235
16 Eine Tochter für eine Tochter (1998–2001) 253
17 Der Schleier hebt sich (2001–2003) 279
18 Ein neues Ziel (2003–2005) 292
19 Ein Land im Wandel (2005) 308

Brief an meinen Vater 328

20 Ein Traum für eine vom Krieg zerrissene Nation (2010) 330

Historische Eckdaten der jüngeren afghanischen Geschichte 346
Bildnachweis 351

Vorwort

September 2010

An dem Morgen, da ich den ersten Brief an meine Töchter schrieb, hatte ich einen politischen Termin in Badachschan, der Provinz also, die ich als afghanische Parlamentsabgeordnete repräsentiere. Badachschan ist die nördlichste Provinz Afghanistans und grenzt an China und Tadschikistan. Sie ist auch eines der ärmsten, am wenigsten entwickelten, entlegensten und kulturell konservativsten Gebiete des gesamten Landes.

Badachschan weist die weltweit höchste Mütter- und Kindersterblichkeit auf, was zum Teil der Abgeschiedenheit der Region und der bitteren Armut der Bevölkerung geschuldet ist. Zum Teil liegt es aber auch an der Kultur, in der nicht selten die Tradition wichtiger ist als die Gesundheit der Frauen. Ein Mann bringt seine schwangere Frau nur ins Krankenhaus, wenn völlig klar ist, dass sie andernfalls nicht überleben würde. Bis sie aber dort ankommt, häufig nach drei Tagen quälender Wehen, die sie auf dem Rücken eines Esels auf felsigen Bergpfaden verbringen musste, ist es häufig zu spät, um beide, Mutter und Kind, zu retten.

An jenem Tag war ich vor der Reise nach Badachschan gewarnt worden. Es lag eine glaubhafte Todesdrohung der Taliban vor, die eine selbstgebaute Bombe unter meinem Auto anbringen wollten. Den Taliban missfällt es, wenn Frauen eine einflussreiche Position in der Regierung bekleiden, und meine öffentliche Kritik an ihnen missfällt ihnen noch mehr.

Sie versuchen oft, mich umzubringen.

In jüngster Zeit haben sie ihre Anstrengungen intensiviert. Sie bedrohen mein Haus, forschen meine Fahrtrouten zur Arbeit aus, um unterwegs eine Bombe zu zünden, wenn mein Auto vorbeifährt, und heuern sogar bewaffnete Männer an, um den Polizeikonvoi, der zu meinem Schutz abgestellt ist, anzugreifen. Einer der bewaffneten Angriffe auf mein Auto dauerte eine halbe Stunde, und zwei Polizisten kamen dabei ums Leben. Ich kauerte mich im Fahrzeug zusammen und hatte keine Ahnung, ob ich das überleben würde.

Die Taliban und alle anderen, die mich zum Schweigen bringen wollen, weil ich meine Stimme gegen Korruption und eine unzulängliche Verwaltung in meinem Land erhebe, werden sich erst zufrieden geben, wenn ich tot bin. An jenem Tag jedoch ignorierte ich die Drohung, wie schon so oft zuvor. Würde ich es anders halten, könnte ich meine Arbeit nicht tun. Doch ich spürte die Gefahr und hatte Angst. So ist das immer. Genau das ist die Wirkung einer Todesdrohung, und diejenigen, die sich dieser Taktik bedienen, wissen das sehr genau.

Um sechs Uhr morgens weckte ich sanft meine ältere Tochter Schaharasad, die zwölf ist, und erklärte ihr, falls ich nicht zurückkehren sollte, solle sie den Brief ihrer zehnjährigen Schwester Schuhra vorlesen. Schaharasads Blick traf den meinen. Er war voller Fragen. Ich legte ihr einen Finger auf die Lippen, küsste sie und ihre schlafende Schwester auf die Stirn, verließ leise das Zimmer und schloss die Tür hinter mir.

Noch während ich mich von meinen Kindern losriss, wusste ich, dass meine Ermordung durchaus im Bereich des Möglichen lag. Doch ich habe die ärmsten Menschen meines Landes zu repräsentieren. Für diese Aufgabe lebe ich ebenso wie für die Erziehung meiner beiden wunderschönen Töchter. Ich konnte mein Volk nicht im Stich lassen. Ich werde es nie im Stich lassen.

Teil eins

Liebe Schuhra, liebe Schaharasad,

heute nehme ich politische Termine in Faisabad und Darwas wahr. Ich hoffe, ich bin bald zurück und sehe euch wieder. Aber ich muss euch sagen, dass es auch anders kommen kann.

Es hat für diese Reise Morddrohungen gegen mich gegeben. Vielleicht haben die Leute diesmal Erfolg.

Als eure Mutter empfinde ich es als bitter und schmerzhaft, euch das sagen zu müssen, aber bitte versteht, dass ich bereitwillig mein Leben opfern würde, wenn dadurch ein friedliches Afghanistan und eine bessere Zukunft für die Kinder dieses Landes möglich würde.

Ich führe dieses Leben, damit ihr – meine kostbaren Mädchen – die Freiheit genießen könnt, euer Leben zu leben und eure Träume zu träumen.

Für den Fall, dass ich ermordet werde und euch nicht wiedersehe, bitte ich euch um Folgendes.

Erstens: Vergesst mich nicht.

Weil ihr noch klein seid, eure Schulausbildung noch beenden müsst und nicht allein bleiben könnt, möchte ich, dass ihr bei eurer Tante Chadidscha wohnt. Sie liebt euch sehr und wird sich für mich um euch kümmern.

Ihr habt meine Erlaubnis, alles Geld, das ich auf der Bank habe, auszugeben. Aber bitte verwendet es weise und steckt es in eure Ausbildung. Konzentriert euch auf die Bildung. Mädchen sind darauf angewiesen, wenn sie es in dieser Männerwelt zu etwas bringen wollen.

Nach eurem Schulabschluss möchte ich, dass ihr im Ausland studiert. Ihr sollt universelle Werte kennenlernen. Die Welt ist groß, schön und wunderbar, und ihr sollt sie nach Lust und Laune erforschen.

Seid mutig. Habt vor nichts im Leben Angst.

Wir Menschen werden alle eines Tages sterben. Vielleicht ist heute der Tag, an dem ich sterbe. Wenn es so ist, dann seid euch bitte gewiss, dass es einen Sinn hatte.

Geht nicht aus dem Leben, ohne etwas erreicht zu haben. Macht es euch zum Anliegen, anderen Menschen zu helfen und unser Land und unsere Welt zu verbessern.

Ich küsse euch beide. Ich liebe euch.
Eure Mutter

1

Nur eine Tochter

1975

Schon am Tag meiner Geburt sollte ich eigentlich sterben.

In den fünfunddreißig Jahren meines Lebens habe ich dem Tod unzählige Male ins Auge gesehen, und doch lebe ich noch. Ich weiß nicht, warum das so ist, aber ich weiß, dass Gott etwas mit mir vorhat. Vielleicht soll ich mein Land lenken und aus dem Abgrund der Korruption und der Gewalt herausführen. Vielleicht soll ich auch einfach meinen Töchtern eine gute Mutter sein.

Ich war das neunzehnte von insgesamt dreiundzwanzig Kindern meines Vaters und meiner Mutter letztes Kind. Sie war die zweite Frau meines Vaters. Als sie mit mir schwanger wurde, war sie entkräftet von den sieben Kindern, die sie schon geboren hatte. Zudem war sie unglücklich, weil sie die Liebe meines Vaters an seine neueste und jüngste Frau, seine siebte, verloren hatte. Sie wollte, dass ich sterbe.

Ich kam draußen auf den Viehweiden zur Welt. In den Sommermonaten unternahmen meine Mutter und eine Schar von Helfern mit den Rindern und Schafen die jährliche Reise zu den Weidegründen oben in den Bergen, wo das Gras süßer und saftiger ist. Das bot ihr die Gelegenheit, dem Haus für ein paar Wochen zu entfliehen. Sie übernahm die Verantwortung für die gesamte Unternehmung und packte genügend getrocknete Früchte, Gemüse, Reis und Öl ein, um die kleine Reisegruppe für drei Monate – oder so lange sie eben weg war – zu ernähren. Die Vorbereitungen und das Packen waren immer eine aufregende Sache, denn alles musste bis ins Kleinste geplant werden, ehe sich der Konvoi aus Pferden und Eseln zu den Bergpässen aufmachte, um höher gelegene Weidegründe aufzusuchen.

Meine Mutter liebte diese Wanderungen, und wenn sie durch die Dörfer ritt, war ihr die Freude darüber, vorübergehend von den Fesseln des Hauses und der Hausarbeit befreit zu sein und frische Bergluft zu atmen, anzusehen. Einer in meiner Heimat üblichen Redensart zufolge sieht eine Frau auf dem Rücken eines Pferdes in ihrer Burka umso hübscher aus, je mehr Tatkraft und Leidenschaft sie in sich hat. Damals hieß es, niemand sei auf dem Pferderücken schöner als meine Mutter. Es lag an ihrer Haltung, ihrem würdevollen und aufrechten Sitz.

Doch 1975, im Jahr meiner Geburt, war sie nicht in feierlicher Stimmung. Dreizehn Monate zuvor hatte sie an den großen gelben Toren unseres *hooli* gestanden, eines ausladenden einstöckigen Lehmhauses, und die Hochzeitsgesellschaft beobachtet, die sich über den Bergpfad in unser Dorf geschlängelt hatte. Mein Vater hatte beschlossen, eine siebte Frau zu nehmen. Sie war damals erst vierzehn Jahre alt.

Jedes Mal, wenn er wieder heiratete, war meine Mutter am Boden zerstört – obwohl mein Vater immer scherzhaft darauf hinwies, meine Mutter werde mit jeder neuen Ehefrau noch schöner. Von all seinen Frauen schätzte mein Vater meine Mutter – Bibi dschan (wörtlich übersetzt »Schöne Liebenswerte«) – am meisten. Doch in der dörflichen Bergkultur meiner Eltern waren Liebe und Ehe nur selten gleichbedeutend. Die Ehe diente der Familie, der Tradition und der Kultur, und diesen Genüge zu tun galt mehr als das Glück des Einzelnen. Liebe war etwas, das niemand erwartete oder brauchte. Sie machte nichts als Ärger. Glück, so meinte man, bestehe darin, dass man seine Pflicht tat, ohne zu fragen. Und mein Vater war der festen Überzeugung, dass ein Mann seines Ansehens und seiner Stellung die Pflicht hatte, mehr als eine Frau zu heiraten.

Meine Mutter hatte also auf der großen Steinterrasse gestanden, verborgen hinter den Toren des *hooli*, als die mehr als zehn berittenen Männer den Berg herabkamen, mein Vater in seinem prächtigsten weißen Salwar Kamiz, einem langen Hemd über weiter Hose, sowie einer braunen Weste und einer Lammfellkappe. Seinem Schimmel, an dessen kunstvoll verziertem Zaumzeug leuchtend rosafarbene, grüne und rote Wolltroddeln baumelten, folgten mehrere kleinere Pferde mit der Braut und ihren weiblichen Verwandten, die eine weiße Burka trugen. Die anderen Frauen begleiteten die Braut in ihr neues Heim, das sie mit meiner Mutter und den anderen Ehefrauen meines Vaters teilen würde. Mein Vater, ein kleiner Mann mit eng stehenden Augen und einem gepflegtem Bart, lächelte liebenswürdig und schüttelte den Dorfbewohnern, die gekommen waren, ihn zu grüßen und das Spektakel zu beobachten, die Hände. Sie riefen einander zu: »Wakil Abdul Rahman ist da, Wakil Abdul Rahman ist zu Hause!« Mit seiner überaus hübschen neuen Frau. Die Leute mochten ihn sehr und hatten nichts anderes von ihm erwartetet.

Mein Vater Wakil (Abgeordneter) Abdul Rahman war Mitglied des afghanischen Parlaments. Er repräsentierte das Volk von Badachschan, wie ich es heute auch tue. Ehe mein Vater und ich Parlamentsmitglieder wurden, war schon der Vater meines Vaters Asamschah Dorfführer und Stammesältester gewesen. Seit jeher war es in meiner Familie Tradition, sich in der Kommunalpolitik und im Dienst an der Öffentlichkeit einzusetzen. Man kann also sagen, dass die Politik nicht minder durch meine Adern fließt als die Bergbäche und die Flüsse in den Tälern Badachschans.

Die Distrikte Darwas und Kuf, aus dem meine Familie stammt und von dem sich auch mein Nachname ableitet, sind so bergig und abgelegen, dass man mit einem Allradfahrzeug noch heute bis zu drei Tage in die Provinzhauptstadt Faisabad unterwegs ist – und das ist die Fahrzeit bei gutem Wetter. Im Winter sind die schmalen Bergpässe komplett geschlossen.

Mein Großvater hatte die Aufgabe, den Menschen in sozialen Fragen und bei praktischen Problemen zu helfen, den Kontakt zu den Behörden der Zentralregierung in der Provinzhauptstadt Faisabad herzustellen und in Zusammenarbeit mit dem Distriktverwalter der Provinz die staatlichen Dienstleistungen und die Infrastruktur zu verbessern. Mit den staatlichen Behörden in Faisabad konnte er von zu Hause aus, im Bergdistrikt Darwas, nur in Verbindung treten, indem er auf dem Rücken eines Pferdes oder Esels eine sieben bis zehn Tage lange Reise unternahm. Er benutzte sein Leben lang kein Flugzeug oder Auto.

Mein Großvater war selbstverständlich nicht der Einzige, der so mühevoll reiste. Die Dorfbewohner gelangten nur zu Fuß oder mit dem Pferd in die größeren Städte. So kauften die Bauern ihr Saatgut, so brachten sie ihre Rinder zum Markt, so kamen Kranke ins Krankenhaus, und so statteten sich Familienangehörige, die durch Heirat getrennt worden waren, gegenseitig einen Besuch ab. Solche Reisen waren nur im warmen Frühling und in den Sommermonaten möglich, und auch dann waren sie mit großen Gefahren verbunden.

Das größte Risiko stellte die Überquerung des Atanga dar. Der Atanga ist ein hoher Berg, der an den Fluss Amudarja grenzt. Dieser klare grüne Wasserweg liegt auf der Grenze zwischen Afghanistan und Tadschikistan und ist ebenso gefährlich wie schön. Im Frühling, wenn der Schnee schmilzt und der Regen einsetzt, schwillt der Fluss an und bildet eine Vielzahl tödlicher Stromschnellen. Der Passweg über den Atanga bestand zu Zeiten meines Großvaters aus einer Reihe schlichter Holzstufen, die zu beiden Seiten des Berges angebracht worden waren, damit die Menschen leichter auf der einen Seite hinauf und auf der anderen hinunter klettern konnten.

Doch die Stufen waren schmal, wacklig und rutschig. Ein falscher Schritt, und der Wanderer fiel direkt in den Fluss, dessen Strömung ihn in den sicheren Tod riss. Man stelle sich vor, wie die Menschen erschöpft von einer siebentägigen Wanderung mit den Einkäufen, die sie in Faisabad erstanden hatten, zurückkehrten. Beladen waren sie mit einem Siebenkilosack Reis, mit Salz oder Öl, wertvoller Fracht also, von der die Familie den ganzen Winter leben musste. Und nun mussten sie es noch mit einem lebensgefährlichen Pass aufnehmen, an dem schon viele Freunde und Verwandte ihr Leben verloren hatten.

Mein Großvater konnte es nicht mit ansehen, wie seine Leute Jahr für Jahr dort umkamen. Er setzte alle Hebel in Bewegung, damit die Regierung eine richtige Straße baute. Doch obwohl er reicher war als die meisten Menschen in Badachschan, war er doch nicht mehr als ein Kommunalpolitiker aus einem entlegenen Bergdorf. Er konnte gerade noch nach Faisabad reisen, um sein Anliegen vorzubringen, doch für eine Reise nach Kabul, wo der König und die Zentralregierung angesiedelt waren, fehlten ihm Mittel und Macht.

Da er wusste, dass sich zeit seines Lebens keine Veränderung einstellen würde, beschloss mein Großvater, dass sein jüngster Sohn sein Engagement fortsetzen sollte. Mein Vater war noch ein kleiner Junge, als mein Großvater ihn auf seine Aufgabe in der Politik vorzubereiten begann. Sehr viel später, nach Jahren massiver Lobbyarbeit, war es einer der größten Erfolge meines Vaters im Parlament, dass er den Traum meines Großvaters wahr machte und den Bau einer Passstraße über den Atanga durchsetzte.

Um diese Straße und die Audienz meines Vaters bei König Sahir Schah, mit dem er das Projekt besprach, rankt sich eine berühmte Familienanekdote. Mein Vater stand vor dem König und sagte: »Schah Sahib, der Bau dieser Straße ist seit Jahren geplant, doch es geschieht nichts – Sie und Ihre Regierung planen und reden, aber Sie halten Ihre Versprechen nicht.« Obwohl das Parlament damals aus gewählten Volksvertretern bestand, führten noch immer der König und seine Höflinge das Land. Unverhohlene Kritik am König gab es selten. Wer sie doch vorbrachte, musste entweder mutig oder tollkühn sein. Der König nahm die Brille ab und sah meinen Vater lange und durchdringend an, ehe er mit ernster Miene feststellte: »Wakil Sahib (Herr Abgeordneter), Sie sollten nicht vergessen, dass Sie sich in meinem Palast befinden.«

Mein Vater bekam es mit der Angst und fragte sich, ob er wohl zu weit gegangen war. Eilig verließ er den Palast, wobei er auf dem Weg nach draußen auf Schritt und Tritt befürchtete, verhaftet zu werden. Doch einen Monat später schickte der König den für öffentliche Bauarbeiten zuständigen Minister nach Badachschan, wo er gemeinsam mit meinem Vater Pläne für den Straßenbau ausarbeiten sollte. Der Minister traf ein, sah sich den Berg kurz an und erklärte, die Aufgabe sei unlösbar. Mehr sei dazu nicht zu sagen, und er werde sofort nach Kabul zurückkehren. Mein Vater nickte bedächtig, bat ihn jedoch, vorher noch einen Ausritt mit ihm zu unternehmen. Der Mann willigte ein, und sie ritten hinauf auf den Pass. Als sie Halt machten und absaßen, schnappte sich mein Vater das Pferd des Ministers und eilte, beide Pferde im Schlepptau, den Berg wieder hinunter. Den Minister ließ er die ganze Nacht allein oben auf dem Berg, damit er eine Vorstellung davon bekam, wie es für die Dorfbewohner war, wenn sie auf dem Pass festsaßen.

Am nächsten Morgen kehrte mein Vater zurück und holte den Minister ab. Der war selbstverständlich außer sich vor Wut, von den Stechmücken halb tot gebissen und hundemüde, nachdem er aus Angst vor Wildhunden und Wölfen die ganze Nacht kein Auge zugemacht hatte. Doch er hatte am eigenen Leibe erfahren, wie hart das Leben für die Bewohner dieser Gegend war. Er willigte ein, Ingenieure und Dynamit herbeizuschaffen, damit die Passstraße gebaut werden konnte. Der Atanga-Pass meines Vaters existiert immer noch. Dieses Meisterwerk der Ingenieurskunst hat im Lauf der Jahre Tausenden von Badachschanis das Leben gerettet.

Doch lange, bevor der Pass gebaut und mein Vater Parlamentsmitglied wurde, hatte mein Großvater den kleinen Abdul Rahman zum *arbab* ernannt, zum Dorfführer. Im Alter von zwölf Jahren erhielt der Junge damit praktisch die Macht eines Stammesältesten. Er hatte dörfliche Streitigkeiten um Land, Familie und Ehe beizulegen, und Familien, die für ihre Tochter eine gute Partie suchten, baten ihn um Rat bei der Wahl des richtigen Ehemannes. Bald verhandelte er über Gesundheits- und Bildungsprojekte, brachte Geld auf und traf sich mit Provinzvertretern aus Faisabad. Die Beamten wussten, dass er, obwohl er noch ein Kind war, in unserem *arbab*-System die Unterstützung der Einheimischen genoss, und waren daher bereit, sich mit dem kleinen Jungen zu beraten.

Diese frühen Jahre vermittelten meinem Vater eine solide Grundlage in allen Aufgabenbereichen der Kommunalverwaltung, sodass er als Erwachsener für Führungsaufgaben bereitstand. Der Zeitpunkt war günstig, denn damals entwickelten sich in Afghanistan gerade demokratische Strukturen. In dem Jahrzehnt zwischen 1965 und 1975 richtete der König ein Parlament ein und beteiligte die Bevölkerung an politischen Entscheidungsprozessen, indem er sie ihre örtlichen Vertreter wählen ließ.

Das Volk von Badachschan hatte sich von der Zentralregierung jahrelang vernachlässigt gefühlt und war deshalb hoch erfreut, dass seine Stimme endlich Gehör finden sollte. Mein Vater wurde als erstes Parlamentsmitglied für den Distrikt Darwas in die neue Versammlung gewählt. Er repräsentierte Menschen, die zu den ärmsten in Afghanistan, ja, in der gesamten Welt zählten.

Trotz ihres ärmlichen Lebens sind die Badachschani ein stolzes Volk, das seinen Werten treu bleibt. Sie können wild und wütend sein wie das unberechenbare Bergwetter, aber auch zart und zäh wie die Wildblumen, die auf dem Granitgestein an den Flussufern wachsen.

Abdul Rahman war einer von ihnen und kannte ihr Wesen besser als jeder andere. Voller Hingabe stürzte er sich in seine neue Aufgabe.

Der einzige Kontakt zur Außenwelt fand damals über das Radio statt. Mein Vater hatte das einzige Radio in unserem Dorf von meinem Großvater geerbt, ein klobiges russisches Holzmodell mit Messingknöpfen. An dem Tag, an dem mein Vater seine erste Rede im Parlament von Kabul halten sollte, versammelten sich die Dorfbewohner vor unserem Haus in Kuf, um sich die Übertragung anzuhören.

Außer meinem älteren Bruder Dschamalschah wusste niemand, wie man das Radio einschaltete oder die Lautstärke regulierte. Meine Mutter, die bei dem Gedanken, dass ihr Mann nun Parlamentsmitglied war, vor Stolz fast platzte, öffnete die Tore des *hooli*, damit sich die Dorfbewohner die Rede anhören konnten. Dann rief sie Dschamalschah, der das Radio für sie anmachen sollte.

Doch mein Bruder war nicht zu Hause. Völlig aufgelöst rannte sie durch das Dorf und rief nach ihm, doch er war nirgends zu finden. Die Rede sollte bald beginnen, und vor dem *hooli* hatte sich bereits eine große Menschenmenge versammelt: Cousins, Dorfälteste, Frauen, Kinder. Einige von ihnen hatten noch nie in ihrem Leben Radio gehört, und alle wollten ihren Abgeordneten vor dem Parlament sprechen hören. Meine Mutter wollte meinen Vater nicht im Stich lassen, hatte aber nicht die leiseste Ahnung, wie das Gerät funktionierte.

Zuerst probierte sie alle Knöpfe. Nichts geschah. Da die Menschenmenge ihr erwartungsvoll zusah, ergriffen sie Panik und Angst, und sie spürte schon die Tränen aufsteigen. Ihr Ehemann würde eine Demütigung erfahren, und sie war schuld daran. Wenn doch nur Dschamalschah da wäre – wo war der Junge nur? Frustriert schlug sie mit der Faust auf das Radio –

und wundersamerweise begann das Gerät zu spucken und zu knacken.

Sie konnte ihr Glück kaum fassen. Doch noch immer konnten die Leute nichts hören, weil die Lautstärke nicht ausreichte. Wieder hatte sie keinen blassen Schimmer, was zu tun war. Ihre Freundin, die vierte Frau meines Vaters, schlug vor, den Lautsprecher herbeizuschaffen. Die Frauen wussten nicht, wofür er da war oder wie er funktionierte, hatten die Männer aber schon damit hantieren sehen. Sie stellten ihn neben das Radio und schlossen ihn an. Es funktionierte. Das gesamte Dorf hörte die Rede meines Vaters live aus dem Parlament, und meine Mutter strahlte glücklich und zufrieden. Sie war eine Frau, die vollkommen darin aufging, für ihren Ehemann da zu sein. Später beschrieb sie mir gegenüber diese Zeit als die glücklichste ihres Lebens.

Mein Vater erwarb sich rasch den Ruf, eines der fleißigsten Mitglieder im Parlament des Königs zu sein. Obwohl Badachschan bettelarm blieb, war es eine gute Zeit für den Frieden und die nationale Sicherheit, und auch Wirtschaft und Gesellschaft waren überwiegend stabil. Diesen Zustand allerdings konnten unsere Nachbarn nicht so einfach hinnehmen. In Afghanistan heißt es, unsere geografische Lage sei schlecht für Afghanistan, aber gut für die Welt, für China, Iran, Russland sowie die europäischen Großmächte. Das ist wahr. Wer schon einmal in dem bekannten Strategiespiel »Risiko« die Weltherrschaft angestrebt hat, kann bestätigen, dass jeder, der Afghanistan erobert, ein Einfallstor zum Rest der Welt besitzt. Das war schon immer so. Damals war der Kalte Krieg auf dem Höhepunkt, und infolge seiner strategischen und geografischen Bedeutung zeichnete sich bereits das tragische Schicksal ab, das mein Land später heimsuchen würde.

Mein Vater war geradeheraus, aufrichtig und fleißig. Aufgrund seiner Großzügigkeit, seiner Ehrlichkeit, seiner Gottgläubigkeit und seinem Festhalten an traditionellen islamischen Werten genoss er nicht nur in Badachschan, sondern im ganzen Land hohes Ansehen. Weil er es ablehnte, vor der Elite zu katzbuckeln und die politischen Machtspielchen mitzuspielen, die viele seiner Kollegen so schätzten, hatte er aber am Königshof auch Gegner. Vor allem war er ein altmodischer Politiker, für den der Dienst an der Öffentlichkeit und die Hilfe für die Armen an oberster Stelle standen.

Monatelang hielt er sich in Kabul auf, setzte sich für den Bau von Straßen, Krankenhäusern und Schulen ein und stellte für einige, wenn auch nicht alle Projekte die Finanzierung sicher. Da die Herrschenden in Kabul unsere Provinz als eher unwichtig erachteten, war es oft schwierig, Gelder bei der Zentralregierung lockerzumachen. Das war für meinen Vater ein ständiges Ärgernis.

Meine Mutter erzählte mir später, dass sie jeweils einen Monat vor der jährlichen Parlamentspause mit den Vorbereitungen für seine Rückkehr begann. Sie stellte verschiedene süße Delikatessen für ihn her, trocknete Obst, putzte das Haus und schickte die Diener in die Berge, um Brennholz für das Zubereiten der Mahlzeiten zu sammeln, die für seine Ankunft geplant waren. Abends kam eine ganze Eselskarawane mit Holz durch das Tor des *hooli,* das meine Mutter in der Ecke des Gartens im Holzlager aufschichten ließ. Sie war durchaus nicht weniger fleißig als mein Vater. Nie gab sie sich mit der zweitbesten Lösung zufrieden, immer strebte sie nach Perfektion. Mein Vater dankte es ihr allerdings nur selten. Was für ein furchterregender Tyrann er zu Hause sein konnte, war an ihren Blutergüssen abzulesen.

Bis auf eine heiratete er alle Frauen aus politischen Gründen. Durch die Ehe mit der Lieblingstochter eines Stammesoberhauptes oder eines einflussreichen Dorfältesten festigte und erweiterte er strategisch seinen Machtbereich. Der Vater meiner Mutter war ein wichtiger Dorfältester aus dem Nachbardistrikt gewesen, dessen Dorf mit dem meines Vaters im Streit gelegen hatte. Mit der Ehe schloss er im Grunde einen regionalen Friedensvertrag.

Einige seiner Frauen liebte er, von zweien ließ er sich scheiden, die meisten ignorierte er. Im Lauf seines Lebens nahm er insgesamt sieben Frauen. Meine Mutter war ihm ohne Zweifel die liebste. Sie war zierlich, hatte ein hübsches, ovales Gesicht und blasse Haut, große braune Augen, langes schwarz glänzendes Haar und geschwungene Augenbrauen.

Sie genoss sein volles Vertrauen und verwahrte auch die Schlüssel zum Tresor und zu den Lebensmittellagern. Er betraute sie mit der Zubereitung großer Festessen, und sie überwachte die Diener und die anderen Ehefrauen, wenn in der Küche des *hooli* in riesigen Mengen duftender Pilaw-Reis, Goscht und frisches Nan-Brot hergestellt wurden.

Diener und meine Brüder trugen die dampfenden Töpfe von der Küche ins Gästehaus, ein einstöckiges Gebäude hinter dem *hooli*, wo mein Vater seine Besucher unterhielt. Frauen durften diesen ausschließlich Männern vorbehaltenen Bereich nicht betreten, denn in unserer Kultur hat sich eine verheiratete Frau einem nicht mir ihr verwandten Mann nicht zu zeigen. Daher mussten bei diesen Gelegenheiten meine Brüder helfen, die sonst keine Hausarbeiten verrichteten.

Bei solchen Abendgesellschaften erwartete mein Vater, dass alles perfekt war. Der Reis musste locker sein, die Körner durften nicht zusammenkleben. Wenn es so war, lächelte er, zufrieden mit seiner hervorragenden Wahl der Ehefrau. Fand er aber auch nur ein paar klebrige Reiskörner, verdüsterte sich sein Gesicht, er entschuldigte sich höflich bei seinen Gästen, ging in die Küche, riss meiner Mutter wortlos die eiserne Schöpfkelle aus der Hand und schlug ihr damit auf den Kopf. Blitzschnell hob sie schützend die Hände, die von früheren Züchtigungen bereits vernarbt und verkrüppelt waren. Manchmal verlor sie das Bewusstsein, stand danach aber wieder auf und rieb sich, die verängstigten Blicke der Diener ignorierend, Asche auf den

Kopf, um die Blutung aufzuhalten. Dann machte sie sich wieder an die Arbeit und sorgte dafür, dass bei der nächsten Schüssel Reis keine zwei Körnchen zusammenklebten.

Sie ertrug die Züchtigungen klaglos, weil sie in ihrer Welt gleichbedeutend waren mit Liebe. »Wenn ein Mann seine Frau schlägt, dann weil er sie liebt«, erklärte sie mir. »Er erwartet etwas von mir und schlägt mich nur, wenn ich ihn enttäusche.« Für moderne Ohren mag das befremdlich klingen, doch sie war wirklich davon überzeugt. Und diese Überzeugung gab ihr Kraft.

Meine Mutter erfüllte meinem Vater seine Wünsche nicht aus Pflichtgefühl oder Angst, sondern aus Liebe. Sie betete ihn aufrichtig und aus tiefstem Herzen an.

Deshalb erfasste sie eine tiefe Traurigkeit, als sie die Hochzeitsprozession beobachtete, die sich durch das Dorf schlängelte, an dem Tag, da Ehefrau Nummer sieben ins Haus kam. Sie stand auf der Terrasse neben einer Dienerin, die in einem großen Steinmörser Mehl mahlte, und obwohl sie als Herrin des Hauses das Mahlen normalerweise nicht selber übernahm, packte sie diesmal den Stößel und bearbeitete, gegen die Tränen ankämpfend, zornig die Körner.

Doch Selbstmitleid war auch an jenem Tag ein Luxus, den sie sich nicht leisten konnte. Sie war verantwortlich für die Zubereitung des Essens und hatte dafür zu sorgen, dass die Delikatessen der ersten Mahlzeit, die Abdul Rahmans neue Braut in seinem Hause zu sich nahm, seinem Status gerecht wurden. Wenn sie ihrer neuen Rivalin nicht ein besonders köstliches Festmahl zubereitete, würde sie ihren Mann damit gegen sich aufbringen.

Ein Teil der Zeremonie galt jedoch ihr. Als oberste Ehefrau musste sie die Gesellschaft begrüßen und der neuen Braut fest die Faust auf den Kopf legen, um ihre Vorrangstellung und die Unterordnung der neuen Frau, die in der Hierarchie unter ihr stand, zu bekräftigen. Sie beobachtete, wie drei Frauen – die

Mutter, die Braut und deren Schwester – das Tor zum *hooli* passierten und ihnen vom Pferd geholfen wurde. Sie legten ihre Burkas ab, sodass die Schönheit der beiden jungen Mädchen für alle sichtbar war. Beide hatten langes, rabenschwarzes Haar, das bis zur Taille reichte. Eine sah meiner Mutter mit selbstbewussten grünen Augen und Schmollmund direkt in die Augen. Meine Mutter legte ihr fest und ruhig die Faust auf den Kopf. Das Mädchen sah sie entsetzt an, mein Vater hüstelte und lachte, und das andere Mädchen lief vor Verlegenheit puterrot an. Meine Mutter hatte sich die falsche Frau ausgesucht und der Schwester der Braut die Faust auf den Kopf gelegt. Betroffen schlug sie die Hände vor den Mund, doch da war es schon zu spät: Die Hochzeitsgesellschaft war ins Haus gegangen, um mit den Festlichkeiten zu beginnen. Sie hatte die einzige Chance, der jungen Frau öffentlich zu zeigen, wer für das Haus zuständig war, verstreichen lassen.

Dreizehn Monate später gebar meine Mutter in einer abgelegenen Berghütte ein Kind. Die Zuneigung des Mannes, den sie liebte, hatte sie eingebüßt, sie war einsam und verzweifelt. Drei Monate zuvor hatte die junge Frau einen Sohn zur Welt gebracht, einen gesunden Knaben mit rosigen Wangen und schokoladenbraunen Kulleraugen, der den Namen Ennajat erhielt. Meine Mutter hatte keine Kinder mehr gewollt und wusste, dass dies ihr letztes sein würde. Die gesamte Schwangerschaft hindurch war ihr übel gewesen, und sie war blass und erschöpft, weil ihr Körper nach den vielen belastenden Geburten ausgelaugt war. Ennajats Mutter dagegen hatte vor Freude über ihre erste Schwangerschaft gestrahlt und war schöner gewesen denn je, mit festen Brüsten und einer gesunden Gesichtsfarbe.

Meine Mutter war im siebten Monat schwanger, da leistete sie Geburtshilfe für Ennajat. Als sich seine Lungen erstmals mit Luft füllten und er bei seiner Ankunft in die Welt schrie, legte sich Bibi dschan die Hände auf den Bauch und betete im Stillen, dass auch sie einen Jungen zur Welt bringen möge, um die

Zuneigung meines Vaters wiederzugewinnen. Mädchen galten in unserer Dorfkultur als wertlos. Noch heute beten Schwangere um Söhne, weil nur ein Sohn ihnen Ansehen verleiht und ihren Ehemann glücklich macht.

Bei meiner Geburt krümmte sich meine Mutter dreißig Stunden vor Schmerzen. Als ich zur Welt kam, war sie fast bewusstlos und hatte kaum genügend Kraft, ihrem Entsetzen darüber Ausdruck zu verleihen, dass ich ein Mädchen war. Sie drehte sich weg und wollte mich nicht auf den Arm nehmen. Ich war fleckig, blau angelaufen und winzig, das genaue Gegenteil von Ennajat also, dem rosigen Ausbund an Lebenskraft. Meine Mutter stand nach der Geburt auf der Schwelle zum Tod. Niemanden kümmerte es, ob das neue Mädchen lebte oder starb. Deshalb wickelten mich die Geburtshelferinnen, die sich darauf konzentrierten, das Leben meiner Mutter zu retten, in eine Mullwindel und legten mich hinaus in die gleißende Sonne.

Dort lag ich fast einen Tag lang. Ich schrie mir die kleine Lunge aus dem Leib, doch niemand kam. Man erwartete wohl, dass die Natur ihren Lauf nehmen und ich sterben würde. Mein winziges Gesicht war von der Sonne so verbrannt, dass ich noch als Jugendliche Narben auf den Wangen trug.

Als sie sich endlich meiner erbarmten und mich wieder in die Hütte holten, ging es meiner Mutter schon viel besser. Die Verwunderung darüber, dass ich noch lebte, und das Entsetzen über den Zustand meines verbrannten Gesichts verschlug ihr die Sprache. Ihr Mutterinstinkt verdrängte die anfängliche Gefühlskälte, und sie nahm mich in die Arme. Als ich endlich aufhörte zu schreien, begann sie leise zu weinen und schwor sich, dass mir nie wieder etwas Schlimmes zustoßen dürfe. Gott, das wusste sie, wollte aus unerfindlichen Gründen, dass ich lebte und dass sie mich liebte.

Ich weiß nicht, warum Gott mich an jenem Tag verschonte. Oder warum er mich seither bei den vielen anderen Gelegenheiten verschont hat, bei denen ich hätte sterben können. Doch ich weiß, dass er etwas mit mir vorhat. Und ich weiß, dass er mich wahrlich segnete, als er mich in jenem Moment zu Bibi dschans Lieblingskind machte und ein dauerhaftes, unzerstörbares Band zwischen Mutter und Tochter schmiedete.

Liebe Schuhra, liebe Schaharasad,

schon früh lernte ich, wie schwer es ein Mädchen in Afghanistan hat. Die ersten Worte, die ein neugeborenes Mädchen zu hören bekommt, sind bedauernd an die Mutter gerichtet: »Es ist nur eine Tochter.« Das ist kein besonders freundlicher Empfang in dieser Welt.

Wenn das Mädchen dann ins Schulalter kommt, ist fraglich, ob sie auch die Erlaubnis erhält, den Unterricht zu besuchen. Ist ihre Familie mutig und reich genug dafür? Wenn ihre Brüder älter werden, repräsentieren sie die Familie, und ihr Einkommen trägt zum Lebensunterhalt bei. Deshalb will jede Familie ihrem Sohn zu Bildung verhelfen. Doch die Zukunft eines Mädchens liegt in unserer Gesellschaft meist in der Ehe. Da sie nichts zum Familieneinkommen beitragen kann, ist es in den Augen vieler Afghanen auch sinnlos, ihr Bildung angedeihen zu lassen.

Wenn ein Mädchen zwölf Jahre alt wird, fragen sich Verwandte und Nachbarn oft hinter vorgehaltener Hand, wann sie endlich heiratet. »Hat schon jemand um ihre Hand angehalten?« »Ist einer bereit, sie zu heiraten?« Bleiben Anträge aus, geht schnell das Gerücht, es liege daran, dass sie verdorben sei.

Gesetzt den Fall, dass die Familie diesen Tratsch ignoriert und das Mädchen das gesetzliche Heiratsalter von sechzehn Jahren erreicht, ohne dass vorher ein Partner für sie gefunden wurde, und angenommen, es wird ihr dann noch gestattet, einen Mann ihrer Wahl zu heiraten oder auch nur die Wahl ihrer Eltern abzulehnen, so hat sie eine echte Chance, in ihrem Leben Glück zu erfahren. Ist die Familie dagegen in Geldnot oder lässt sich vom Gerede der Leute leiten, dann verheiratet sie ihre Tochter, ehe sie fünfzehn ist. Die Kleine, die zu ihrer Geburt »Es ist nur eine Tochter« zu hören bekam, wird bald selber Mutter. Bringt sie ein Mädchen zur Welt, so wird auch ihr Baby mit den Worten »Es ist nur eine Tochter« willkommen geheißen. Und so geht es weiter, Generation für Generation.

Das war auch mein Start ins Leben. »Nur eine Tochter«, Tochter einer Analphabetin.

»Nur eine Tochter« – das hätte wohl auch mein Leben geprägt und später das eure. Doch der Mut meiner Mutter, eurer Großmutter, ebnete mir einen anderen Weg. Sie ist die Heldin meiner Träume.

In Liebe,
eure Mutter

2

Geschichten aus alten Zeiten

1977

Die ersten Jahre meiner Kindheit waren so golden wie der Sonnenaufgang in den Bergen. Die Sonne warf ihr Licht über das Pamirgebirge direkt in das Tal und auf die Dächer der Lehmhäuser in unserem Dorf. Meine Erinnerungen an jene Zeit sind unscharf, wie die Bilder aus einem alten Film. Sie sind orange gefärbt wie die Sonne im Sommer und weiß wie der Schnee im Winter, sie duften wie der Apfel- und der Pflaumenbaum vor unserem Haus und das lange geflochtene Haar meiner Mutter, das ebenso glanzvoll war wie ihr strahlendes Lächeln.

Das Kuf-Tal, in dem wir lebten, wird auch als afghanische Schweiz bezeichnet. Es ist üppig und fruchtbar, eingefasst von Bäumen in satten Grün- und Gelbtönen, Farben, die ich nirgendwo anders wieder gesehen habe. Unser Haus ging auf einen glitzernd blauen Fluss hinaus, an dessen grasbewachsenen, steil in die Berge ansteigenden Ufer hohe Ulmen wuchsen.

Die Geräusche, die ich aus meiner Kindheit in Erinnerung habe, sind der Schrei des Esels, das Zischen der Sense, wenn sie das Gras schneidet, das Gurgeln des Flusswassers und das Lachen der Kinder. In meinem Dorf klingt es heute noch so. Kuf ist der einzige Ort auf der Welt, an dem ich die Augen schließen und innerhalb von Sekunden selig einschlafen kann.

Vor unserem Haus befand sich ein Garten, den meine Mutter sehr effektiv betrieb. Wir bauten alles an, was wir brauchten:

verschiedene Obstsorten, Paprika, Oliven, Maulbeeren, Birnen, Aprikosen, Äpfel und große gelbe Kürbisse. Wir kultivierten sogar Seide für das Weben von Teppichen. Da mein Vater große Freude an der Einfuhr fremdländischer Bäume und Samen hatte, beherbergte unser Garten eine der wenigen Traubenkirschen Afghanistans. Ich kann mich noch an den Tag erinnern, an dem der Setzling geliefert wurde. Es war ein großes Ereignis, als er gepflanzt wurde.

In den wärmeren Monaten setzten sich die Frauen am Spätnachmittag für eine halbe Stunde zwischen den Maulbeerbäumen ins Gras. Das war die einzige Zeit des Tages, zu der sie sich ausruhen konnten. Jede brachte ein Schälchen Essen mit, und dann saßen sie da, schwatzten und lachten, während die Kinder in der Nähe spielten.

Damals trugen viele Dorfbewohner Holzpantinen, weil es noch schwierig war, nach Faisabad zu gelangen und Lederschuhe zu kaufen. Ein alter Dorfbewohner stellte sie her. Sie sahen aus wie venezianische Gondeln und waren sehr stabil. In die Sohle schlug er Nägel, die den Frauen im Winter Halt gaben, damit sie beim Wasserholen nicht ausrutschten. Mein größter Traum war es, ein eigenes Paar Pantinen zu besitzen. Allerdings waren sie für Kinder nicht geeignet, weil sie alles andere als bequem waren. Wenn Frauen auf Besuch kamen und ihre Holzschuhe an der Tür abstellten, zog ich sie daher heimlich an und ging vors Haus, um darin zu spielen. Einmal trug ich ein Kleid mit einem wunderschönen Stickmuster, das eine Freundin meiner Mutter für mich geschneidert hatte. Ich durfte eigentlich nicht damit aus dem Haus gehen, wollte mich aber nicht umziehen. Dazu schlüpfte ich in ein Paar Holzschuhe und ging mit meinen Freunden zum Spielen in die Nähe der Quelle. Natürlich fiel ich mit den großen Schuhen hin und zerriss mir das Kleid.

Doch mein Leben begann in der Küche des *hooli*, einem Raum mit Lehmboden und einem Fenster hoch oben, das in den Hof ging. An der Wand standen drei große Holzöfen, und in der Mitte des Raums befand sich der tiefe Brotbackofen, der sogenannte *tanur*.

Wie die meisten Frauen ihrer Generation in den afghanischen Dörfern verbrachte meine Mutter mehr als die Hälfte ihres Lebens in der Küche, wo sie schlief, kochte und die Kleinkinder betreute. In diesem Raum hatte sie das Sagen.

Die Frauen buken dreimal am Tag Brot, manchmal fünfzig oder sechzig Laibe, und der Raum war ständig vom Rauch des Feuers erfüllt. Zwischen dem Backen mussten sie das Mittagessen und das Abendessen zubereiten. Wenn mein Vater Gäste hatte, wurde die Hitze des Feuers in allen vier Öfen unerträglich. Die Aufregung dieser feierlichen Anlässe übertrug sich auf uns Kinder. Ich machte mich an solchen Tagen bei meinen Freunden beliebt, indem ich sie in die Küche führte, wo wir Essensreste bekamen. Die meisten Dorfbewohner waren erheblich ärmer als meine Familie, und die Gelegenheit, ungewohnte Leckereien zu probieren, ließ kaum jemand ungenutzt verstreichen. Wir Kinder hatten im Gästehaus nichts zu suchen. Wenn wir auch nur kurz hineinspähten, so reichte schon ein strenger Blick von einem der Sicherheitsleute meines Vaters, die den Eingang bewachten, um uns in die Flucht zu schlagen.

In der Küche, wo sie von den Männern nicht beobachtet wurden, unterhielten sich die Frauen unbekümmert. Die Kinder bekamen immer eine Kleinigkeit aus den vielen Töpfen mit getrockneten Früchten und Süßigkeiten, die auf den Regalen standen. An kalten Winterabenden, wenn das Brot gebacken war, wärmten wir uns, eine Decke über den Beinen, die Füße an der ausgehenden Glut des *tanur*.

Nachts rollten wir unsere Matratzen auf dem Küchenboden aus und schliefen dort. Frauen und Töchter hatten kein eigenes Schlafzimmer, sondern nur jeweils eine Matratze. Solange die Jungen noch klein waren, lebten und schliefen auch sie in dieser Welt der Frauen. Später teilten sie sich ein Zimmer. Mutter erzählte uns abends Geschichten, vor allem solche aus unserer Heimat. Sie sprach offen über ihre Ehe und die Zeit, als sie meinen Vater kennenlernte. Sie erzählte uns, wie schwer es für sie war, die Kindheit hinter sich zu lassen und Ehefrau zu werden, mit all den Pflichten, die damit einhergingen. Sie verzauberte uns aber auch mit Märchen aus fernen Ländern, über Königinnen und Könige, über Burgen und Krieger, die für die Ehre alles gaben. Sie erzählte Liebesgeschichten und Schauermärchen, bei denen uns vor Angst die Haare zu Berge standen. Wenn ich ihr zuhörte, sah ich durch das Fenster zum Mond und zu den Sternen hinauf. Ich war mir sicher, dass ich den gesamten Himmel vor Augen hatte.

Ich hatte keine Ahnung, dass der Rest der Welt hinter dem großen Berg am Ende des Tals begann, und es wäre mir auch egal gewesen. Meine Mutter liebte mich, und ich liebte sie. Wir waren unzertrennlich. Es war, als gebe sie all die Liebe, die sie von ihrem Mann in jenen Jahren nicht mehr erhielt, doppelt und dreifach an mich weiter. Von ihrer anfänglichen Enttäuschung darüber, dass ich ein Mädchen war, hatte sie sich erholt, nachdem meine Tante Gada, die ältere Schwester meines Vaters, ihr eine Anekdote erzählt hatte. Als meine Tante ihren Bruder bei seiner Rückkehr ins Dorf über meine Geburt informierte, tat sie es mit den Worten: »Abdul Rahman, deine Frau hat eine Maus geboren, eine winzig kleine rote Maus.« Er lachte und verlangte mich zu sehen. Es war das erste Mal, dass er ein neugeborenes Mädchen sehen wollte. Als er mein Gesicht mit den Verbrennungen dritten Grades sah, warf er völlig unerwartet den Kopf zurück und lachte schallend. »Keine Sorge, Schwester«, sagte er zu meiner Tante. »Ihre Mutter hat gute Gene. Ich weiß, dass diese kleine Maus eines Tages so schön sein wird wie ihre Mutter.«

Als meine Mutter davon erfuhr, weinte sie Freudentränen. Mein Vater hatte ihr auf seine Art mitgeteilt, dass er sie noch liebte, und ihr versichert, dass sie sich nicht als Versagerin fühlen müsse, nur weil sie ihm eine letzte Tochter geboren hatte statt eines Sohnes. Sie erzählte diese Geschichte oft, ich habe sie wohl Hunderte von Malen gehört.

Dennoch war mein Vater für mich damals unerreichbar. In Afghanistan wurde die Politik zu dieser Zeit zu einem überaus gefährlichen Spiel. Daud Khan hatte König Sahir Schah in einem friedlichen Staatsstreich gestürzt, während dieser 1973 im Ausland weilte, und sich zum ersten Präsidenten Afghanistans erklärt. Er hob die Verfassung auf und schaffte das Parlament kurzerhand ab.

Kurz darauf wurde mein Vater inhaftiert, weil er dem Präsidenten nicht gehorcht hatte. Er nahm in seiner Kritik an dem neuen Regime kein Blatt vor den Mund und übte Druck auf Daud aus, Verfassung und Parlament wieder in Kraft zu setzen. Landauf, landab wurde Unzufriedenheit über die Politik laut. Die Arbeitslosigkeit stieg rasant an, soziale Spannungen nahmen zu, und die Nachbarn Afghanistans, insbesondere Pakistan und die UdSSR, betrieben auf unserem Grund und Boden ihre politischen Strategiespiele.

Damals hielt sich mein Vater überwiegend in Kabul auf und kam nur selten nach Hause. Solange er nicht da war, ging es im Haus entspannt zu, und das Lachen der Kinder schallte durch die Räume. Weilte er dagegen zu Hause, liefen die Frauen nervös durch die Gänge, bereiteten fieberhaft Mahlzeiten für seine Gäste zu und achteten darauf, dass die Kinder still waren, damit sie ihn nicht störten.

Meine Freunde und ich waren jedoch glücklich, wenn mein Vater zu Hause war, weil wir dann nach Lust und Laune frech sein konnten. Wir stibitzten Schokolade aus den Küchenschränken, da wir wussten, dass meine Mutter zu beschäftigt war, um uns daran zu hindern.

Ich habe nur wenige richtige Erinnerungen an meinen Vater. Ich weiß noch, wie er auf und ab ging, in seinem weißen Salwar

Kamiz und einer schicken Wollweste darüber, auf dem Kopf seine Lammfellkappe, die Hände hinter dem Rücken verschränkt. Der *hooli* hatte ein langes Flachdach, auf dem er stundenlang auf und ab schritt. Er begann am Nachmittag und machte ohne Unterlass weiter bis zum Abend – er ging und dachte nach, immer in derselben Haltung, die Hände hinter dem Rücken gekreuzt.

Ich glaube, für mich war mein Vater schon damals ein großartiger Mensch. All die Anspannung und der Ärger, den er mit nach Hause brachte, und auch die schrecklichen Prügel waren zumindest zum Teil dem Druck geschuldet, unter dem er stand: dem Druck, ein Haus mit einer so großen Familie wie uns zu unterhalten, dem Druck der politischen Arbeit, dem Druck, eine der ärmsten Regionen Afghanistans zu repräsentieren. Er hatte kaum Zeit für sich. Wenn er zu Hause war, war unser Gästehaus stets voll mit Besuchern. Es waren Menschen, die seinen Rat und seine Weisheit suchten, die einen Familienstreit lösen wollten, die Nachricht von umherziehenden Stämmen oder von gewalttätigen Auseinandersetzungen in den Bergen brachten oder die ihn verzweifelt um Hilfe ersuchten. Da seine Tür niemandem verschlossen war, hatte er keine Zeit für Erholung oder Entspannung. Konnte man ihm da vorwerfen, dass er von seiner Familie auch nur das Beste erwartete?

Natürlich will ich damit nicht entschuldigen, dass mein Vater meine Mutter dermaßen schlug. Doch in jenen Zeiten war das die Regel. In anderer Hinsicht war er ein guter Ehemann, soweit die Tradition das zuließ. Vielleicht verstehe ich ihn heute besser denn je, weil ich seine Arbeitsbelastung nachvollziehen kann. Ich verstehe, welchen Druck die Politik mit sich brachte, wie es war, nie Zeit für sich allein zu haben, nie frei zu sein von den Pflichten und der Last der Verantwortung. Ich glaube, dass auch meine Mutter das begriff und deshalb so viel ertrug.

Unter dem Gesetz der Scharia, für das mein Vater eintrat, hat ein Mann seine Frauen alle gleich zu behandeln und seine Aufmerksamkeit zu teilen, ohne eine zu bevorzugen. Auch ich glaube an das Rechtssystem der Scharia. In der Theorie und in seiner reinsten Form ist es ein faires System, das auf den ethischen Werten des Islam gründet. Doch das Herz der Menschen folgt keinen theoretischen Prinzipien, und in polygamen Ehen kann eine solche Gleichheit nicht existieren. Was kann ein Mann dagegen ausrichten, wenn sein Herz eine Frau den anderen vorzieht?

Die Zimmerflucht meines Vaters trug den Namen Paris-Suite und war mit den Wandgemälden eines Künstlers geschmückt, der eigens aus Kabul geholt worden war. Mein Vater hatte zwei Fenster, die auf den Aprikosengarten gingen, und im Sommer wehte ein frischer Aprikosenduft ins Zimmer. Keine moderne Klimaanlage könnte jemals mit diesem herrlichen Duft konkurrieren.

Wenn er zu Hause war, teilte er jede Nacht das Bett mit einer anderen Frau. Eine Ausnahme bildete seine erste Frau, die Chalifa. Um mehr als die von der Scharia maximal erlaubten vier Frauen zu ehelichen, hatte sich mein Vater von zwei seiner Frauen scheiden lassen und seine erste Frau zu einer sogenannten Chalifa gemacht. Nach dieser Regelung behält eine Frau den Titel der Ehefrau und wird finanziell versorgt, verliert jedoch die Intimität, die mit der Ehe verbunden ist, schläft also nicht mehr mit ihrem Mann. Ich erinnere mich noch an die Trauer in den Augen dieser Frau, als Macht und Ansehen, die ihr als erster Frau zustanden, durch die erzwungene Enthaltsamkeit aufgehoben wurden. Statt ihrer wurde meine Mutter, die zweite Frau, zur obersten Ehefrau. Die Chalifa begegnete meiner Mutter nie mit Wut oder Respektlosigkeit, doch ich frage mich schon, ob auch sie am Boden zerstört und verletzt war, nachdem mein Vater meine Mutter mit nach Hause gebracht und sie den Status der obersten Ehefrau erhalten hatte. Wie war es für die arme Chalifa gewesen, einer Halbwüchsigen zu unterliegen?

Ich stelle mir gern vor, dass mein Vater sich auf die Nächte mit meiner Mutter besonders freute. Sie erzählte, dass sie nach den notwendigen ehelichen Intimitäten bis in die frühen Morgenstunden dalagen und einfach nur redeten. Er erzählte ihr von seiner Arbeit und dem anstrengenden Leben als Politiker in Kabul und wies Arbeiten an, die in seiner Abwesenheit zu erledigen waren, etwa zur Bestellung der Äcker, zur anstehenden Ernte des Weizens oder zum Verkauf von Rindern. Sie hatte, wenn er nicht da war, das Zepter so fest in der Hand, dass sie den Spitznamen Stellvertretender Wakil Sahib erhielt: Stellvertretender Herr Abgeordneter.

Je schwieriger es politisch für ihn wurde, desto mehr verließ er sich auf meine Mutter. Solange bei ihm zu Hause Harmonie herrschte und alles lief wie am Schnürchen, kam er mit den Intrigen im Parlament schon zurecht.

Einigen Frauen, insbesondere der dritten, Niaz bibi, missfiel der Status meiner Mutter. Sie versuchte daher, meinen Vater gegen sie aufzubringen. Niaz war intelligent und frustriert von der Schinderei, die ihr Leben beherrschte. Es ist daher gut nachvollziehbar, dass sie neidisch war auf die wenigen Freiheiten und die begrenzte Macht meiner Mutter. Doch ihre Versuche, die Gunst meines Vaters durch Intrigen zu gewinnen, scheiterten, nicht nur, weil mein Vater nicht schlecht von meiner Mutter denken mochte, sondern auch, weil meine Mutter die Gabe hatte, schwierige Situationen vorauszusehen und frühzeitig zu handeln.

Ihre Strategie war Freundlichkeit. Sie hätte die jüngeren Frauen auch schlagen oder ihnen die schwersten Arbeiten aufbürden können, doch stattdessen bemühte sie sich um einen glücklichen Haushalt, in dem alle Kinder die gleiche Liebe empfingen und die Frauen wie Schwestern und Freundinnen zusammenarbeiteten. Wenn eine der jüngeren Frauen beim Stehlen aus dem Vorratslager, das in einem großen, abgeschlossenen Keller hinter der Küche untergebracht war, erwischt wurde, erzählte es meine Mutter meinem Vater nicht, weil sie wusste, dass er die Übeltäterin verprügeln würde. Stattdessen kümmerte sie sich selbst diskret um die Sache. Diese Strategie brachte ihr nach und nach die Dankbarkeit und Loyalität der anderen ein.

Nur eine Frau, Nummer sechs, war nicht wegen ihres politischen Nutzens, sondern wegen ihrer praktischen Fähigkeiten im Haushalt erwählt worden. Sie war eine unglaublich schöne Mongolin, die die herrlichsten Läufer und Teppiche weben konnte. Sie brachte meiner Mutter diese Kunst bei. Oft saß ich bei ihnen und sah zu, wie sie in entspanntem Schweigen stundenlang rhythmisch das in satten Farben gefärbte Garn sponnen und aufwickelten.

Doch die beste Freundin meiner Mutter war Ehefrau Nummer vier, Chal bibi. Sie nannte meine Mutter *Apa*, ältere Schwester. Als meine Mutter einmal an einer schweren Augeninfektion erkrankte – im Dorf gab es keinen Arzt –, erklärte eine ältere Frau, wenn jemand ihr jeden Morgen mit der Zunge das Auge ausleckte, so würden die natürlichen Antibiotika im Speichel die Entzündung heilen. Die beiden waren so vertraut miteinander, dass Chal bibi sich ohne zu zögern bereit erklärte. Acht Wochen lang leckte sie meiner Mutter jeden Tag das geschwollene, eitrige Auge aus, bis es, wie die Alte versprochen hatte, geheilt war.

Mit Frau Nummer drei, Niaz bibi, verband meine Mutter keine so enge Beziehung. Sie kamen nie besonders gut miteinander zurecht. Eines Tages, die Frauen saßen auf dem Boden und aßen Nan-Brot zum Frühstück, gerieten die beiden in Streit. Obwohl ich damals erst achtzehn Monate alt war, spürte ich wohl die Feindschaft zwischen ihnen. Ich krabbelte zu Niaz bibi hin und zog sie kräftig an den Zöpfen. Sie schnappte vor Schreck nach Luft, doch dann musste sie lachen, nahm mich in die Arme und knuddelte mich. Sie und meine Mutter vergaßen ihren Streit und lachten beide. »Das ist ein sehr schlaues Mädchen, Bibi dschan«, sagte sie, »genau wie ihre Mutter«, und sie küsste mich von oben bis unten ab.

Schon in jungen Jahren spürte ich, wie ungerecht der Stand der Frauen in unserer Kultur ist. Ich erinnere mich noch an das Leid der Frauen und an die stille Verzweiflung derjenigen, die von meinem Vater nicht geliebt oder beachtet wurden. Einmal beobachtete ich entsetzt, wie mein Vater meine Mutter durch den Gang jagte und auf sie einschlug. Ich warf mich auf ihn, trat nach ihm und versuchte sie zu beschützen. Er schleuderte mich mit einem Arm beiseite.

Einmal hatte mein Vater meiner Mutter brutal ein ganzes Haarbüschel ausgerissen, als er sie verprügelte. Als ihr Bruder uns eine Woche später besuchte, hielt er sich, wie es Sitte war, bei den Männern der Familie auf, sodass meine Mutter ihm nicht unter vier Augen erzählen konnte, was geschehen war. Als er wieder abreiste, packte meine Mutter ihm Proviant für die lange Reise ein, die er zu Pferd über die Berge vor sich hatte. Die ausgerissenen Haare versteckte sie in der Verpackung. Nachdem ihr Bruder den ganzen Vormittag geritten war, machte er auf einer Lichtung Rast, wickelte sein Essen aus und fand dabei die Haare seiner Schwester. Er verstand die Botschaft sofort, schwang sich auf sein Pferd und galoppierte auf direktem Weg zurück zu unserem Haus. Dort konfrontierte er meinen Vater mit den Haaren und erklärte meiner Mutter, ihre Familie werde sich um eine Scheidung kümmern, falls sie es wünsche.

Diese familiäre Unterstützung war ungewöhnlich. Den meisten Frauen wurde geraten, Schläge stillschweigend zu ertragen und sich nicht zu beschweren. Mädchen, die vor einem gewalttätigen Ehemann zu ihrer Familie flohen, wurden nicht selten von ihrem Vater zu dem Ehemann zurückgebracht, der sie misshandelte. Schläge waren ein selbstverständlicher Bestandteil der Ehe. Die Mädchen wussten, dass ihre Mütter und Großmütter sie ertragen hatten, und gingen davon aus, dass es ihnen nicht anders ergehen würde.

Bibi dschan dagegen hatte ein gutes Verhältnis zu ihren Eltern, die sie jedes Jahr besuchte, ihre Brüder liebten sie. Ihr Bruder setzte sich daher mit ihr in den Garten des *hooli* und erklärte ihr, es stünde ihr frei, mit ihm zu gehen. Er werde sie sofort nach Hause bringen, wenn sie es so wolle. Sie war tief deprimiert, stand am Rande der Verzweiflung. Aufgrund der Schläge mit der Schöpfkelle litt sie unter schrecklichen Kopfschmerzen, und ihre Hände waren verkrüppelt. Nicht zuletzt war sie die ständigen Erniedrigungen leid, die sie mit dem Einzug jeder neuen Ehefrau meines Vaters erlebte. Sie hatte genug und dachte ernsthaft über eine Scheidung nach.

Doch sie wusste, dass sie, wenn sie meinen Vater verließ, auch ihre geliebten Kinder verlieren würde. In Afghanistan bleiben wie in den meisten islamischen Ländern die Kinder nach einer Scheidung beim Vater und nicht bei der Mutter. Sie bat darum, ihre Kinder zu sehen, und sah ihnen in die Augen. Damals sagte sie nichts, doch Jahre später erzählte sie mir, sie habe in den Augen ihrer Kinder ihr eigenes Abbild gesehen. Sie konnte sie nicht verlassen. Ihre Kinder aufzugeben, war ein zu hoher Preis dafür, ihrem Leid ein Ende zu setzen.

Sie erklärte ihrem Bruder, sie werde bei ihrem Mann und ihren Kindern bleiben, und bat ihn, nach Hause zu reiten. Widerstrebend stieg er wieder aufs Pferd und machte sich auf den Weg. Ich habe keine Ahnung, wie mein Vater nach seiner Abreise reagierte. Schlug er meine Mutter wieder, weil sie die Unverschämtheit besessen hatte, es ihrem Bruder zu erzählen? Oder war er zärtlich, freundlich und reumütig, weil er erkannte, dass er die Frau, die er brauchte, fast verloren hätte? Wahrscheinlich beides.

Ich weiß noch, wie meine Schwestern eine nach der anderen verheiratet wurden. Die Aussteuer der ersten wurde eigens aus Saudi-Arabien geordert. Kisten mit feinen Kleidern und Goldschmuck, die der Hochzeit einer Tochter des Abdul Rahman würdig waren, wurden in den *hooli* gebracht und sorgfältig ausgepackt. Wir riefen angesichts der Schätze »Ah« und »Oh«. An jenem Tag wurde meine älteste Schwester zu einer kostbaren Ware, einem Schmuckstück, mit dem Handel getrieben wurde. Es war das einzige Mal in ihrem Leben, dass ihr eine so große Bedeutung zugemessen wurde.

Ich erinnere mich auch noch gut an den Tag, an dem meine Schwägerin ins Haus kam. Sie war im Alter von zwölf Jahren mit meinem älteren Bruder verheiratet worden, war also so alt wie meine Tochter Schaharasad heute. Mein Bruder war siebzehn, und man erwartete von den beiden, dass sie umgehend ein Sexualleben aufnahmen. Für mich ist es undenkbar, dass meine Tochter in einem so zarten Alter eine erzwungene körperliche Beziehung erdulden sollte. Meine Schwägerin war noch so kindlich, dass ihr meine Mutter morgens beim Baden und Ankleiden helfen musste. Ich frage mich, was meine Mutter empfand, wenn sie die Verletzungen des armen Mädchens sah, die ihr eigener Sohn ihr beigebracht hatte. Fand sie es abstoßend, erschütterte es sie? Doch das war das Leben und das Schicksal, das Frauen erwartete. Ein Mädchen empfand es aufgrund ihrer Erziehung als selbstverständlich, verheiratet zu werden, sobald sich ein passender Bräutigam präsentierte. Weigerte sie sich, so brachte sie Schande über die gesamte Familie. Deshalb konnte meine Mutter vielleicht nicht mehr tun, als das Mädchen zu trösten, ihr die leichteren Aufgaben im Haushalt zu übertragen und zu hoffen, dass sie ihr Schicksal mit der Zeit klaglos ertragen würde, wie es die älteren Frauen auch getan hatten. Es war eine kulturelle Verschwörung, die die Frauen in Schweigen und Duldung zusammenschweißte. Keine von ihnen stellte es in Frage, keine konnte es ändern.

Doch ohne dass es mir bewusst war, überschritt ich Grenzen und zweifelte Normen an. Das lag zum Teil an meiner engen Freundschaft mit Ennajat, dem Sohn der siebten Frau, der nur wenige Monate vor mir geboren wurde. Ungeachtet der Rivalitäten, die sich um unsere Geburt gerankt hatten, wurden er und ich dicke Freunde und waren in einer innigen Geschwisterliebe miteinander verbunden, die bis heute andauert. War er unartig und frech, so galt das für mich erst recht. Da ich wusste, dass ich als Mädchen mehr Einschränkungen unterlag, stachelte ich ihn zu immer größeren gemeinsamen Streichen an. Unterstützt wurden wir von Mukim, dem Sohn meiner Mutter, der drei Jahre vor mir zur Welt gekommen war. Wir waren die drei kleinen Musketiere.

Ständig brachte ich Ennajat in Schwierigkeiten. Wir schlichen uns in die Obstgärten und klauten Äpfel, oder ich brachte ihn dazu, aus den Vorräten meines Vaters Leckereien zu stibitzen und an meine Freunde zu verteilen. Täglich füllten wir unsere Hemden mit getrockneten Aprikosen aus der Küche. Da Ennajat mich antrieb, möglichst viele Früchte mitzunehmen, band ich den Gürtel unter der Geheimfracht zusammen, um sie nicht zu verlieren. Wenn wir dann vorbei an den Frauen, die auf der Terrasse das Mittagessen vorbereiteten, zurück in den Garten schlichen, fielen die Aprikosen eine nach der anderen heraus. Ich drückte mich mit dem Rücken gegen die Wand, in der vergeblichen Hoffnung, dass sie es nicht sehen würden, wenn wieder einmal ein Häuflein Aprikosen auf dem Boden landete. Ich war am Boden zerstört und Ennajat fuchsteufelswild, wenn ich die Mission verpatzte. Die Frauen allerdings lachten nur nachsichtig. Ein anderes beliebtes Spiel war es, Kuchen zu stehlen und von unten Löcher hinein zu knabbern, um ihn dann wieder ins Regal zu stellen, damit es niemand merkte – natürlich nur, bis ihn jemand essen wollte.

Vor ein paar Wochen fragte ich Ennajat, wie ich als kleines Mädchen war. Er erwiderte mit dem trockenen Humor, der für große Brüder überall auf der Welt so typisch ist: »Du warst hässlich und sehr, sehr lästig.«

Ennajat und meine anderen Brüder sind die besten, die man sich nur wünschen kann. Sie unterstützen meine politische Arbeit, betreiben für mich Wahlkampf und beschützen mich, so weit es ihnen möglich ist. Doch damals, als wir gemeinsam aufwuchsen, war uns doch allen bewusst, dass sie Jungs waren und ich ein Mädchen. Und in unserer Familie, wie in jeder anderen Familie in Kuf, zählten nur die Jungen. Der Geburtstag eines Jungen wurde gefeiert, der eines Mädchens nicht, und keine meiner Schwestern besuchte eine Schule. Mädchen kamen ganz klar an zweiter Stelle. Unser Schicksal war es, zu Hause zu bleiben, bis wir verheiratet wurden, und dann in die Familie unseres Ehemannes einzutreten.

Jungen besaßen auch Macht innerhalb der Familienhierarchie, und das Wort oder der Befehl eines Bruders wog oft schwerer als das Wort einer Mutter. Wenn meine Mutter ins Vorratslager im Keller ging, folgte ihr mein Bruder Mukim und bat sie um Süßigkeiten. Sie gab ihm nicht viele, weil solche Köstlichkeiten für die Gäste reserviert waren. Er wurde wütend, stampfte mit den Füßen auf und stürmte aus dem Raum. Doch dann nahm meine Mutter, ohne mich anzusehen, meine Hand und legte schweigend ein paar Pralinen hinein. Wenn Mukim das sah, wurde er rasend vor Empörung. Er erklärte meiner Mutter, dass er mich, falls ich sie essen würde, nicht aus dem Haus lassen würde. Als Junge hatte er die Macht und die Autorität zu entscheiden, was ich tun durfte, egal, ob meine Mutter das Gegenteil sagte. Da mir die Vorstellung, nicht mit meinen Freunden spielen zu dürfen, schrecklich war, gab ich ihm widerwillig die Süßigkeiten und rannte zum Spielen nach draußen.

Häufig und schon in jungen Jahren bekam ich das Wort *duchtarak* zu hören. Es ist ein verbreitetes Schimpfwort für ein Mädchen und bedeutet grob übersetzt »weniger als ein Mädchen«. Instinktiv hasste ich es immer. Einmal, ich war höchstens fünf Jahre alt, nannte mich einer meiner älteren Cousins *duchtarak* und befahl mir, ihm eine Tasse Tee zu kochen. In einem Raum voller Menschen stemmte ich die Hände in die Hüften und erwiderte: »Cousin, ich mache dir deinen Tee, aber nenn mich nie wieder so.« Im Raum ertönte schallendes Gelächter.

Dieses Wort bekam ich auch bei der einzigen Gelegenheit zu hören, bei der mein Vater direkt mit mir sprach. Er hatte eine politische Versammlung in unserem Garten anberaumt und wollte den Versammelten die neuesten Nachrichten mitteilen. In den Bäumen hatte er große Lautsprecher aufgehängt, und er sprach in ein Mikrofon. Es war das erste Mal, dass wir Kinder Stereoton zu hören bekamen. Neugierig schlichen wir uns, so nahe es eben unbemerkt ging, heran, um zuzuhören. Doch mir wurde bald langweilig, und ich quasselte dazwischen. Als der Redefluss meines Vaters plötzlich durch mein Gebrabbel gestört wurde, hielt er inne, drehte sich zu uns um und starrte mich an. Ich war, wie es mir schien, minutenlang wie gelähmt. Dann rief er: »*Duchtarak!* Mädchen! Geht weg, ihr Mädchen!«

Wir rannten, so schnell uns unsere Beine trugen. Danach hatte ich eine schreckliche Angst vor ihm und wollte ihn nie wieder sehen. Noch Wochen später fürchtete ich, er würde bei meinem Anblick so wütend werden, dass er mich umbrachte.

Es überstieg meine kindliche Fantasie, dass er es sein würde, der wenig später getötet wurde, und dass meine unbeschwerte Kindheit ein brutales Ende finden würde.

Liebe Schuhra, liebe Schaharasad,

ich wuchs in den siebziger und achtziger Jahren auf. Ich weiß, in euren Augen ist das sehr lang her. Es war weltweit eine Zeit großer politischer Veränderungen. Das Volk von Afghanistan lebte damals unter der Herrschaft der Sowjets und der gesetzlosen Kommandeure der Mudschahedin.

Jene Jahre markieren den Beginn der Katastrophe, die über das afghanische Volk und meine Kindheit hereinbrach. Als die kommunistische Revolution begann, war ich drei Jahre alt, ein Alter, in dem ein Kind Liebe, Sicherheit und die Wärme eines Zuhauses braucht. Doch die meisten Freunde meiner Eltern sprachen damals darüber, dass sie nach Pakistan und in den Iran emigrieren wollten, und bereiteten sich auf ein Leben als Flüchtlinge vor. Die Kinder hörten ihre Eltern in gedämpftem Ton über Dinge reden, die niemand zuvor gesehen hatte, über Panzer und Hubschrauber. Wir hörten Wörter wie »Invasion«, »Krieg« und »Mudschahedin«, die für uns völlig bedeutungslos waren. Aber obwohl wir Kinder es nicht verstanden, spürten wir an der Art, wie unsere Mütter uns nachts an sich drückten, dass etwas nicht stimmte.

Ich bin glücklich, dass ihr die Unsicherheit und Angst jener Zeiten nie erleben musstet. Kein Kind sollte so etwas erleben.

In Liebe,
eure Mutter

3

Ein schrecklicher Verlust

1978

Im Jahr 1978 traten in Afghanistan die Mudschahedin und die Russen spürbar in Erscheinung. Es war die Hochphase des Kalten Krieges. Die Sowjetunion hatte Expansionsabsichten und wollte Stärke beweisen. Afghanistan lag zwischen Moskau und den Warmwasserhäfen Pakistans, wo die UdSSR ihre Marine stationieren wollte. Weil sie dafür Afghanistan unter ihre Kontrolle bringen musste, machte sie ihren Einfluss geltend und marschierte im Land ein.

Jahre später besiegten afghanische Kämpfer, die sogenannten Mudschahedin, die Russen und wurden so zu wahren Volkshelden. Doch damals kannte die afghanische Öffentlichkeit die Mudschahedin nur als staatsfeindliche Rebellen, die zunächst in Nordbadachschan auftraten.

Die Führung in Kabul wechselte erneut. Präsident Daud, der dem König die Macht entrissen und ihn ins Exil gedrängt hatte, hielt sich nicht lange. Er und seine gesamte Familie wurden im Palast ermordet, und Taraki und Amin, die mit den Kommunisten sympathisierten, übernahmen die Macht. Taraki wurde zum ersten kommunistisch gestützten Präsidenten. Nur wenige Monate später allerdings wurde er von Amin auf Geheiß der Moskauer Regierung ermordet.

Hafisullah Amin gilt bis heute als der wohl grausamste Präsident, den Afghanistan je hatte. Er führte ein von der Sowjetunion gestütztes Schreckensregime, in dem Folter und Verhaftungen an der Tagesordnung waren. Wer gegen die Regierung war oder es wagte, auch nur ein Wort gegen sie zu sagen, wurde gnadenlos verfolgt: Intellektuelle, Lehrer, Religionsführer. Sie wurden nachts aus dem Haus gezerrt und entweder ins größte Gefängnis Kabuls Pul-i-Tscharchi gebracht, wo sie verhört und gefoltert wurden, oder einfach in den Fluss geworfen. Die afghanischen Flüsse schwollen damals an mit den Leichen Tausender Menschen, die grundlos und ohne Gerichtsverfahren umgebracht wurden.

Mein Vater führte seine Arbeit fort und konzentrierte sich auch in Zeiten des Terrors darauf, Badachschan zu helfen. Ungeachtet der Gefahr von Folter und Inhaftierung nahm er kein Blatt vor den Mund. Vielleicht wusste das Regime, dass er ihm lebendig mehr nützte als tot. Jedenfalls befahl ihm die Regierung, in seine Provinz zurückzukehren und dort die Mudschahedin zu befrieden und zum Schweigen zu bringen. Man machte ihm klar, dass er, sollte diese Mission scheitern, mit dem Tod bestraft werde.

Mein Vater, ein Mann des Friedens, war sich sicher, dass er mit den Mudschahedin verhandeln konnte, die immerhin afghanische Mitbürger waren. Er sah die politische Unsicherheit der Zeit und konnte die Rufe nach sozialer Gerechtigkeit nachvollziehen. Die Mudschahedin waren Badachschanis, Männer aus seiner eigenen Provinz, und er war überzeugt, dass er ihnen ihre Ängste nehmen, ihre Beschwerden anhören und ihnen als Gegenleistung für ihre Kooperation mit der Regierung Hilfe anbieten konnte.

Doch das Afghanistan, das mein Vater zu kennen glaubte, und seine Werte, die seiner Vaterlandsliebe, der islamischen Tradition und der Gerechtigkeit entsprangen und an die er so unabdingbar glaubte, waren bereits im Verschwinden begriffen.

Schon in niedergedrückter Stimmung traf er auf seiner Mission in Badachschan ein. Er hegte keinerlei Sympathie für das

Amin-Regime und war sich alles andere als sicher, was für das afghanische Volk am besten war. Er berief eine Dschirga ein, eine Zusammenkunft von Stammesoberhäuptern und Ältesten, und erläuterte ihnen, was er in Kabul gesehen hatte: eine Regierung, die ungestraft tötete, die jungen Leuten eine Ausbildung vorenthielt aus Angst, dass sie zu Dissidenten werden könnten, und die ein System geschaffen hatte, in dem Lehrer und Intellektuelle in Angst und Schrecken lebten und politische Gegner vernichtet wurden. Unter der verheißungsvollen Regentschaft König Sahir Schahs hatte Afghanistan weltweit zu den Ländern mit der rasantesten Entwicklung gezählt. Es war ein beliebtes Touristenziel mit betriebsamen Wintersportorten gewesen, hatte ein modernes Elektrobussystem gehabt und eine blühende, wirtschaftlich erfolgreiche Demokratie entwickelt. Nach all dem war die kommunistische Herrschaft eine niederschmetternde Erfahrung.

Einige der Afghanen, die sich in den Bergen den Mudschahedin angeschlossen hatten, glaubten fest daran, dass sie für die Zukunft Afghanistans kämpften. Mein Vater war zwar ein Diener der Regierung, verstand und respektierte aber die Mudschahedin wegen der Ziele, die sie verfolgten. Deshalb bat er die Ältesten um ihren Rat.

Die Dschirga tagte viele Stunden. Einige wollten sich den Rebellen anschließen, andere sich auf Gedeih und Verderb der Regierung unterwerfen. Am Ende trugen praktische Überlegungen den Sieg davon. Ein Mann erhob sich und erklärte der Versammlung mit klarer Stimme: »Herr, wir sind schon bettelarm und können die Last des Kampfes nicht tragen. Wir sollten mit den Mudschahedin reden und sie dazu bringen, aus den Bergen herunterzukommen.«

Man einigte sich schließlich darauf, die Kämpfer aufzusuchen und mit ihnen zu sprechen. Dass mein Vater entschlossen war, für seine Provinz fundamentale Veränderungen zu bewirken, und er sich weigerte, ein Nein als Antwort zu akzeptieren, schätzten seine Anhänger an ihm. Als er daher an jenem Tag die mehreren Hundert Stammesältesten aus der gesamten Provinz bat, ihn zu begleiten, um mit den Mudschahedin im Namen einer neuen Regierung zu verhandeln, die keiner von ihnen anerkannte, verweigerte sich dennoch keiner. Sie gingen alle bereitwillig mit.

Diese große Gruppe von Stammesoberhäuptern machte sich, angeführt von meinem Vater, zu Pferd auf den Weg ins Rebellenlager. Das wunderschöne Pamirgebirge wird nach oben hin immer tückischer. Fruchtbare, üppige Täler weichen Felsen in verschiedenen Tönen – Blau- und Grünschattierungen und ein orangefarbenes Ocker changieren mit dem Licht – und anschließend den gewaltigen schneebedeckten Hochebenen und Gipfeln. Noch heute gibt es in Badachschan nur wenige Straßen, doch damals waren die Esels- und Pferdepfade teilweise so eng und steil, dass man sie nur passieren konnte, indem man abstieg und, den Schweif des Tieres fest in der Hand, hinter ihm herging, die Augen schloss und betete, dass das trittsichere Tier nicht ausrutschte. Ein Sturz bedeutete den sicheren Tod, denn man fiel den Abhang hinunter in den eiskalten Fluss und wurde von der reißenden Strömung erfasst.

Nach anderthalb Tagen erreichten die Männer den höchsten Punkt des Pamirgebirges. Hier öffnet sich die Berglandschaft zu einer herrlichen Hochebene, die im Himmel zu schweben scheint. Im Winter versammeln sich dort die Männer aus der gesamten Provinz, um *buskaschi* zu spielen, von dem das im Westen übliche Polospiel abgeleitet ist. Sowohl vom Reiter als auch vom Pferd erfordert es großes Geschick, wenn die Männer den schweren Kadaver eines Kalbs oder einer Ziege aufheben und in einem Kreis am Ende des Spielfelds ablegen müssen. In früheren Zeiten war es die Leiche eines Gefangenen. Die Spiele mit manchmal mehreren Hundert Teilnehmern sind rasant und aufregend und dauern mehrere Tage. Buskaschi ist wild, gefährlich und raffiniert wie die Männer, die es spielen.

Darin manifestiert sich das wahre Wesen des afghanischen Kriegers.

Als mein Vater dort vorbeikam, waren seine Gedanken allerdings von den Freuden des Buskaschi weit entfernt. Er war wie immer ruhig und beherrscht und führte die Gruppe auf seinem Schimmel an, die Lammfellkappe auf dem Kopf. Da plötzlich tauchten vor ihnen auf dem Weg drei Männer auf und zielten mit Gewehren auf sie.

Einer von ihnen schrie: »Du bist es also, Wakil Abdul Rahman. Ich habe lange auf die Gelegenheit gewartet, dich zu töten.«

Mein Vater rief gefasst zurück: »Bitte hört mir zu. Die afghanische Regierung ist stark. Wir können sie nicht besiegen. Ich bin hier, um euch zu bitten, mit ihr zusammenzuarbeiten, zu uns zu stehen und zu kooperieren. Ich höre mir eure Belange an und werde sie im Parlament vortragen.« Der Mann lachte nur und gab einen Schuss ab. Weitere Schüsse waren hinter den Felsen zu hören. Dann tat sich die Hölle auf, und die Männer aus den Dörfern, die überwiegend unbewaffnet waren, rannten um ihr Leben.

Das Pferd meines Vaters war getroffen worden. Als sich das Tier vor Schmerz aufbäumte, verhakte sich mein Vater im Steigbügel und wurde vom davongaloppierenden Pferd hinterhergeschleift. Das verwundete Tier raste auf einen Bach am Rande des Buskaschi-Spielfeldes zu. Einige der jüngeren Männer versuchten ihm zu folgen, doch mein Vater rief ihnen zu, sie sollten fliehen und sich retten. »Ich bin einer der Ältesten«, brüllte er, während er über den Boden geschleift wurde. »Mit mir werden sie reden, aber euch werden sie töten. Geht.«

Die Mudschahedin nahmen die Verfolgung auf. Sie holten meinen Vater ein, nahmen ihn gefangen und hielten ihn zwei Tage als Geisel fest. Ich weiß nicht, ob sie ihm die Gelegenheit gaben, sich zu äußern, ob sie sich seine Argumente anhörten und sein Angebot erwogen oder ob sie ihn schlugen und erniedrigten. Wir wissen nur, dass sie ihn zwei Tage später mit einem Kopfschuss hinrichteten.

Die Nachricht von seinem Tod erreichte das Dorf schnell. Trotz der Abgelegenheit der Region verbreiteten sich dringliche Neuigkeiten rasch, weil sie umgehend von Weiler zu Weiler übermittelt wurden. Einige der Männer, die meinen Vater begleitet hatten, waren bereits wieder zu Hause und hatten von dem Schuss auf sein Pferd berichtet. Nach islamischem Brauch muss ein Leichnam innerhalb von vierundzwanzig Stunden mit dem Gesicht gen Mekka begraben werden. Meine Familie ertrug die Vorstellung nicht, dass die Leiche meines Vaters in den Bergen ohne anständiges Begräbnis liegen gelassen worden war. Er musste zurückgeholt werden. Doch die Mudschahedin ließen wissen, dass sie jeden töten würden, der seinen Leichnam zu bergen versuchte. Niemand wollte erschossen werden, nur um einen Verstorbenen nach Hause zu bringen.

So fiel es einer Frau zu, Mut zu beweisen. Meine Tante Gada, die ältere Schwester meines Vaters, zog sich ihre langen Unterröcke an und die Burka darüber und verkündete den schockierten männlichen Verwandten, dass sie den Leichnam des Wakil Abdul Rahman holen werde. Als sie aus dem Raum schritt und sich auf den Bergpfad begab, blieb ihrem Mann und einem Cousin meines Vaters nichts anderes übrig, als ihr zu folgen.

Nach dreizehn Stunden Fußmarsch fanden sie ihn. Man hatte seine Leiche auf halbem Wege zwischen dem Dorf und dem Rebellenlager abgelegt.

Ich war damals dreieinhalb Jahre alt. Ich kann mich noch genau an die Trauer erinnern an jenem Tag, an dem die Nachricht von seinem Tod eintraf, höre noch Männer und Frauen weinen und spüre wieder die Angst und Verwirrung im Dorf. Ich lag in jener Nacht wach und lauschte. Etwa um zwei Uhr morgens hörte ich laut und deutlich die Stimme meiner Tante, die sich dem Dorf näherte. Sie trug den Holzstab meines Vaters und pochte damit auf den Boden.

»Wakil Abdul Rahman ist da. Kommt aus euren Betten. Kommt und grüßt ihn. Er ist hier. Wir haben ihn mitgebracht. Wakil Abdul Rahman ist hier.«

Ich sprang aus dem Bett und dachte: »Er lebt, mein Vater lebt.« Alles würde gut werden. Vater war da. Er würde wissen, was zu tun war. Er würde alles wieder in Ordnung bringen und dem Weinen ein Ende bereiten.

Ich ging barfuß auf die Straße, blieb aber wie angewurzelt stehen, als ich sah, dass meine Mutter weinte und sich entsetzt an den Kleidern zerrte. Da schoss ich an ihr vorbei und sah meinen toten Vater. Der obere Teil seines Schädels war ihm weggeschossen worden.

Ich brach in Tränen aus. Noch begriff ich nicht das volle Ausmaß dessen, was geschehen war, doch mir war klar, dass unser Leben nie wieder so sein würde wie früher.

Mein Vater wurde in den *hooli* gebracht und vor dem Begräbnis in der Paris-Suite aufgebahrt. Meine Mutter machte den Leichnam für das Begräbnis am nächsten Tag zurecht. Von allen Ehefrauen betrat nur sie den Raum, um sich von ihm zu verabschieden – dort, wo ich und ihre anderen Kinder gezeugt worden waren und wo Mann und Frau beieinander gelegen und sich unterhalten, sich gemeinsam ihre eigene private Welt geschaffen hatten. Sie ertrug diese Aufgabe, wie sie alle anderen Aufgaben in ihrem harten Leben ertragen hatte, mit Würde und Pflichtbewusstsein. Sie schrie nicht laut, sondern jammerte leise vor sich hin, wusch den Leichnam und bereitete ihn Gottes Wünschen entsprechend vor. Im Tod wie im Leben ließ sie meinen Vater nicht im Stich.

Am Morgen strömten Tausende von Menschen ins Dorf, um sich zum letzten Mal von ihm zu verabschieden. Ihre Trauer und ihre Angst um die eigene Zukunft schufen eine Atmosphäre, die so bleiern war, dass ich das Gefühl hatte, der Himmel drücke schwer auf meinen Kopf.

Grauhaarige alte Männer mit Bart, weißem Turban und grünem Mantel saßen im Garten und weinten wie Babys. Mein Vater wurde auf einem Hügel hinter dem *hooli* mit Blick nach Mekka und in sein geliebtes Tal von Kuf begraben.

Für die Dorfbewohner bedeutete der Verlust des Mannes, der sich für ihre Belange eingesetzt und ihre Bedürfnisse artikuliert hatte, einen Wendepunkt in ihrem Leben. Seine Ermordung ging zudem mit dem Beginn politischer Unruhen einher, die sich in Afghanistan zu einem ausgemachten Krieg auswuchsen.

Für meine Familie brachte sein Tod den Verlust unseres alten Lebens mit sich, unseres Wohlstands, unserer Galionsfigur, unseres gesamten Lebenssinns.

Liebe Schuhra, liebe Schaharasad,

als kleines Kind kannte ich die Wörter »Krieg«, »Rakete«, »verwundet«, »töten« oder »Vergewaltigung« nicht – Wörter, mit denen heute leider alle afghanischen Kinder vertraut sind.

Bis zum Alter von vier Jahren kannte ich überwiegend schöne Wörter.

Ich sehne mich nach den Sommernächten zurück, da wir alle auf dem großen Flachdach auf dem Haus meines Onkels schliefen. Dieses Haus stand neben dem hooli, *und weil man vom Dach aus den besten Blick auf das Tal hatte, versammelte sich die ganze Familie dort. Meine Mutter, die Frauen meines Onkels und die Frau, die ich »meine kleine Mutter« nannte – die vierte Frau meines Vaters und beste Freundin meiner Mutter –, erzählten sich bis spät in die Nacht alte Geschichten. Wir Kinder saßen unter dem blauen Himmel oder dem hellen gelben Mond und lauschten gebannt den süßen Worten.*

Nachts schlossen wir nie die Türen, und es gab auch keine bewaffneten Sicherheitsleute wie heute. Man brauchte sich nicht vor Dieben oder anderen Gefahren zu fürchten.

In jenen glücklichen Tagen, umgeben von der Liebe so vieler Menschen, war mir kaum bewusst, dass mein Leben mit der Herabsetzung und dem Leid meiner Mutter bei meiner Geburt begonnen hatte und dass man mich zum Sterben in die glühende Sonne gelegt hatte.

Man gab mir später nie das Gefühl, dass meine Geburt ein Fehler gewesen war. Ich spürte nur, dass ich geliebt wurde.

Doch dieses glückliche Leben dauerte nicht lange. Ich musste schnell groß werden. Der Mord an meinem Vater war nur die ers-

te von zahlreichen Tragödien und Todesfällen, die meine Familie heimsuchten. Meine Kindheit endete, als wir gezwungen wurden, die herrlichen Gärten von Kuf mit den kühlen Quellen und den Schatten spendenden Bäumen zu verlassen, und im eigenen Land zu heimatlosen Flüchtlingen wurden.

Das Einzige, das sich nicht veränderte, war das beständige Lächeln meiner Mutter, eurer Großmutter.

In Liebe,
eure Mutter

4

Ein Neuanfang

1979–1990

Obwohl sie tief trauerte um den Mann, den sie liebte, wurde meine Mutter durch den Tod meines Vaters gewissermaßen erst zu einer selbstständigen Frau.

In jenen ersten Monaten nach seinem Tod traten ihre natürlichen Führungsqualitäten zutage. Sie war es, die die Leitung der Familie übernahm, die sich um die Finanzen kümmerte und über das Schicksal der Kinder entschied. Die Erfahrung der vielen Jahre, in denen sie die rechte Hand meines Vaters gewesen war und das Haus effizient geführt hatte, und ihr Talent, Frieden in der Großfamilie zu bewahren, befähigten sie dazu, unsere Familie durch diese dunkle Zeit zu bringen. Am wichtigsten war es ihr, die Kinder zusammenzuhalten und ihnen Sicherheit zu geben. Sie erhielt viele Heiratsangebote, doch aus demselben Grund, aus dem sie sich gegen eine Scheidung von meinem Vater entschieden hatte, erteilte sie nun auch allen Bewerbern eine Absage. Sie wollte es nicht riskieren, ihre Kinder zu verlieren.

In unserer Kultur ist ein Stiefvater nicht verpflichtet, die Kinder aus einer vorangegangenen Ehe aufzunehmen. Dies illustriert die traurige Erfahrung, die Ennajats Mutter machen musste. Nach dem Tod meines Vaters heiratete die junge und ein wenig kapriziöse Frau einen gut aussehenden jungen Mann, der als Hirte für meinen Vater die Rinder der Familie gehütet hatte. Er war erst kurz zuvor aus dem Iran zurückgekehrt, wo er Arbeit gefunden hatte, und hatte einen Kassettenrecorder und andere aufregende Geräte mitgebracht, die es in unserem abgelegenen Dorf nicht gab. Mit Geschichten von einem Luxusleben im Iran und mit seinem neumodischen Schnickschnack warb er um sie.

Abgesehen von Ennajat hatte die siebte Frau meines Vaters ihm drei weitere Kinder geboren, das Mädchen Nasi und zwei Jungen, Hedajat und den sechs Monate alten Safiullah. Sie bestand darauf, die Kinder mit in ihr neues Heim zu nehmen, doch der neue Mann weigerte sich, ihnen Nahrung oder Kleidung zu geben. Als meine Mutter, der die junge Frau leid tat, sie einige Wochen später besuchte, fand sie Ennajat und die beiden älteren Kinder weinend draußen im Garten vor. Sie durften nicht ins warme Haus, waren hungrig und verdreckt. Meine Mutter nahm sie sofort mit nach Hause.

Doch da die junge Frau sich weigerte, auch ihr Baby herzugeben, ging meine Mutter ohne den kleinen Safiullah fort. Das bereute sie bald, denn ein paar Tage später bekam der Kleine Fieber, und man ließ ihn ohne Nahrung oder Trost sterben. Wir hörten, er habe stundenlang allein geschrien, das kleine Gesicht voller Fliegen, doch der Mann habe seiner Frau nicht erlaubt, ihr Kind auch nur auf den Arm zu nehmen. Es starb einen einsamen, schrecklichen Tod. Ennajat hat das nie verwunden. Er gab seinem eigenen Erstgeborenen im Gedenken an sein Brüderchen den Namen Safiullah.

Chal bibi, die beste Freundin meiner Mutter, hatte mehr Glück. Sie heiratete einen Stammesführer aus der Region, einen freundlichen Mann, der keine Kinder aus früheren Verbindungen hatte. Obwohl das in unserer Kultur völlig unüblich war, zog er ihre beiden Söhne auf, als wären es seine eigenen, und hinterließ ihnen nach seinem Tod sogar sein Hab und Gut.

Niaz bibi, die sich nicht so gut mit meiner Mutter verstand, heiratete einen Lehrer und blieb in Kuf. Trotz der Unstimmigkeiten zwischen ihr und meiner Mutter stand ihr Mann mir Jahre später, als ich Wahlkampf für meinen Einzug ins Parlament machte, tatkräftig zur Seite, organisierte meine Reise und begleitete mich auf Wahlkampftour. Die Struktur der Großfamilie ist für Menschen im Westen schwer nachvollziehbar, doch meiner Ansicht nach ist sie eine wunderbare Sache. Die Verbindungen überdauern Generationen, Streitigkeiten und räumliche Trennungen. Familie ist und bleibt Familie.

Sulmaischah, Kind der Chalifa und meines Vaters ältester Sohn, erbte den *hooli*. Als er später ums Leben kam, ging das Haus an den Zweitgeborenen Nadir über, Sohn meiner fünften Mutter. Sie war eine der beiden Frauen gewesen, von denen mein Vater sich scheiden ließ. Nadir lebt bis heute dort.

In den ersten Tagen und Wochen nach dem Tod meines Vaters hatten wir nicht viel Zeit zu trauern. Die Welt hinter den Bergen rückte bedrohlich näher, und die sich dramatisch zuspitzenden politischen Unruhen würden bald auch uns einholen.

Bereits ein paar Tage nach seinem Tod kamen die Kommandeure, die meinen Vater ermordet hatten, mit ihren Männern und suchten nach uns. Wir flüchteten hinauf auf die Weiden zu den Rindern und versteckten uns hinter einem großen Felsvorsprung. Von dort beobachteten wir, wie sie das Haus plünderten und alles stahlen, was sie tragen konnten: das Radio, Möbel, Töpfe und Pfannen.

Einige Wochen später, wir schliefen auf dem Hausdach meines Onkels, kehrten sie mitten in der Nacht zurück. Sie weckten uns mit Gewehrschüssen und Gebrüll und wollten wissen, wo Abdul Rahmans Söhne seien. Mein Bruder Mukim war damals erst sieben Jahre alt, doch wir wussten, dass sie ihn umbringen würden, wenn sie ihn fanden. Irgendwie gelang es meiner Mutter, ihn an eine Cousine auf dem Dach des Nachbarhauses weiterzugeben, die ihn unter ihrem Rock versteckte. Anders, als in anderen Teilen Afghanistans, wo der Salwar Kamiz üblich ist, tragen die Frauen von Badachschan traditionell Pluderhosen unter einem langen, weiten Rock. Dieser Rock rettete meinem Bruder in jener Nacht das Leben.

Nun griffen sich die Mudschahedin meine ältere Schwester Marjam und meine Schwägerin, die Frau meines älteren Bruders. Die Mädchen waren gerade sechzehn geworden. Die Männer schlugen auf die beiden ein. Mein Onkel, der sie daran zu hindern versuchte, erhielt ebenfalls Prügel. Dann nahmen die Mudschahedin die Mädchen vom Dach mit nach unten in den *hooli*. Meine Onkel und Cousins schrien hinter ihnen her, das verstoße gegen den Islam. Für einen Muslim ist es *haram*, verboten, eine Frau zu berühren, die weder eine Blutsverwandte noch seine Ehefrau ist.

Wir mussten vom Dach aus zusehen, wie sie die Mädchen die ganze Nacht mit Pistolen und Gewehrkolben verprügelten. Immer wieder fragten sie, wo die Waffen versteckt seien, doch niemand antwortete ihnen. Das Gesicht meiner Mutter war grimmig und weiß wie die Wand, doch sie sagte nichts. Wir beobachteten, wie sie meiner Schwester das Bajonett auf die Brust setzten und drückten, bis es blutete. Wir hatten einen Wachhund, der neben dem Tor zum *hooli* angekettet war. Weil er seine Familie beschützen wollte, zerrte er verzweifelt an der Kette, bis sie riss, und ging bellend und knurrend auf die Männer los. Sie drehten sich einfach zu ihm um und erschossen ihn.

Die Männer schlugen die beiden Mädchen bis zum Morgengrauen, als der Ruf zum Gebet in den Bergen widerhallte. Da gingen sie – wahrscheinlich um zu beten.

Zwei Tage später kehrten sie zurück und drohten, uns alle zu töten. Diesmal zwangen sie Nadir, damals ein Teenager, ihnen zu zeigen, wo sich die Gewehre befanden. Meine Mutter hatte es die ganze Zeit gewusst, es aber nicht verraten, sondern schweigend zugesehen, wie ihre Tochter und Schwiegertochter zusammengeschlagen wurden – sie wusste, dass wir ohne Waffen keine Möglichkeit mehr hatten, uns zu verteidigen. Nun aber hatten die Mudschahedin alles, was wir besaßen. Wenn sie das nächste Mal kamen, würden sie uns töten.

Die Männer im Dorf waren so entsetzt darüber, was unseren Mädchen widerfahren war, dass sie den Mudschahedin mitteilten, sie würden Widerstand leisten, wenn sie noch einmal ins Dorf kämen. Sie waren bereit, ihre Frauen mit Schaufeln, Hacken, Stecken und anderen Gerätschaften zu beschützen. Die Mudschahedin erklärten sich bereit, das Dorf zu verschonen, doch dafür sollte die Familie des Abdul Rahman sterben. Ihr Kommandeur gab seinen Leuten die Anweisung, uns zu exekutieren. Zum zweiten Mal in meinem kurzen Leben sah ich dem Tod ins Gesicht – und überlebte.

Sie kamen früh am nächsten Morgen. Mittlerweile waren die Chalifa und ihre Kinder nach Chwahan gezogen. Dort besaß mein Vater ebenfalls ein großes Haus mit Ländereien, um die sich jemand kümmern musste. Meine Mutter war daher die einzige Ehefrau, die sich noch im *hooli* aufhielt. Als die Kämpfer kamen, spielten Ennajat und Mukim zum Glück gerade draußen und konnten sich in einem der Nachbarhäuser verstecken. Meine Mutter packte mich, und wir rannten hinaus in den Kuhstall. Unsere Nachbarn schichteten fieberhaft getrocknete Kuhfladen über uns, sodass wir nicht zu sehen waren. Noch heute erinnere ich mich an den Geruch und den beißend bitteren Geschmack des Kuhdungs. Ich kam mir vor wie lebendig begraben. Ich klammerte mich an die Hand meiner Mutter und wagte vor Angst nicht zu husten. Wir blieben stundenlang dort sitzen, still und verängstigt, und der einzige Trost waren die Finger meiner Mutter, die sich um die meinen geschlossen hatten. Wir hörten die Männer nach uns suchen, und einmal kamen sie sogar direkt in unser Versteck. Wenn sie gegen den Berg aus Kuhfladen gestoßen hätten, wären wir zum Vorschein gekommen. Aus Gründen, die nur Gott kennt, taten sie es nicht.

Als sie endlich weg waren, schlüpften wir aus unserem Versteck. Unsere Welt war in Angst und Schrecken versunken, und meine Mutter verschwendete keine Zeit mit Packen. Sie nahm mich, meine beiden Brüder und meine ältere Schwester und rannte mit uns los, durch den Garten hinaus auf die Wiesen und weiter am Fluss entlang. Wir ließen alles zurück, was wir besaßen, und wagten es nicht einmal, uns umzusehen.

Es war, als fiele das Leben meiner Mutter mit jedem Schritt, den sie tat, in sich zusammen. All die Schläge, all der Schmerz, all die Jahre der Schinderei hatte sie ertragen, weil sie ein Heim und ein Leben aufbauen wollte. Das alles fand ein jähes Ende, als wir am Flussufer ums blanke Überleben rannten.

Wie befürchtet waren die Männer zurückgekehrt, um noch einmal nach uns zu suchen, hatten uns wegrennen sehen und die Verfolgung aufgenommen. Sie waren stärker und schneller als wir. Ich wurde müde, geriet immer wieder ins Stolpern und hielt die anderen auf. Meine Schwester schrie meine Mutter an, sie solle mich in den Fluss werfen, um die anderen zu retten. »Wenn du es nicht tust, fangen sie uns, und dann sterben wir alle«, rief sie. »Wirf sie einfach in den Fluss.«

Um ein Haar hätte sie es getan. Meine Mutter nahm mich und hob mich in die Luft, als wolle sie mich von sich schleudern. Doch als sie mir in die Augen sah, musste sie daran denken, dass sie sich nach meiner Geburt geschworen hatte, dass mir nie wieder etwas zustoßen durfte. Sie mobilisierte Kraftreserven irgendwo tief in ihrem Innern, und statt mich in den sicheren Tod zu werfen, setzte sie mich auf ihre Schultern, wo ich mich festklammerte, während sie mit mir weiterrannte. Wir waren hinter den anderen zurückgefallen, und ich hörte die Schritte der Männer näher kommen. Ich dachte, dass sie jede Sekunde bei uns sein, mich von den Schultern meiner Mutter reißen und umbringen würden. Wenn ich heute die Augen schließe, spüre ich wieder die klamme, kalte Angst dieser Minuten.

Da plötzlich sahen wir einen russischen Soldaten vor uns.

Wir hatten die andere Talseite erreicht, die zu dem von der Regierung kontrollierten Gebiet gehörte. Unsere Verfolger machten kehrt und flüchteten, während wir vor Erschöpfung und Erleichterung zu Boden sanken. Meine Mutter weinte. Dieser russische Soldat war der erste von vielen, die ich in den folgenden Jahren zu sehen bekam. Die Sowjets waren ausländische Invasoren, die zwar in einigen Gebieten Bildung und Entwicklung voranbrachten, die aber auch unzählige Gräueltaten an unschuldigen Afghanen begingen. Dieser Mann jedoch war freundlich. Er war groß und blond und sah in seiner Uniform recht hübsch aus. Er rief mich heran. Zögernd ging ich zu ihm. Er reichte mir ein Tütchen Zucker, und ich rannte zu meiner Mutter, um es ihr zu geben. Das war das erste Mal, dass meine Mutter ein Almosen von einem Fremden annahm. Es sollte nicht das letzte sein.

Zunächst fanden wir fünf in der Nähe des Flusses im Haus eines Lehrers namens Rahmullah Unterschlupf. Er war einer der freundlichsten Menschen, die ich je kennengelernt habe, mit gütigen Augen und Lachfalten und einem sauber gestutzten grauen Bart. Die Familie war arm und konnte es sich eigentlich nicht leisten, die zusätzlichen Mäuler zu stopfen. Doch als politischer Anhänger meines Vaters fühlte sich Rahmullah geehrt, der Familie des Wakil die Gastfreundschaft seines einfachen kleinen Hauses anzubieten.

Der Garten grenzte direkt an den Fluss, und ich erinnere mich noch daran, dass ich fröhlich mit seinen Töchtern dort planschte. Wir entwickelten eine Beziehung zueinander, die Bestand haben sollte. Jahre später bat mich Rahmullah um Unterstützung, als seine Tochter Hilfe brauchte, um einer Zwangsehe zu entgehen. Die Familie hatte die Ehe arrangiert, als sie noch ein Kind war, doch der fragliche Mann hatte sich zu einem notorischen Gewalttäter entwickelt, und das Mädchen lehnte ihn nun ab. Seine Familie bestand darauf, dass die Heirat vollzogen wurde, doch Rahmullah unterstützte seine Tochter in ihrem Recht auf Ablehnung. Ich vermittelte zwischen den beiden Familien und brachte schließlich die andere Seite dazu, der Auflösung des Eheversprechens zuzustimmen. Das Mädchen konnte anschließend ihren Traum wahr machen und sich wie ihr Vater für das Lehramt ausbilden lassen. Dankbar ließ mir Rahmullah für meine Wahlkämpfe jede nur mögliche Unterstützung angedeihen. Wenn ich heute die Gegend besuche, gibt es für mich nichts Schöneres, als mit dieser freundlichen und liebevollen Familie am Fluss ein einfaches Mittagessen mit Reis und Hühnchen zu teilen.

Nach zwei Wochen wurde meine Mutter unruhig. Sie wusste nicht recht, was sie tun und wohin sie gehen sollte. Wir hörten, dass unser Haus gebrannt hatte und meine Schwester Marjam und meine Schwägerin ermordet worden waren. Zum Glück entsprach diese Nachricht nicht der Wahrheit, und die Mädchen lebten.

Meine beiden älteren Brüder Dschamalschah und Mirschakay waren schon vor Beginn der Angriffe nach Faisabad gezogen. Der älteste war in leitender Position bei der Polizei, der jüngere studierte. Als die Nachricht von den Geschehnissen endlich die Stadt erreichten und die beiden hörten, was uns zugestoßen war, charterten sie einen Hubschrauber, der uns abholen sollte.

Meine Mutter schluchzte vor Erleichterung, als der Hubschrauber landete. Es war mein erster Flug, und ich weiß noch, dass ich vor den beiden Jungen und meiner großen Schwester her zum Hubschrauber rannte. Darin gab es zwei große Holzsitze. Ich machte es mir in dem einen bequem, und meine Mutter und Schwester quetschten sich in den anderen. Ich erinnere mich noch an mein selbstzufriedenes Grinsen, weil ich einen Sitz hatte und Ennajat und Mukim nicht.

Mein Bruder hatte uns in der Provinzhauptstadt Faisabad ein Haus gemietet. Da er sich mit seinem Polizistengehalt nicht viel leisten konnte, war es nur eine Lehmhütte mit zwei Zimmern. Von Bekannten erhielt meine Mutter eine einfache Grundausstattung für die Küche. Das edle importierte Porzellan, in dem sie im *hooli* das Essen serviert hatte, gehörte der Vergangenheit an. Sie bezeichnete unsere neue Behausung scherzhaft als Puppenhaus, weil es so winzig war, tat aber ihr Bestes, es für uns in ein richtiges Zuhause zu verwandeln, indem sie es mit Vorhängen und Wandteppichen verschönerte.

Damals war ich sieben. Noch immer sah ich aus wie ein typisches Dorfmädchen, Gesicht und Haare schmutzig, mit einer weiten Kamiz-Hose, roten Gummistiefeln und einem langen Schal, den ich hinter mir durch den Schmutz zog. In der großen Stadt war ich damit völlig fehl am Platze.

Von unserem Puppenhaus aus beobachtete ich, wie die Mädchen in die Schule gingen. Sie sahen so schön und intelligent aus, und ich sehnte mich danach, so zu sein wie sie. Kein Mädchen in meiner Familie hatte jemals eine Schulausbildung erhalten, da mein Vater es nicht als notwendig erachtet hatte. Doch nun war er nicht mehr da, und ich fragte meine Mutter, ob ich zur Schule gehen dürfe. Sie sah mich lange an – wie es mir vorkam, stundenlang –, ehe sie mir schließlich ein strahlendes Lächeln zuwarf. »Ja, Fausia dschan, das darfst du.«

Die ganze Familie war dagegen, besonders meine älteren Brüder. Doch meine Mutter ließ nicht locker und blieb standhaft. Ich sollte am nächsten Tag mit Mukim in die Schule gehen und um Aufnahme bitten.

Wir gingen in das Büro des Rektors. Es war elegant und sauber, mit gepolsterten Sesseln. Ich kann mir winzig und sehr zerlumpt vor, mir lief die Nase, und mein Gesicht war dreckverschmiert. Da mir das alles plötzlich peinlich war, nahm ich meinen Schal und schnäuzte mir vernehmlich damit die Rotznase.

Der Rektor runzelte die Stirn und musterte mich. Er fragte sich wohl, wie es kam, dass ein schmutziges kleines Dorfmädchen wie ich in Faisabad um Schulbildung ersuchte. »Wer sind deine Leute?«, fragte er mich. Als ich hochmütig entgegnete, ich sei die Tochter des Wakil Abdul Rahman, hob er überrascht die Augenbrauen. Wie viele Stufen war unsere Familie doch seit seinem Tod die soziale Leiter nach unten gerutscht! Der freundliche Mann erklärte, ich sei zur Schule zugelassen und könne am nächsten Tag anfangen. Ich weiß noch, dass ich nach Hause lief, um es meiner Mutter zu erzählen, den Schal hinter mir durch den Schmutz schleifend. Mein kleines Herz war so voller Begeisterung, dass ich den Tod meines Vaters, den Verlust unserer Heimat und unser Leben in Armut völlig vergaß. Ich, Fausia Kufi, würde in die Schule gehen!

Da ich wild entschlossen war, meine Zeit an der Koktscha-Schule zu nutzen, hatte ich die anderen Mädchen bald eingeholt. Es dauerte nicht lange, da war ich Zweitbeste und bald darauf Klassenbeste. Die Schule vermittelte uns eine Grundbildung: Den halben Tag hatten wir die üblichen Schulfächer, die andere Hälfte studierten wir an der Moschee des Viertels beim Mullah den Heiligen Koran. Meine Mutter, die Analphabetin war, interessierte sich sehr für diese Koranstudien.

Nachts schlief ich gemeinsam mit meinem Bruder Mukim im Bett meiner Mutter. Das Ritual war jeden Abend dasselbe. Mutter fragte uns, was wir gelernt hatten, und wir erzählten ihr alles, woran wir uns erinnerten. Wir rezitierten aus dem Koran, wobei sie uns hin und wieder korrigierte. Es war ihre Art, sich für unsere Bildung zu engagieren, und sie betrieb das mit Leidenschaft.

Als ich dann auf die Pamir-Oberschule wechselte, die erste Schule dieser Art in Faisabad, war ich ein selbstbewusstes Mädchen. Ich trug wie die anderen Mädchen auch das Haar kurz. Meine Brüder waren außer sich, doch meine Mutter beruhigte sie und bestärkte mich in meinem neuen Selbstvertrauen und meinen Fortschritten.

Hin und wieder konnten wir fernsehen. Dort sah ich Margaret Thatcher in Großbritannien oder die indische Premierministerin Indira Gandhi, die bis heute für mich Vorbilder sind.

Ich starrte sie mit offenem Mund an und dachte bei mir: Wie ist es möglich, dass eine Frau vor all diesen Menschen steht? Woher nimmt sie die Macht, zu ihnen zu sprechen? Kann eine einfache Frau eine Nation führen?

Meine Freundinnen und ich gingen manchmal auf das Dach unserer Schule und spielten dort. Mein Horizont weitete sich zusehends. So, wie ich als Kleinkind in der Küche des *hooli* in den Himmel geblickt und gedacht hatte, er umfasse meine gesamte Existenz, so sah ich nun hinunter auf die Straßen der Stadt rund um die Schule. Mittlerweile glaubte ich, der ganze Himmel ruhe auf den Bergen rund um Faisabad und die gesamte Welt, meine Welt, bestehe aus der Provinzhauptstadt und ihrem Umland.

Ich war dort sehr glücklich. Doch als ich elf war, wurde mein Bruder Dschamalschah befördert und nach Kabul versetzt, und wir sollten mit ihm gehen. Ich glaube, der Tag unseres Umzugs war einer der aufregendsten in meinem Leben. Ich war nicht nur begeistert, in die wunderbare Hauptstadt zu ziehen, die ich bis dahin nur von Fernsehbildern kannte, sondern ich freute mich auch auf die große Oberschule in Kabul, auf die ich wechseln würde. Als wir zum ersten Mal durch die Straßen der Stadt fuhren, war ich so aufgeregt, dass ich dachte, mir würde vor Freude das Herz aus der Brust springen.

Kabul war genau so, wie ich es mir immer erträumt hatte: laut, spannend, vielseitig. Ich staunte die gelben Taxis mit den schwarzen Streifen an und betrachtete fasziniert die blauen Millie-Busse, deren Fahrerinnen eine schicke blaue Uniform mit Minirock trugen. Damals verfügte Kabul über das weltweit einzige Elektrobussystem, die Millie-Busse, deren bezaubernde Fahrerinnen den Spitznamen Millies trugen.

Ich bewunderte die exquisiten Geschäfte, in deren Schaufenstern die neueste Mode ausgestellt war, und genoss den Duft des herrlichen Grillfleisches, der aus Hunderten von Restaurants auf die Straße wehte. Die Stadt zog mich in ihren Bann und nahm mich auf, und dafür liebte ich sie mit ganzem Herzen. Das hat sich bis heute nicht geändert.

Jene drei Jahre, die wir in Kabul verbrachten, waren die glücklichsten meiner Kindheit. Auch meine Mutter liebte die Stadt. Für sie war es ein aufregendes Abenteuer, auf den großen Basaren einzukaufen. Es mag sonderbar klingen, doch sie erlebte dort eine Unabhängigkeit, die sie sich in der Ehe mit meinem Vater nie erträumt hätte. Auch ich genoss die ungeahnte Freiheit. Ich experimentierte mit der Mode und unterhielt mich mit meinen Freundinnen über Dichtung und Literatur. Wir gingen von der Schule durch breite Alleen nach Hause und trugen unsere Schulbücher voller Stolz.

Meine neuen Schulfreundinnen kamen mir unglaublich klug und mondän vor. Ihre Familien besaßen ein Haus mit Swimmingpool. Die Mütter meiner Freundinnen waren elegant gekleidet und trugen die Haare kurz. Ihre Väter waren nachsichtig und freundlich und verströmten einen leichten Duft von Aftershave und schottischem Whisky.

Manche der Mädchen waren sogar geschminkt und lackierten sich die Nägel. Meine Brüder verboten mir das, doch einmal probierte ich es doch aus, bei einer Freundin, die mir auch lange Strümpfe und einen kurzen Rock lieh. Meine Freundin und ich schlenderten lässig durch die Stadt und erfreuten uns unseres modischen Aussehens, als Dschamalschah an uns vorbeifuhr. Er sah mich, drosselte das Tempo und starrte mich durch das offene Fenster an. Da keine Zeit blieb, mich zu verstecken, drehte ich mich mit dem Gesicht zur Wand. Ich dachte wohl wie der Vogel Strauß, der den Kopf in den Sand steckt, dass mein Bruder, wenn ich ihn nicht sah, mich auch nicht sehen konnte. Aber natürlich war dem nicht so. Zu Hause wartete er schon auf mich. Er holte mit der Hand aus, als wolle er mich schlagen, doch ich lief fort und versteckte mich. Ich hörte ihn brüllen vor Lachen und nach meiner Mutter rufen, um ihr alles zu erzählen. Auch sie lachte, und ich schlich mich beschämt zum Abendessen wieder ins Haus.

Die Tage in Kabul waren sorglos und leicht. Doch wieder kollidierte die große weite Welt heftig mit meiner kleinen, geborgenen Welt.

Liebe Schuhra, liebe Schaharasad,

als ich noch jung war, hatte ich das Gefühl, dass sich mein Leben dauernd von Grund auf änderte. Jedes Mal, wenn wir ein sicheres Zuhause gefunden hatten oder einen Moment zur Ruhe gekommen waren, zwang uns der Krieg wieder eine Veränderung auf.

Damals hasste ich Veränderungen. Ich wollte nichts anderes, als an einem Ort bleiben, ein Zuhause haben und zur Schule gehen. Ich hatte große Träume, wollte aber auch ein zufriedenes Leben führen. Dasselbe wünsche ich auch euch. Ich möchte, dass ihr euch frei entfalten und eure Träume leben könnt, doch ihr sollt auch ein glückliches Zuhause, einen liebenden Ehemann und eines Tages das Glück eigener Kinder haben.

In eurem kurzen Leben musstet ihr schon mehr Veränderungen mitmachen, als ich euch gewünscht hätte. Es ist oft einfacher, eine schlechte Situation zu ertragen, als eine aufgezwungene Veränderung. Doch manchmal fürchte ich, dass ich zu viel von euch verlangt habe: die langen Zeiten meiner Abwesenheit, eure Angst, dass man mich umbringt und ihr ohne Mutter zurückbleibt.

Manchmal ist es falsch, etwas einfach zu ertragen. Die Fähigkeit, sich anzupassen und neu anzufangen, zeichnet alle großen Führungspersönlichkeiten aus. Der Wandel ist nicht immer unser Feind, und ihr müsst lernen, ihn als notwendigen Bestandteil eures Lebens zu akzeptieren. Wenn wir uns mit dem Wandel anfreunden und ihn annehmen, so trifft er uns das nächste Mal möglicherweise weniger schmerzhaft.

In Liebe,
eure Mutter

5

Wieder Dorfmädchen

1991–1992

Die neunziger Jahre hatten begonnen. Die Berliner Mauer war gefallen, die Apartheid in Südafrika und das große Sowjetreich waren ins Wanken geraten. Der Kalte Krieg näherte sich seinem Ende.

Die Mudschahedin-Kämpfer waren mittlerweile routinierte Veteranen. Sie hatten einen erfolgreichen Zermürbungskrieg gegen die sowjetischen Invasoren geführt, und im Jahr 1989 gelang es ihnen, die Sowjetarmee nach Moskau zurückzuschicken. Die Massen jubelten und klatschten, als die Rote Armee den demütigenden Rückzug antreten musste. Die Moral der Kämpfer war nie besser gewesen, und vielen galten sie als Helden. Der populärste war Ahmed Schah Massud, der auch als »Löwe von Pandschir« bekannt war. Er galt als genialster und intelligentester Mudschahedin-Führer und als Stratege, der für den Sieg über die Sowjets verantwortlich zeichnete. Sein Konterfei ziert noch heute Plakate überall in Afghanistan.

Doch nun, da die Rote Armee abgezogen war, wollten die Kämpfer unbedingt auch die Regierungsmacht übernehmen. Sie schickten ihre Armeen nach Kabul. Die Mudschahedin lehnten die, wie sie es sahen, Marionettenregierung ab, die auch nach dem Rückzug des sowjetischen Militärs enge Verbindungen nach Moskau unterhielt. Damals war Präsident Nadschibullah Regierungschef, der wirtschaftlich durchaus Fortschritte und Entwicklungen auf den Weg gebracht hatte, der aber immer unbeliebt gewesen war, weil er dem sowjetischen Militär erlaubt hatte, afghanischen Boden zu betreten. Drei Jahre lang blieb die afghanische Armee unter seiner Kontrolle und hielt die Mudschahedin in Schach, doch dann musste sie sich geschlagen geben, und die Regierung brach zusammen.

Die Menschen hofften, dass nun Stabilität einkehren und sich eine neue, rein afghanische Regierung bilden würde. Doch unmittelbar nach dem Sieg über die Regierung verwickelten sich die Mudschahedin in Kämpfe untereinander. Nachdem der gemeinsame Feind besiegt war, kochten Spannungen zwischen den Ethnien wieder auf. Obwohl alle Generäle Afghanen waren, unterschieden sie sich in Sprache und Kultur, je nachdem, aus welchem Teil Afghanistans sie stammten. Die Kämpfe und Machtrangeleien zwischen den Kommandeuren wuchsen sich schließlich zum blutigen Afghanischen Bürgerkrieg aus, der mehr als ein Jahrzehnt andauern würde.

Ich war siebzehn Jahre alt, als ich im Radio hörte, dass Präsident Nadschibullah von der Polizei verhaftet worden war, nachdem er versucht hatte, aus Afghanistan zu fliehen. Wir waren alle schockiert von den Ereignissen und machten uns große Sorgen um unser Land.

Zwar lebten wir noch in Kabul, wo ich die Oberschule besuchte, doch in jener Woche hielten wir uns zu Besuch in unserer Heimatprovinz Badachschan auf. Wir wohnten in Faisabad bei Verwandten, wo wir einen längeren Urlaub verbringen wollten.

Am Tag nach Nadschibullahs Verhaftung hörten wir Schießereien in den Bergen oberhalb von Faisabad. Die afghanische Armee hatte auf der einen Seite der Berge rund um die Stadt Stellungen bezogen, während sich die Mudschahedin auf der anderen postiert hatten. Die Gegner beschossen einander mit Sturm- und Maschinengewehren, hin und wieder auch mit schwerer Artillerie. Mir kam das Feuer auf Seiten der Mudschahedin erheblich intensiver vor als auf Seiten der Armee, die offenbar nicht mehr so viele Waffen und Munition hatte wie ihr Gegner.

Die Armee schien ihre Stellungen nur zu verteidigen und bot auch hier nicht viel Widerstand. Die afghanischen Soldaten waren in großer Zahl desertiert. Viele waren nicht bereit, gegen ihre Landsleute zu kämpfen, aber die Soldaten wussten auch genau, was die Mudschahedin mit gefangenen Russen angestellt hatten: Sie hatten sie gefoltert und getötet.

Was die Grausamkeit der Folter anging, wurden die Mudschahedin mit der Zeit immer einfallsreicher: Man verbrannte Menschen bei lebendigem Leib, man fragte einen Gefangenen nach seinem Alter und trieb ihm die entsprechende Zahl von Nägeln in den Schädel. Beliebt war auch der »Totentanz«, bei dem einem Gefangenen der Kopf abgeschlagen und kochendes Öl in die Leiche gegossen wurde. Wenn das heiße Öl auf die Nervenenden traf, zuckten sie, und es sah aus, als tanze der Enthauptete. Die Soldaten der afghanischen Armee wussten, dass sie als die neuen Feinde der Mudschahedin nicht mehr Gnade zu erwarten hatten als die Sowjets vor ihnen. Viele zogen daher schlicht die Uniform aus und kehrten in ihr ziviles Leben zurück.

Nach zwei Tagen Kampf erklärten die Mudschahedin, sie übernähmen die Regierung. Friedensgespräche für die Unterwerfung und die Machtübergabe waren bereits vier Jahre vorher, im Jahr 1988, auf einer Konferenz in Genf aufgenommen worden. Kaum jemand war daher überrascht, als die Regierung in Kabul zusammenbrach.

Plötzlich war Faisabad voll von Mudschahedin-Kämpfern, die aus ihren Stellungen in den Bergen in die Provinzhauptstadt gekommen waren. Ich weiß noch, dass ich sie beobachtete und mir überlegte, wie interessant diese struppigen, angegrauten Männer aussahen. Sie hatten mehrere Jahre lang in Berglagern von schmalen Rationen gelebt und fast täglich gekämpft. In meiner Vorstellung trugen Soldaten schicke Uniformen, und ich fand die nachlässig gekleideten Männer in Jeans und Turnschuhen deshalb merkwürdig.

Ich fragte mich, wie sie sich je wieder in das zivile und zivilisierte Leben einfinden sollten. Und mit diesem Gedanken stand ich nicht allein. In den Behörden wimmelte es plötzlich von diesen Männern, die die Menschen von Faisabad in Angst und Schrecken versetzten. Viele Schulen mussten schließen, weil die Eltern sich weigerten, ihre Töchter zum Unterricht zu schicken, aus Angst, dass die ehemaligen Kämpfer, die nun durch die Straßen der Stadt streiften, sie vergewaltigen könnten. Doch die meisten Afghanen waren froh, dass die Russen weg waren, und hofften noch immer, dass die Mudschahedin ihre Streitigkeiten beilegen und eine ordentliche Regierung bilden würden.

Diese politischen Veränderungen leiteten eine sehr deprimierende Zeit in meinem Leben ein. Wenn ich durch die Stadt gehen wollte, musste ich zum ersten Mal in meinem Leben eine Burka tragen. Die Mudschahedin waren keine religiösen Fundamentalisten, machten also das Tragen der Burka nicht zur Pflicht. Vielmehr war es eine Frage der Sicherheit. Da so viele ehemalige Kämpfer unterwegs waren, Männer, die vielleicht jahrelang keine Frau gesehen hatten, war es ratsam, dass ein Mädchen ihre Schönheit auf der Straße verhüllte.

Das Tragen der Burka war einstmals ein Zeichen für den gesellschaftlichen Stand gewesen, hatte aber auch einen praktischen Nutzen gehabt. Die Burka schützte eine Frau vor der brennenden Sonne, dem Sand und den heftigen Winden.

Ich weiß, dass viele im Westen die Burka als Symbol für die Unterdrückung der Frau und den religiösen Fundamentalismus betrachten. Für mich ist sie das nicht.

Ich möchte das Recht haben zu tragen, was ich für das Beste halte, natürlich immer innerhalb der Grenzen des Islam. Wenn eine Frau ihre Haare mit einem Kopftuch verdeckt und ein langes weites Gewand trägt, das Arme, Brust und Gesäß vor den Blicken anderer verhüllt, so reicht das völlig aus, um das islamische Gebot der Bescheidenheit vor Gott zu beherzigen. Wer behauptet, eine Frau müsse das Gesicht vollständig verhüllen, um eine wahre Muslimin zu sein, irrt. Eine Burka, die das Gesicht verdeckt, wird vom Islam definitiv nicht gefordert, sondern meist aus kulturellen oder gesellschaftlichen Gründen getragen.

Mir ist bewusst, dass es in einigen westlichen Ländern zu einem großen politischen Streitthema geworden ist, ob eine Muslimin die Burka, die das Gesicht verhüllt, tragen darf. Manche Politiker und Regierungschefs wollen das gesetzlich verbieten lassen. Ich finde zwar, dass jeder Staat das Recht hat, seine eigenen Gesetze und kulturellen Rahmenbedingungen zu bestimmen, glaube aber auch an die Wahlfreiheit. Meiner Ansicht nach sollten westliche Regierungen den muslimischen Frauen gestatten zu tragen, was sie wollen.

Einmal zogen meine Mutter, meine Schwester und ich uns unsere schönsten Kleider an, weil wir ein Fest im Haus meiner Tante besuchen wollten. Ich war geschminkt und sehr zufrieden mit meinem Aussehen, ja, ich fand mich – für mich eher ungewöhnlich – sogar schön. Vor dem Auftauchen der Mudschahedin hätte ich mir das Haar lediglich mit einem Kopftuch verhüllt, ehe ich aus dem Haus ging. Doch nun bestand meine Mutter darauf, dass ich eine Burka überzog, die sie von einer Nachbarin für mich ausgeliehen hatte. Ich kochte vor Wut. Noch nie in meinem Leben hatte ich eine Burka getragen. Da hatte ich meine schönsten Kleider an, hatte mir die Haare schön frisiert und Make-up aufgelegt, und meine Mutter wollte, dass ich mich in einen schweren blauen Sack hüllte.

Ich weigerte mich, und wir gerieten uns in die Haare. Meine Mutter flehte mich an, schmeichelte und drohte mir und erklärte, es sei zu meinem eigenen Schutz. Den Soldaten sei nicht zu trauen, wenn sie mich unverhüllt zu Gesicht bekämen, und ich müsse mich verhüllen, um Ärger zu vermeiden. Ich weinte, was mich noch wütender machte, weil es mein Make-up ruinierte. Ganz trotziger Teenager, beschloss ich, dass ich, wenn ich eine Burka tragen musste, überhaupt nicht mitgehen würde. Am Ende überredete mich meine Mutter doch noch. Schließlich wolle ich doch auf das Fest meiner Tante gehen, und es wäre eine Schande, wenn ich, nachdem ich mich so schön zurechtgemacht hatte, zu Hause bliebe. Murrend zog ich die Burka über den Kopf und betrat erstmals verhüllt die Straßen von Faisabad und diese seltsame neue Welt.

Als ich durch den Gitterstoff des winzigen Sichtfensters spähte, fühlte ich mich bedrängt. Die Berge schienen auf meinen Schultern zu lasten, so, als wäre die Welt gleichzeitig viel größer und viel kleiner geworden. Meine Atmung war laut und warm unter der Haube, und mich überkam ein klaustrophobisches Gefühl, als hätte man mich lebendig begraben – ich fürchtete unter dem schweren Nylonstoff zu ersticken. In diesem Moment kam ich mir nicht mehr wie ein Mensch vor. Mein Selbstvertrauen schmolz dahin. Ich wurde winzig klein, unwichtig und hilflos, als hätten sich allein durch das Anlegen der Burka alle Türen in meinem Leben, die ich mit so viel Mühe aufgestoßen hatte, auf einmal wieder geschlossen. Meine Schule, die schönen Kleider, das Make-up, die Feier – all das bedeutete mir nichts mehr.

Als Kind hatte ich meine Mutter die Burka tragen sehen. Doch in meinen Augen gehörte sie zu ihrer Generation, war eine Tradition, die langsam im Aussterben begriffen war. Ich hatte nie das Bedürfnis oder die familiäre Vorgabe gehabt, dieser Tradition zu entsprechen. Ich fühlte mich einer neuen Generation afghanischer Frauen zugehörig, und die Tradition der Burka entsprach nicht den Vorstellungen, die ich für mich und für mein Land hatte. Anders als meine Mutter hatte ich eine Schulbildung genossen, die ich gern erweitern wollte. Ich hatte

Chancen und Freiheiten. Eine davon war die Freiheit zu wählen, ob ich eine Burka tragen wollte oder nicht – und ich wollte sie lieber nicht tragen.

Es liegt nicht daran, dass ich ein besonderes Problem mit der Burka hatte oder habe. Sie ist ein traditionelles Gewand und kann Frauen in unserer Gesellschaft ein gewisses Maß an Schutz bieten. Auf der ganzen Welt sind Frauen hin und wieder unerwünschter Aufmerksamkeit von Seiten der Männer ausgesetzt, und für einige Frauen ist das Tragen einer Burka eine Möglichkeit, dies zu vermeiden. Doch ich lehne es ab, wenn jemand den Frauen vorschreibt, was sie zu tragen haben. Ich war empört, als die Taliban-Regierung das Tragen der Burka gesetzlich anordnete. Wie würden Frauen im Westen auf eine staatliche Verordnung reagieren, die ihnen vom Beginn der Pubertät an vorschreibt, einen Minirock zu tragen? In der afghanischen Gesellschaft sind die islamischen und kulturellen Ideale der Bescheidenheit zwar tief verankert, aber nicht so tief, dass sich jede Frau nur aufgrund ihres Geschlechtes unter einem Nylonsack verstecken muss.

Als wir zum Haus meiner Tante kamen, war ich erleichtert, dass ich die Burka ausziehen konnte. Die Erfahrung hatte Entsetzen und Angst in mir ausgelöst, was meine Zukunft und die meines Landes betraf. Ich amüsierte mich nicht auf der Feier, blieb für mich und rief mir immer wieder in Erinnerung, wie schrecklich es gewesen war, zwischen den Wänden meiner tragbaren Gefängniszelle fast zu ersticken. Ich überlegte mir die ganze Zeit, wie ich am besten nach Hause kommen konnte, etwa indem ich zurückrannte, in der Hoffnung, dass ich niemandem begegnete. Ich wollte es mir noch nicht eingestehen, geschweige denn jemand anderem, dass die Burka zum festen Bestandteil meines Lebens geworden war.

Ich vermisste Kabul, meine Schule und meine Freundinnen. Doch der Flughafen von Kabul war von den Mudschahedin geschlossen, die Flüge zwischen Faisabad und Kabul waren eingestellt worden. Plötzlich waren wir von der Hauptstadt abgeschnitten. Ich machte mir furchtbare Sorgen, was in Kabul wohl gerade geschah. Obwohl die Mudschahedin mittlerweile die Regierung stellten, kämpften sie untereinander weiter: Mehrere Generäle hatten verschiedene Ministerien unter ihre Kontrolle gebracht, und obwohl der Bürgerkrieg noch nicht in vollem Gange war, konnten wir den Nachrichten aus Kabul entnehmen, dass die Lage immer chaotischer wurde. Besonders beunruhigte mich die Befürchtung, dass meine Schule, wenn sie nicht bereits in den Kämpfen zerstört worden war, ihre Tore schließen und ich nie wieder zur Schule würde gehen können.

Wir hörten Radio, um ja keine Nachricht zu verpassen, wussten allerdings nicht recht, was wir glauben sollten. Die Mudschahedin-Regierung war klug genug gewesen, die Radio- und Fernsehstationen an sich zu reißen. Die Nachrichtensprecher versicherten uns, es sei alles ruhig, doch wir wussten, dass wir reine Propaganda zu sehen und zu hören bekamen. Meine Mutter und ich hörten im Radio, dass die Schulen geöffnet waren und die Mädchen am Unterricht teilnehmen konnten. In Wahrheit war es anders. Die Eltern schickten ihre Töchter nicht zur Schule, weil es ihnen zu unsicher war.

Mir fielen auch die Veränderungen im Fernsehen auf. Die hübschen Nachrichtensprecherinnen verschwanden plötzlich vom Bildschirm. An ihrer Stelle stotterten sich schlecht gekleidete alte Frauen mit Kopftuch durch den Nachrichtentext.

In Afghanistan gab es damals eine Reihe hoch angesehener Frauen, die die Abendnachrichten präsentierten. Sie waren klug und elegant und machten ihre Arbeit mit großer Professionalität. Für mich waren sie wichtige Vorbilder. Ich interessierte mich ebenso für ihre Frisur wie für die internationalen Nachrichten, die sie verlasen. Sie waren der lebende Beweis dafür, dass afghanische Frauen attraktiv, gebildet und erfolgreich sein konnten. Ihr plötzliches Verschwinden vom Bildschirm machte mir Sorgen.

Eines Tages lief ich weinend zu meiner Mutter, verzweifelt, verängstigt und frustriert von allem, was damals vor sich ging, und schüttete ihr mein Herz aus. Sie hörte mir geduldig zu. Als ich fertig war, erklärte sie, sie werde sich um eine vorläufige Zulassung für eine Schule in Faisabad bemühen.

Ich vermisste Kabul und den luxuriösen Glamour der Häuser meiner Freundinnen schrecklich. Doch ich war froh, dass ich wieder zur Schule gehen konnte, auch wenn mir die Schule in Faisabad – die mir einst so groß und überwältigend erschienen war – nun winzig und provinziell vorkam.

Allerdings blieb mir die Burka nicht erspart. Ich gewöhnte mich an das Gefühl, eingeschlossen zu sein, konnte mich aber mit der Hitze nie abfinden. Da es in Faisabad kein Bussystem gab, musste ich in der gleißenden Sonne zu Fuß in die Schule gehen, und der Schweiß lief mir über den Körper. Ich schwitzte so schlimm, dass sich vom Schweiß und vom Frischluftmangel schwarze Flecken auf der Haut bildeten.

Ungeachtet dieser Unannehmlichkeiten fand ich in der Schule viele Freundinnen. Ich war froh über meine Rückkehr ins Klassenzimmer und die Möglichkeiten, die sich für mich damit auftaten. Meine Lehrer ermutigten mich, nach der Schule an einem Landwirtschaftskurs teilzunehmen, in dem wir alles über Pflanzen, Anbau und Bodenpflege lernten. In Badachschan weiß man trotz der langen Ackerbautradition bis heute sehr wenig über Biologie und Agrarwissenschaften. Daher war dieser Kurs für mich sehr interessant. Leider verbot mir meine Mutter kurz darauf die Teilnahme. Obwohl ich eine Burka trug, fürchtete sie, dass ihre halbwüchsige Tochter einem Mudschahedin-Kämpfer ins Auge fallen könnte. Jede Minute, die ich außerhalb des Hauses verbrachte, war eine Minute, die einen unerwünschten Heiratsantrag mit sich bringen konnte. Und wer den Heiratsantrag eines Mudschahed ablehnte, hatte mit ernsthaften Konsequenzen zu rechnen. Ein abgewiesener Kämpfer verstand das mit ziemlicher Sicherheit als Aufforderung, sich mit Gewalt zu nehmen, was er wollte. Den Gang zur Schule betrachtete meine Mutter als ein notwendiges Risiko, das sie mir zugestand. Doch nach der Schule noch etwas über Pflanzen zu lernen, war ein Luxus, auf den ihre schöne Tochter auch verzichten konnte.

Das Auftauchen der Mudschahedin hatte mein Leben außerhalb des Hauses völlig umgekrempelt. Doch überraschend veränderte es auch das Leben im Haus. Ich war etwa einen Monat wieder zur Schule gegangen, als eines Tages mein Halbbruder Nadir vor unserer Tür stand. Er war der älteste Sohn der Frau, von der sich mein Vater hatte scheiden lassen. Ich hatte ihn fünfzehn Jahre nicht gesehen, nachdem er als Junge verschwunden war, um gegen die Russen zu kämpfen. Der Mann, der nun in unserem Wohnzimmer stand, war ein Befehlshaber der Mudschahedin. Er und seine Männer waren verantwortlich für die Nachschubrouten nach Kuf. Sie stellten sicher, dass die Kämpfer dort ausreichend Waffen und Munition hatten. Das war eine wichtige Aufgabe, die kein General leichtfertig übertrug.

Meine Mutter war natürlich froh, ihren Stiefsohn zu sehen, scheute sich jedoch nicht, ihrem Missfallen über seine Arbeit und seinen offensichtlichen Mangel an Unterstützung für die Familie in Krisenzeiten Ausdruck zu verleihen. Mein Bruder hätte, zumindest nach Maßstäben der Mudschahedin, durchaus das Recht gehabt, sie für derlei Anmaßung zu schlagen oder gar zu töten. Doch er tat es nicht. Dank ihres Auftretens und der Hochachtung, die sie innerhalb der Familie genoss, bat er sie sogar um Entschuldigung. Er sei jetzt ein Mann, sagte er, und wisse Recht und Unrecht durchaus zu unterscheiden. Sein Schwerpunkt sei nicht mehr der Kampf. Ihm gehe es mittlerweile darum, das Beste für die Familie zu tun.

Er wollte mich ins Dorf bringen, wo er mich vor den anderen Mudschahedin beschützen konnte. Sein Rang innerhalb der Kämpfer sei hoch genug, um dort meine Sicherheit zu gewährleisten. Doch er machte deutlich, dass, falls ich bei meiner

Mutter in Faisabad bliebe, nicht einmal sein Einfluss ausreichen würde, um ortsansässige Kämpfer von einer Zwangsheirat abzuhalten, falls sie es wünschten.

Da das die größte Angst meiner Mutter war, wurde beschlossen, dass ich mit Nadir in das Dorf im Distrikt Yaftal zurückkehren sollte, in dem er lebte. Man gelangte nur zu Pferde dorthin. Noch am selben Tag kehrte er mit zwei Schimmeln zurück, die das in Badachschan übliche mit Wolltroddeln geschmückte Zaumzeug trugen. Ich hatte als kleines Mädchen das letzte Mal auf einem Pferd gesessen. Und wie immer machte mir meine Burka das Leben zusätzlich schwer. Es ist wahrlich eine Herausforderung, sich mit der Burka überhaupt in den Sattel zu schwingen, geschweige denn, ein Tier durch den dichten Stadtverkehr zu lenken. Das Pferd scheute vor jeder Hupe und jedem ungewohnten Geräusch. Am Ende musste mein Bruder die Zügel nehmen und mich durch die Stadt führen, während ich mein Bestes gab, mich im Sattel zu halten. Jedes Mal, wenn das Tier ausschlug oder buckelte, bekam er es gerade rechtzeitig wieder in den Griff, ehe ich auf der Straße landete.

Ich hatte mich in meinem Leben noch nie so rückständig gefühlt wie an jenem Tag. Da war ich, versteckt unter einer Burka, und wurde auf einem Pferd durch die Stadt geführt. Ich kam mir vor, als hätte ich mich zurückentwickelt und gehörte nun der Generation meiner Mutter oder Großmutter an. In diesem Moment fürchtete ich, jeglicher Fortschritt wäre für alle Zeiten aus meinem Land und meinem Leben verbannt.

Wir ritten aus Faisabad hinaus und nahmen den Weg zu dem Dorf, in dem mein Bruder sein Haus hatte. Wir hatten einen Zweitagesritt vor uns, und der Weg bestand überwiegend aus holprigen Pfaden.

Ich hatte das Pferd bald im Griff und war zufrieden mit mir. Die Burka erschwerte weiterhin das Reiten, insbesondere, wenn ich das Pferd um eine Biegung lenken musste. Wegen meiner beschränkten Sicht fehlte mir die Orientierung. Und wenn das Pferd in ein Loch stolperte, fiel es mir schwer, das Gleichgewicht zu halten.

Bei Einbruch der Nacht kamen wir in ein Dorf, in dem wir übernachten konnten. Obwohl wir erst einen Tag unterwegs gewesen waren, waren die Menschen dort schon völlig anders als in Faisabad. Die Frauen des Dorfes waren sehr freundlich und wollten unbedingt ein paar Worte mit dem Neuankömmling wechseln. Während wir uns unterhielten, fiel mir auf, dass ihre Hände schwarz waren vom Schmutz, weil die Arbeitstage auf den Feldern lang und hart waren und sie nur selten baden konnten. Ihre Kleider waren die einfacher Landarbeiter, was mich nicht hätte überraschen dürfen, doch ich wurde das Gefühl nicht los, dass ich eine Zeitreise in die Vergangenheit unternommen hatte. Erst die Burka, dann das Pferd und nun die ärmlichen Frauen im Dorf, die das gleiche Leben führten wie ihre Großmütter und deren Großmütter vor ihnen – mir war es, als hätte ich die Zukunft meines Landes vor Augen.

Als ich am Morgen aufwachte, war ich wund geritten und steif vom Muskelkater. Das Reiten verursachte Schmerzen an Stellen, an denen ich es nie für möglich gehalten hätte. Trotzdem war ich stolz auf mich, weil ich ohne Hilfe durch die raue Landschaft geritten war, nachdem ich so lange nicht im Sattel gesessen hatte. In diesem Teil Afghanistans hängt manchmal das Leben davon ab, dass man sattelfest genug ist.

Ich hatte bereits zwei Wochen bei Nadir und seiner Familie verbracht, als wir einen Onkel und andere entfernte Verwandte in einem Nachbardorf besuchten. Ich saß neben einer Frau, die meine Mutter kannte, da fragte sie mich urplötzlich, ob ich in Kabul gewesen sei, als mein Bruder Mukim ums Leben kam. Ich erstarrte vor Entsetzen, denn davon hatte ich noch nichts gehört. Jeder im Raum sah meinen bestürzten Gesichtsausdruck und merkte, dass ich von nichts wusste. Mein Onkel reagierte als Erster. Er lenkte ab, indem er behauptete, die Frau habe einen anderen meiner Halbbrüder gemeint, Mamorschah, der fünfzehn Jahre zuvor von den Mudschahedin ermordet worden war.

Jener Bruder hatte sich gemeinsam mit einer Gruppe von Dorfbewohnern gegen die Mudschahedin zur Wehr gesetzt, als diese Chwahan angriffen. Er hatte die ganze Nacht mit einer Pistole aus einem kleinen Badezimmerfenster in seinem Haus geschossen. Um überhaupt an das hohe Fenster heranzukommen, hatte sich seine arme Frau auf alle viere stellen müssen, damit er auf ihrem Rücken stehen konnte. Er und seine Frau überlebten zwar dieses Gefecht, doch danach war er völlig verändert. Er floh nach Tadschikistan, versuchte jedoch einige Zeit später heimlich wieder nach Afghanistan zurückzukehren. Bei dieser Gelegenheit nahmen sie ihn gefangen. Wie stark die Großfamilie ist, zeigte sich einmal mehr, als meine Mutter die ganze Nacht lang von einem Ortskommandeur zum nächsten ging und um Mamorschahs Freilassung bat. Er war nicht ihr Fleisch und Blut, doch sie liebte ihn wie alle Kinder der anderen Frauen wie ihren eigenen Sohn. Sie hatte keinen Erfolg. Wie mein Vater vor ihm wurde er bei Tagesanbruch mit einem Kopfschuss hingerichtet.

Doch diese Geschichte kannte ich schon. Ich war ein kleines Mädchen gewesen, als das geschehen war. Warum also fragte mich diese Frau, ob ich dabei gewesen sei? Obwohl nun die Familie das Gegenteil behauptete, war ich krank vor Sorge, dass sie in Wahrheit doch meinen Bruder Mukim gemeint hatte. Er lebte in Kabul, und ich fürchtete nun, er sei ums Leben gekommen. Ich stand unter Schock, wollte nichts mehr essen, litt unter Herzrasen und Übelkeit. Am liebsten hätte ich meine Flügel ausgebreitet und wäre nach Kabul geflogen, um nachzusehen, ob es ihm gut ging.

Auf dem Rückweg erklärte mir Nadir erneut, dass die Frau sich geirrt hatte. Tief in meinem Herzen wusste ich, dass das nicht stimmte, doch lieber glaubte ich eine Lüge, als der schrecklichen Wahrheit ins Auge zu sehen.

Vielleicht lag es an der Ungewissheit, ob Mukim nun tot war oder nicht – jedenfalls empfand ich das Leben im Dorf danach als beschwerlich. Ich sehnte mich schrecklich nach meiner Familie, besonders nach meiner Mutter. Es fiel mir zudem schwer, mich an das Leben auf dem Land zu gewöhnen, und ich sehnte mich nach dem Trubel der Stadt. Mir war einfach alles so fremd. Sogar das Essen auf dem Dorf, gekochtes Fleisch und Nan-Brot, war für mich ungewohnt, ja ungenießbar. Ich begann abzunehmen. Am meisten fehlte mir der Schulunterricht.

Da es weder Fernsehen noch Radio gab, ging die Familie, nachdem das Abendbrot verzehrt und das Geschirr aufgeräumt war, schlicht ins Bett, für gewöhnlich um sieben Uhr abends. Für mich war das zu früh. Um mich im Bett an diesen stillen Abenden zu beschäftigen, vertrieb ich mir die Zeit mit Matheaufgaben und Formeln für Chemie und Physik. Die geistige Beschäftigung brachte mich zumindest ein wenig näher an den Schulunterricht, den ich so sehr vermisste. Wenn ich mir die Zahlen und Symbole in Erinnerung rief, weckte das unterbewusst die Hoffnung, dass ich schon bald nach Kabul zurückkehren und die Stadt so vorfinden würde, wie ich sie mehr als ein Jahr zuvor verlassen hatte.

Schon nach kurzer Zeit bat ich Nadir, nach Faisabad zurückkehren zu dürfen. Ich wollte unbedingt wieder in der Nähe meiner Mutter sein. Als ich die Angelegenheit mit meiner Familie besprach, wurde entschieden, dass ich nicht nach Faisabad zurückgehen, sondern dass meine Mutter, meine Schwester, mein Schwager und ich gemeinsam wieder nach Kabul ziehen sollten. Mirschakay, der zweite Sohn meiner Mutter, war mittlerweile Polizeigeneral in der Hauptstadt. Er hatte mitgeteilt, Kabul sei wieder so sicher, dass wir zurückkehren könnten. Nadir und ich ritten nach Faisabad zurück. Von dort flogen wir alle zusammen in die Stadt Kundus.

Ich war glücklich, wieder bei meiner Familie und vor allem bei meiner Mutter zu sein. Ich erzählte ihr nicht, was ich über

Mukim gehört hatte, denn ich brachte es noch immer nicht über mich, die Geschichte zu glauben. Wenn mich der nagende, beklemmende Gedanke daran überkam, verbannte ich ihn schlicht aus meinem Kopf. Meine Mutter war ebenfalls glücklich, mich wieder bei sich zu haben. Obwohl keine von uns wusste, was uns in Kabul erwartete, freuten wir uns auf die Rückkehr.

Von Kundus aus mussten wir eine dreihundert Kilometer lange Busreise unternehmen. Jener Juli war besonders heiß, sogar gemessen an den sommerlichen Temperaturen, die für gewöhnlich in Afghanistan herrschen. Die Sonne versengte die Berge, und die Felsen wurden gegen Mittag so heiß, dass man sich die Finger daran verbrennen konnte. Der Wind wirbelte den Staub auf, der in Mini-Tornados durch die Gegend fegte, in Häuser, Autos und Maschinen eindrang und sich den Menschen in die Augen setzte. Ich begann mich an meine Burka zu gewöhnen, obwohl ich sie noch immer nicht mochte. Der Staub machte nicht Halt vor den verhüllten Frauen, sondern bahnte sich einen Weg in das blaue Kleidungsstück und klebte auf der schwitzenden Haut, die nun noch mehr juckte als sonst. Als ich mit meinem Bruder in sein Dorf geritten war, hatte wenigstens ein frisches Lüftchen geweht, doch nun war ich mit meiner Familie und Dutzenden anderer Menschen, die nach Kabul wollten, in einen stickigen Bus gepfercht. Die Hitze unter meiner Burka war unerträglich.

Die Straße von Kundus nach Kabul ist eine der gefährlichsten in ganz Afghanistan. Zwar wurde sie im Lauf der Jahre ausgebaut, doch noch heute kann die Fahrt nervenaufreibend sein. Die enge, holprige Straße windet sich in Haarnadelkurven um zerklüftete Berge, die sich auf der einen Seite in den türkisfarbenen Himmel erheben, auf der anderen aber Hunderte von Metern in die spitzen Felsen der Schlucht darunter abstürzen. Viele unglückliche Menschen haben dort schon den Tod gefunden. Es gibt keine Leitplanken, und wenn Lastwagen und andere breite Fahrzeuge wie unser Bus einander begegnen, müssen sie sich millimetergenau aneinander vorbeischieben, die Räder bedrohlich nah am bröckelnden Abhang.

Ich saß in meinem hüpfenden, schwankenden Sitz, das Brüllen des Motors im Ohr, während der Busfahrer wild entschlossen hinauf und hinunter schaltete und hin und wieder entgegenkommende Fahrzeuge anhupte. Zum Glück konnte ich mich mit Physikaufgaben und Formeln beschäftigen und mich von den Zahlen ablenken lassen. Alles, was mich den Schweiß vergessen ließ, der mir in Strömen den Rücken hinunterlief und mir das Haar unter der Haube der Burka durchnässte, war mir recht.

Als die Hitze des Tages nachließ, nahmen die Berge einen Fliederton an. Die Landschaft wurde sanfter, und wir kamen an Schäfern vorbei, die ihre Ziegen- und Schafherden auf dem besonders schmackhaften Gras an den Flussufern und an den schattigeren Fleckchen grasen ließen. Esel schnupperten an wildem Klatschmohn. Alle paar Kilometer waren am Straßenrand verlassene sowjetische Panzer oder Lastwagen zu sehen.

Als wir die Vororte Kabuls erreichten, müde, schweißnass und genervt vom Staub, der uns in der Nase kitzelte und auf der Haut juckte, verlangsamte unser Bus das Tempo und steckte bald in einer Kolonne fest. Hunderte von Autos blockierten, Stoßstange an Stoßstange, die Straßen. Wir warteten, nicht wissend, was eigentlich los war. Da durch die Fenster kein Fahrtwind kam, wurde es im Bus wieder unerträglich heiß. Viele der Kinder weinten und flehten ihre Mütter um Wasser an.

Ein Mann mit einem AK-47 steckte den Kopf mit dem schwarzen Bart und dem braunen Pakol-Hut durch die Tür des Busses. Sein Salwar Kamiz war fleckig vom Schweiß und Schmutz. Die Passagiere spitzten die Ohren, um zu hören, was er mit dem Busfahrer zu besprechen hatte. Die Verzögerung, erklärte der bewaffnete Mann, sei damit zu erklären, dass ein

Kommandant der Mudschahedin, Abdul Sabur Farid Kohistani, zum Premierminister der neuen Regierung ernannt worden sei. Die Straßen in die Hauptstadt seien gesperrt worden, damit sein Konvoi sicher passieren könne. Ich betrachtete es als schlechtes Omen für die Zukunft. Nicht einmal die Russen hatten die ganze Stadt lahmgelegt, um Würdenträger von einem Ort zum anderen zu bringen. Afghanistan war nun unter der Kontrolle der Mudschahedin, die keine Politiker oder Beamten waren, sondern ehemalige Kämpfer. Natürlich hatten sie unser Land tapfer von den russischen Invasoren befreit, und dafür achtete und bewunderte ich sie. Doch ich fragte mich, wie Männer völlig bar jeder politischen Erfahrung das Land effizient führen wollten.

Als die Straßen endlich wieder freigegeben wurden, bahnte sich unser Bus den Weg weiter durch die Stadt. Überall waren Anzeichen für die jüngsten Gefechte zu sehen, zerstörte Gebäude und ausgebrannte Fahrzeuge. Mudschahedin-Kämpfer standen an den Kontrollpunkten, das Gewehr im Anschlag. Wir gingen zur Wohnung meines Bruders Mirschakay, der in Makrojan lebte, einem Wohngebiet mit mehreren großen Wohnblöcken aus russischer Zeit. Seine Wohnung lag im fünften Stock.

Mirschakay bekleidete im Innenministerium eine gehobene Stellung und war mit der Leitung der Polizeitruppe befasst. Als wir in seine Wohnung kamen, war das Wohnzimmer voller Gäste, überwiegend Männer, die auf ihn warteten. Einige hatten offizielle Polizeiangelegenheiten mit ihm zu besprechen, andere wollten sich für inhaftierte Freunde oder Verwandte einsetzen und wieder andere, überwiegend Badachschanis, statteten ihm einfach nur einen Besuch ab. Es war das reine Chaos.

Als mein Bruder uns im dritten Stock entgegenkam, brach ich in Tränen aus. Die Stadt hatte sich, seit ich das letzte Mal dort gewesen war, sehr verändert. Angsterfüllt fragte ich mich, was das für meine Familie und mein Land wohl zu bedeuten hatte.

Doch am meisten ängstigte mich, dass mein Bruder Mukim nicht da war, uns zu begrüßen. Das nährte meine schlimmsten Befürchtungen. Tief in meinem Herzen wusste ich, dass er tot war, und seine Abwesenheit bestätigte mir das. Doch noch immer schien es niemand zugeben zu wollen. Als ich fragte, wo er sei, hieß es, er sei nach Pakistan gegangen und wolle von dort weiter nach Europa. »Wann?«, fragte ich. Vor etwa vierzig Tagen, hieß es. Doch ich wusste, dass man mir die Wahrheit vorenthielt. Dann fiel mir im Wohnzimmerregal ein Foto auf. Der Rahmen war mit Seidenblumen dekoriert. Es war ein Unheil verkündendes Zeichen und eine erste greifbare Bestätigung meiner schlimmsten Befürchtungen.

»Warum habt ihr den Rahmen mit Blumen geschmückt?«, fragte ich meine Schwägerin. Sie blinzelte mich unsicher an. »Weißt du, seit Mukim nach Pakistan gegangen ist, vermisse ich ihn so sehr«, erwiderte sie. Ich wusste, dass sie log. In Afghanistan ist es ein Zeichen der Trauer und eine Huldigung der Toten, wenn man ihr Foto mit Blumen schmückt. Meine Familie versuchte mich zu schützen, doch ich brauchte keinen Schutz – ich brauchte die Wahrheit. Meine Mutter, die noch überhaupt keine Ahnung hatte, glaubte die Geschichte mit Pakistan.

Später an jenem Abend ging ich durch die Wohnung, nahm hier ein Buch und dort ein Foto in die Hand, die im Wohnzimmer an den Wänden hingen. Dabei stieß ich auf ein Tagebuch, das ich mehr aus Langeweile und Neugier als aus echtem Misstrauen öffnete. Es stand ein Gedicht darin, das die schreckliche Wahrheit in Versen bestätigte. Amin, der beste Freund meines Bruders, bekundete darin seine Trauer und beschrieb, wie Mukim zu Tode gekommen war. Nachdem ich die ersten drei Zeilen gelesen hatte, entwich mir ein Schrei des Entsetzens. Es war keine Wut, die mich trieb, sondern Kummer. Da war er schwarz auf weiß, der Beweis für den Mord an Mukim, ein Mord, den anscheinend niemand in der Familie offen zugeben wollte.

Meine Mutter und mein Bruder eilten herbei und merkten, was los war. Ich weinte hemmungslos und brachte kein Wort heraus. Stattdessen stand ich da, das Tagebuch in der Hand, und reichte es meiner Mutter. Sie nahm es mit zitternden Händen entgegen. Mein Bruder war nicht weniger entsetzt, konnte aber meine Mutter nicht daran hindern, das Gedicht zu lesen. Die Zeit der Lügen, so gut sie auch gemeint sein mochten, war vorbei. Der Schrei meiner Mutter war herzzerreißend. Sein schrilles Crescendo hallte von den Betonwänden wider und bohrte sich in meinen Kopf. Der unwiderlegbare Beweis für den Tod meines Bruders hatte uns getroffen wie ein Faustschlag. Für meine Mutter war er fast zu viel.

Meine Familie versammelte sich im Wohnzimmer, nun, da das Geheimnis um Mukims Schicksal gelüftet war.

An jenem Abend trauerten wir gemeinsam – meine Mutter, meine Schwester, mein Bruder, seine beiden Frauen, meine drei Tanten und ich. Wir weinten und fragten uns, warum uns so ein guter junger Mann genommen worden war. Warum nur? Wieder war einer der funkelnden Sterne in unserer Familie erloschen.

Liebe Schuhra, liebe Schaharasad,

Familie … ein einfaches Wort, aber wohl eines der wichtigsten, das ein Kind überhaupt lernt. Familie ist das Zuhause, in das ein Kind geboren wird, der Ort, an dem es Sicherheit, Wärme und Schutz finden sollte. Ob Hagel, Regen oder gar Raketen und Kugeln die Nachtluft zerreißen, eine Familie ist dazu da, ein Kind zu beschützen. Ein Kind, das sicher in seinem Zuhause geborgen ist, kann tief und fest in den Armen seiner Mutter schlafen, beobachtet vom Vater.

Leider haben viele Kinder, ihr eingeschlossen, nicht mehr beide Elternteile. Doch zumindest habt ihr eine Mutter, die euch liebt und versucht, den Verlust des Vaters in eurem Leben wettzumachen. Manche Kinder haben nicht einmal das. So viele arme afghanische Kinder haben im Krieg alles verloren und niemanden mehr, der sich um sie kümmert. Auch Geschwister sind ein wichtiger Teil der Familie. Ich hatte so viele Brüder und Schwestern, dass ich fast den Überblick verloren habe. In unserer Großfamilie gab es Rivalitäten und Eifersucht, insbesondere zwischen den Frauen meines Vaters. Aber nie hat man Kindern das Gefühl gegeben, dass sie nicht geliebt werden. Jede Mutter liebte alle Kinder gleichermaßen, und es war wunderbar zu wissen, dass ich von so vielen Müttern geliebt wurde. Als mein Vater, euer Großvater, starb, übernahm meine Mutter die Verantwortung. Sie versuchte, alle Kinder zusammenzuhalten, damit wir eine richtige Familie bleiben konnten.

Meine Geschwister und ich haben gestritten, manchmal haben wir einander auch getreten, geschlagen und an den Haaren gezogen, aber wir haben nie aufgehört, einander zu lieben und uns umeinander zu kümmern. Ich musste mich gegen meine Brüder zur Wehr setzen, um in der Schule bleiben und unabhängig sein zu können. Obwohl es ihnen nicht gefiel, ließen sie mich gewähren, weil sie mich liebten. Natürlich sind sie jetzt stolz auf ihre kleine Schwester, die Politikerin. Sie sind auch stolz auf sich, weil sie so aufgeschlossen waren, mir bei der Umsetzung meiner Träume zu helfen. Dadurch ist es uns gelungen, unseren Familienstatus und unsere politische Ehre zu wahren.

Ich wünschte, ich hätte euch einen Bruder schenken können. Einen netten, anständigen jungen Mann, der seine beiden Schwestern liebt. Ich bin mir sicher, ihr hättet euch auch mit ihm gezankt, aber ich weiß, dass ihr ihn geliebt hättet. Ich hätte ihn nach dem Bruder benannt, den ich verloren habe.
Mukim.

In Liebe,
eure Mutter

6

Wenn die Gerechtigkeit stirbt

Mai 1992

Eine kurze Geschichte für Schuhra und Schaharasad:

Wind und Regen aus dem Hindukusch peitschten an jenem Freitag auf Kabul nieder. Die staubigen Straßen verwandelten sich rasch in matschige und glitschige Schlammpisten. Die offenen Abwasserkanäle füllten sich mit braunem Wasser, das bald über die schmutzigen Ufer trat und zu stinkenden Seen anschwoll. Die Straßen waren verlassen, abgesehen von einer kaum wahrnehmbaren Bewegung im Schutz der Häuser. Ein Mann stand dort im Dunkeln und atmete schwer, während sich die Regentropfen in seinem Bart sammelten und in kleinen Rinnsalen in die knöchelhohe Pfütze tropften, in der er stand. Er lockerte den Griff um sein AK-47. Das russische Sturmgewehr war schwer und klitschnass. Langsam und bedächtig machte er sich auf den Weg durch den schwarzen Morast. Vorsichtig, Schritt für Schritt prüfte er immer erst den Untergrund, ehe er sein volles Gewicht daraufsetzte.

Dann drehte er sich mit dem Gesicht zu einer zwei Meter hohen Mauer, die ein Grundstück umgab, und legte behutsam die Waffe darauf ab. Auch in einer Nacht wie dieser wäre das Klappern einer unbedacht abgelegten Waffe weithin zu hören. Die Hände in Schulterhöhe erhoben, lauschte er noch einmal kurz, ehe er flink wie eine Katze sprang und sich mit beiden Händen auf der Mauerkante festhielt. Mit den Fingern suchte er auf der nassen Oberfläche zwischen den Backsteinen nach Halt. Die Muskeln an den Armen und am Rücken waren angespannt, während er sein Gleichgewicht suchte. Dann stemmte er den rechten Ellbogen auf die Mauer, drückte das Gesicht in den rauen kalten Zement, schwang das linke Bein in einem weiten Bogen nach oben, und brachte den Fuß auf die Mauerkante. Er keuchte leise, während er den Oberkörper auf die Mauer nachzog, wobei er das dunkle Gelände jenseits der Mauer bereits nach Wachpersonal absuchte. Da er niemanden sah, sprang er von der Mauer. Es klatschte laut, als seine Füße auf dem Boden aufkamen. Er entsicherte mit dem Daumen sein AK-47. Es klickte, und die Waffe war schussbereit.

Tief gebückt schlich er im Schutz der Obstbäume auf das Haupthaus zu. Drinnen war alles dunkel. Da ihm der Regen die Sicht nahm, musste er nach dem Messingtürgriff tasten. Der Riegel schnappte auf, und die Tür öffnete sich. Der Mann hielt den Atem an und stieß die Tür erst einen Spalt weit und dann ganz auf. Seine Augen gewöhnten sich langsam an die Dunkelheit im Raum. Alles war still. Das Prasseln des Regens wurde von den schweren Dachziegeln gedämpft, doch er merkte, dass das Wasser aus seiner Kleidung vernehmbar auf den Boden tropfte. Geduckt schlich er durch das Wohnzimmer, die Waffe im Anschlag. Die Schritte seiner Sandalen auf dem Boden hallten von den Backsteinwänden des Flurs wider. Vor der Schlafzimmertür hielt er kurz inne. Er nahm die Waffe wie eine Pistole in die rechte Hand und betätigte mit der linken die Klinke. Die Tür öffnete sich knarrend.

Dann ermordete der Mann kaltblütig meinen Bruder.

Der Mörder hatte sein Magazin leer geschossen, auf Mukim, der schlafend im Bett lag. Das Magazin einer Kalaschnikow fasst dreißig Kugeln. Der Schütze blieb mit dem Finger auf dem Abzug, bis das Magazin leer war. Dann floh er.

Meine Schwägerin wurde von den Schüssen aus dem Schlaf gerissen. Sie und mein Bruder schliefen im ersten Stock auf der Rückseite des Hauses. Mein Bruder versuchte, seine Frau zu beruhigen. Die Schüsse seien wahrscheinlich ein Freudensalut gewesen, um den Sieg über die Russen zu feiern, oder vielleicht hätten auch die Gäste auf einer Hochzeitsfeier in die Luft geschossen. Dann rief ein verängstigter Nachbar von draußen, dass Mukim erschossen worden war.

Er war erst dreiundzwanzig, als er starb. Er war gut aussehend und klug, Jurastudent mit dem schwarzen Gürtel in Karate – damals sehr ungewöhnlich, auch in Kabul –, und er war einer meiner Lieblingsbrüder. Wir waren zusammen aufgewachsen, hatten gestritten, uns versöhnt und wieder gezankt. Ein freundliches Wort von ihm machte mich stundenlang glücklich, ein unfreundliches trieb mir sofort die Tränen in die Augen. Mukim, Ennajat und ich waren unsere gesamte Kindheit hindurch Spielgefährten gewesen. Mukim war als kleiner Junge nur knapp unter dem Rock einer Frau der Ermordung entgangen. Diesmal war niemand da, der ihn versteckt oder geschützt hätte.

Es war ein verheerender Schlag. Ich fühlte mich, als sei ein Teil von mir ermordet worden. Nach dem Tod meines Vaters waren alle meine Brüder wichtiger für mich geworden. Mukim fand Gefallen an seiner neuen patriarchalischen Macht und kommandierte mich gern herum, befahl mir, meine Socken zu waschen oder meine Kleider auszubürsten. Ich bewunderte meinen großen Bruder und machte mir deshalb nichts aus seiner herrischen Art. Ich brauchte nur seine Anerkennung und Aufmerksamkeit.

Dass ich zur Schule ging, hieß er grundsätzlich gut. »Fausia«, sagte er oft zu mir, »ich möchte, dass du Ärztin wirst.« Das Wissen, dass er so sehr an mich glaubte, gab mir immer das Gefühl, etwas Besonderes zu sein. Doch manchmal, wenn er übelgelaunt war, verbot er mir auch, am nächsten Tag zur Schule zu gehen. Dann drohte er mir streng mit dem Finger und erklärte: »Morgen bleibst du zu Hause. Du bist ein Mädchen. Und Mädchen haben auf der Straße nichts zu suchen.«

Er konnte also in seinen Ansichten auch sehr konservativ sein, doch ich verzieh ihm immer, weil mir schien, dass er auf diese Art Stress abbaute. Darin ähnelte er ein wenig meinem Vater. Einen Tag, nachdem er mir verboten hatte, zur Schule zu gehen, kam er meist mit einem Geschenk nach Hause – einer neuen Schultasche zum Beispiel oder einem Federmäppchen. Dann bat er mich, wieder zur Schule zu gehen, und versicherte mir, wie gescheit ich sei und was ich mit meinem Leben noch alles anfangen könne. Wenn einer meiner Brüder etwas gegen die Schule hatte, so meinte er das ernst. Bei Mukim dagegen wusste ich, dass er es nur so dahinsagte.

Von den Kleidern, die er trug, bis hin zum Essen, das er zu sich nahm, hatte Mukim immer eine genaue Vorstellung davon, was er haben wollte. Als er mir daher erzählte, dass er sich in ein Mädchen verliebt hatte, das er an der Universität kennengelernt hatte, wusste ich, dass er es ernst meinte. Er war im ersten Jahr des Jurastudiums, und sie hatte ihre medizinische Ausbildung gerade begonnen. Er erzählte mir, sie sei sehr schön, und auch das bezweifelte ich nicht. »Das Mädchen ist so schön wie die Puppe hier«, sagte er und deutete auf meine schönste Puppe. »Außer, dass sie blaue Augen hat.«

Er war schon vier Jahre in sie verliebt, hatte es aber in der ganzen Zeit nicht über sich gebracht, ihr seine Gefühle zu offenbaren. Stundenlang stand er vor ihrem Haus und hoffte, einen Blick auf sie zu erhaschen. Mukim hatte ihr seine Liebe in Briefen erklärt, die sie ihm jedoch ungeöffnet zurückgeschickt hatte. Als traditionell erzogenes Mädchen öffnete sie keine Briefe von nicht genehmigten Heiratsbewerbern. Er hoffte, das noch ändern zu können. Deshalb freute er sich besonders auf die Rückkehr meiner Mutter nach Kabul, weil sie die Familie des Mädchens besuchen und für ihn um ihre Hand anhalten konnte. Wäre mein Vater noch am Leben gewesen, so hätte er das getan, doch nun fiel die Aufgabe meiner Mutter als Matriarchin zu. Ehe Mukim aber einen angemessenen Antrag machen konnte, wurde er ermordet.

Es ist immer schwer, den Tod eines geliebten Menschen zu verarbeiten. Der Verlust ist enorm, und die Lücke, die der Mensch hinterlässt, schließt sich nie. Der Schmerz zu wissen, dass man diesen Menschen nie wieder sieht, pocht wie ein entzündeter Zahn – nur dass es kein Medikament gibt, mit dem sich dieser Schmerz lindern ließe.

Wegen der Kämpfe zwischen den Mudschahedin und der Regierung war die Polizei nicht in der Lage, ernsthafte Ermittlungen anzustellen. Nicht einmal mein älterer Bruder konnte seine Stellung im gehobenen Polizeidienst dazu nutzen, Mukims Mörder seiner gerechten Strafe zuzuführen. Das einzige Indiz, das der Attentäter zurückgelassen hatte, war eine Sandale, die er auf der Flucht an der Mauer verloren hatte. Doch es war ein Schuh, wie ihn Männer in ganz Afghanistan tragen, und damals gab es weder DNS-Tests noch gerichtsmedizinische Untersuchungen. Afghanistan befand sich im Kriegszustand, und im Krieg sterben Menschen. Dass Mukim ermordet worden war, wog unter diesen Umständen wenig. Hunderte von Menschen wurden täglich umgebracht, Frauen vergewaltigt, Häuser geplündert und zerstört. Nahrung und Wasser waren knapp, Gerechtigkeit war noch knapper.

Mirschakay gab sich die Schuld an Mukims Tod. Nicht nur, dass er ihn im Stich gelassen hatte, weil er als Polizist seinen Mörder nicht hatte dingfest machen können, nein, er fühlte sich auch persönlich verantwortlich. Als Polizeigeneral hatte er mehrere Bodyguards, die ihn überall hin begleiteten. Nachts war es ihre Aufgabe, das Haus zu bewachen, während er und seine Familie schliefen. Weil es ein Freitag war, der Tag des Gebets und der religiösen Einkehr, und das Wetter so ungemütlich und nass war, hatte mein Bruder Mitleid mit den Männern gehabt und sie frühzeitig nach Hause zu ihren Familien geschickt. Um etwa zehn Uhr abends kam Mukim aus dem Fitnessstudio nach Hause. Er war im Regen bis auf die Haut nass geworden und klagte über eine Augeninfektion. Meine Schwägerin holte ihren Kajal aus dem Schminkbeutel. In meiner Heimatprovinz Badachschan benutzen die Frauen einen Kajalstift aus Kräutern der Bergregion, der auch für die Behandlung von Augeninfektionen benutzt wird. Sie gab ihm etwas davon ins Auge, dann ging er zu Bett. Das war das letzte Mal, dass jemand Mukim lebend sah. Hätten die Bodyguards Wache gestanden, so hätte der Schütze das Haus niemals betreten und lebendig wieder verlassen können. Die Wut auf sich selbst riss Mirschakay fast entzwei. Er glaubte, er wäre an der Ermordung seines Bruders schuld.

Eine der großen Fragen, die wir uns im Leben stellen, ist die nach dem Warum. Als Muslimin habe ich Überzeugungen, an die ich glaube und die ein wichtiger Bestandteil meines Lebens sind. Ich glaube, dass nur Gott allein über unser Schicksal bestimmt. Er entscheidet, wann wir leben und wann wir sterben. Doch auch diese Gewissheit macht die schmerzlichen Ereignisse und Verluste in meinem Leben nicht erträglicher.

Bei Mukims Tod fanden wir keine Antworten auf die Frage nach der Ursache. Warum sollte jemand einen freundlichen jungen Mann umbringen? Er war ein intelligenter Student, der sich ein eigenes Leben aufbauen wollte. Er wollte einen Beruf, eine Frau und eine Familie. Er stellte für niemanden eine Bedrohung dar. Doch sein Leben wurde von einer Sekunde auf die andere beendet. Im Islam soll ein Sterbender Allahs Namen dreimal aussprechen, ehe er dahinscheidet. Der arme Mukim hatte dafür keine Zeit.

Dass ich keine Zeit hatte, mich von einem Menschen, den ich liebte, zu verabschieden, war etwas, das ich auch erst noch verarbeiten musste. Doch ich wusste, dass es auch hier keinen Sinn hatte, nach dem Grund zu fragen. So war unser Leben damals eben.

Liebe Schuhra, liebe Schaharasad,

wenn ihr älter werdet, werdet ihr Loyalität lernen; Loyalität gegenüber eurem Glauben, der Familie, den Freunden, den Nachbarn und eurem Land. In Kriegszeiten kann unsere Loyalität bis aufs Äußerste auf die Probe gestellt werden.

Ihr müsst der wahren und guten Natur eures islamischen Glaubens treu bleiben, denen, die um euch sind, helfen und sie lieben, auch wenn ihr glaubt, es nicht zu schaffen. Loyalität zu eurer Familie ist wichtig, sowohl gegenüber den Lebenden als auch gegenüber den Toten. Unsere Familienbande lösen sich am Grab nicht auf, doch wir müssen darauf achten, dass wir die Toten nicht wichtiger nehmen als die Lebenden. Ihr müsst gegenüber euren Freunden loyal sein, weil das von einem wahren Freund erwartet wird. Und wenn sie wahre Freunde sind, dann werden auch sie loyal sein und euch bereitwillig unterstützen, wenn ihr Hilfe braucht.

Ihr müsst euren afghanischen Mitbürgern gegenüber loyal sein. Wir Afghanen sprechen verschiedene Sprachen und haben unterschiedliche Lebensweisen. Aber ihr müsst in der Lage sein, über diese ethnischen und kulturellen Unterschiede hinwegzusehen und euch darauf zu besinnen, was uns eint: Afghanistan. Ohne Loyalität stehen wir als Nation mit leeren Händen da. Wir haben noch harte Arbeit vor uns, wenn wir in unserem Land für eure Kinder und deren Kinder bessere Verhältnisse schaffen wollen.

Loyal zu sein ist bisweilen schwer, doch es gibt kaum eine wertvollere Lektion im Leben.

In Liebe,
eure Mutter

7

Der Krieg im Innern

1992–1995

Ich war froh, wieder in Kabul zu sein, und wollte unbedingt an mein altes Leben anknüpfen – oder zumindest an das wenige, was davon übrig geblieben war, nun, da der Bürgerkrieg in vollem Gange war.

Wir kamen in der Wohnung meines Bruders in Makrojan unter. Dieses Wort heißt übersetzt in etwa »Lebensraum«. Die von den Russen errichteten Plattenbauten verfügten über die neuesten technischen Errungenschaften und ein Warmwassersystem, das mehr als zehn Wohnblocks mit jeweils fünfzig Wohnungen versorgte. Es zeugt von der guten Qualität des Wohnungsbaus in der sowjetischen Ära, dass viele Wohnblocks des Makrojan trotz der vielen Bombardierungen heute noch stehen und sogar die Warmwasserversorgung noch funktioniert. Es ist nach wie vor eine begehrte Wohngegend.

Meinen Englischkurs konnte ich wieder besuchen. Er war mir auch zu wichtig, als dass ich ihn aufgegeben hätte. Allerdings musste ich dafür weite Wege durch wahre Schlachtfelder zurücklegen, denn in den Straßen Kabuls fochten die Kommandeure der Mudschahedin und ihre Männer ihre tödlichen Machtkämpfe aus.

Kabul war in verschiedene Sektoren aufgeteilt. Die Viertel Chair Chana im Norden, Makrojan und die Gegend um den Königspalast standen unter der Kontrolle der Mudschahedin-

Regierung, die damals bereits von Präsident Rabbani geführt wurde. Rabbani war ein ehemaliger General aus Badachschan, den meine Familie gut kannte – daher die Führungsposition meines Bruders im Innenministerium. Der berühmte »Löwe von Pandschir« Ahmed Schah Massud war sein Verteidigungsminister. Der Westen Kabuls wurde von einem Mann namens Masari kontrolliert, der die Volksgruppe der Hasara anführte. Die Hasara, angeblich direkte Nachkommen des Dschinghis Khan, sind an ihrem klassischen mongolischen Aussehen mit dem runden Gesicht und den großen mandelförmigen Augen zu erkennen. Ungewöhnlich ist, dass sie Schiiten sind, denn die meisten muslimischen Volksgruppen im Land sind Sunniten. In Paghman, am Stadtrand Kabuls gelegen, herrschte Sajaf mit seinen Leuten. Wieder eine andere Gegend stand unter der Führung des gefürchteten Dostum, Führer der Volksgruppe der Usbeken. Außerhalb der Stadtmauern nach Süden hin hatte Gulbuddin Hekmatjar das Sagen, Oberhaupt der Hesb-i-Islami. Ein zweiter Hesb-i-Islami-Führer namens Farid war Premierminister.

Obwohl sie im Kampf gegen die Russen Verbündete gewesen waren – damals hatte man ihnen den Namen »Nordallianz« gegeben, da sie überwiegend aus dem Norden Afghanistans stammten – und eine gemeinsame Regierung gebildet hatten, rangen nun all diese Befehlshaber miteinander um die Macht. Je brutaler der Bürgerkrieg wurde, desto kürzer hielten die Bündnisse.

Der erbittertste Gegner der Mudschahedin-Regierung war Hekmatjar, der mit seiner Rolle unzufrieden war und mehr Macht und Einfluss anstrebte. Von ihrer Basis aus, einem höher gelegenen Punkt am Rande der Stadt, feuerten seine Männer Tag für Tag unzählige Raketen auf Kabul. Sie explodierten auf Marktplätzen, in Schulen, Krankenhäusern und Gärten, und viele Menschen kamen ums Leben oder wurden verletzt. Manchmal veränderte sich die Lage über Nacht. Eine Gruppe, die bis dahin die Regierung unterstützt hatte, bekämpfte sie nun plötzlich. Ein paar Tage später, nachdem Hunderte von Zivilisten gestorben waren, gab die Gruppe über den landesweiten Fernsehsender bekannt, alles sei nur ein Missverständnis gewesen und sie werde nun wieder die gemeinsame Regierung unterstützen. Die Öffentlichkeit konnte nicht einmal erahnen, was sich von einem Tag zum anderen ergab. Wahrscheinlich ging es unseren Anführern nicht anders.

Der Weg von unserer Wohnung zu meinem Englischkurs war eigentlich mit einer einfachen kurzen Taxifahrt zu bewältigen, führte jedoch durch Gebiete, in denen heftig gekämpft wurde. Manche Stadtviertel und Straßen konnte ich meiden, durch andere musste ich hindurch, egal, wie gefährlich es war. Ich nahm deshalb immer eine komplizierte Route, die sich änderte, je nachdem, wer gerade die Oberhand hatte. Um die richtige Strecke zu finden, musste ich mir Informationen von den Leuten auf der Straße besorgen. Nicht anders machten es die Taxifahrer auf ihrer ständigen Suche nach den knappen Benzinvorräten.

Banden von bewaffneten Männern zogen durch die Straßen, und ständig bestand die Gefahr von Heckenschützen, die ihr Ziel völlig willkürlich auswählten. Der Knall eines Gewehrschusses, gefolgt vom dumpfen Einschlag der Kugel, endete häufig damit, dass eine arme Seele zu Boden ging und ihre verzweifelte Suche nach Lebensmitteln, Wasser oder Medikamenten vorzeitig beendet war. Schützen mit Sturmgewehren postierten sich in den beschädigten Häusern rund um wichtige Kreuzungen so, dass sie, gut verborgen, den größtmöglichen Schussradius hatten und ihren Feind auf offener Straße erwischen konnten. Obwohl wir oft nicht mehr von ihnen sahen als den obersten Teil ihres Kopfes, der im Dunkel zwischen den Ruinen herausschaute, wussten wir doch alle, dass sie durch das Zielfernrohr ihrer Waffen nach jeder kleinsten Bewegung Ausschau hielten. Fahrzeuge zogen besonders häufig ihre Aufmerksamkeit auf sich, oft mit tödlichen Folgen, doch immerhin waren sie das schnellste und sicherste Fortbewegungsmittel. Mehr als einmal aber geriet mein Taxi unter Artilleriebeschuss.

Einige Straßen wurden von den Artillerie-Kommandeuren ins Visier genommen. Wenn ihre Beobachter ein nahendes Auto meldeten, brauchten sie nur das Feuer eröffnen, und die Chancen standen gut, dass das Auto, der Lkw oder auch der Panzer von der Straße gefegt wurde. Einmal blieb mir fast die Luft weg, als ich auf der Straße Raketen auf mich zu fliegen sah. Über unseren Köpfen zeigten die Äste der Bäume nach oben wie Finger, die versuchten, die Flugkörper zu fangen. Als die Raketen detonierten, ging ein Regen aus Metallsplittern und Holzspänen von den zerstörten Bäumen über der Straße nieder, während mein Fahrer davonraste, um außer Reichweite zu gelangen. Wären die Bäume nicht gewesen, so hätten die Raketen das leichte Auto auseinandergerissen und mich und den Fahrer mit ihm.

Nur wenige Taxifahrer wagten sich für den mageren Fahrpreis ins Kampfgetümmel. Diejenigen, die den Mut aufbrachten, trieb die Angst vor dem Verhungern. Wenn sie nicht fuhren, so hatte ihre Familie nichts zu essen und blickte einem Tod entgegen, der sie noch sicherer ereilen würde als die Projektile, die durch die Luft pfiffen. Wenn es mir nicht gelang, ein Taxi zu finden, das mich zum Unterricht brachte, ging ich zu Fuß, indem ich von Deckung zu Deckung rannte. Ich mied Viertel, von denen ich wusste, dass es dort von bewaffneten Männern nur so wimmelte, und betete, dass ich nicht den Weg von Kämpfern kreuzte, von denen ich nichts ahnte.

Nach dem Unterricht musste ich im Dunkeln wieder zurück. Manchmal brauchte ich zwei Stunden bis nach Hause. Nachts war es für jeden Bürger gefährlich auf der Straße, besonders aber für ein junges Mädchen, das allein unterwegs war: Einmal abgesehen von der Gefahr durch Kugeln, Granaten und Raketen ging ich das zusätzliche Risiko ein, vergewaltigt zu werden.

Wenn die Nacht hereinbrach, war völlig unvorhersehbar, wann wo geschossen wurde. Die Bewaffneten, die im Dunkeln nervös wurden, legten den Finger ein wenig fester um den Abzug, sodass schon Schritte oder ein rollendes Steinchen eine Salve auslösen konnten.

Meine Mutter hielt oft nervös im Erdgeschoss unseres Wohnblocks Ausschau nach mir. Sie trug ihre Burka, spähte hinaus in die Nacht und beobachtete jeden Schatten. Bei den Echos der gelegentlichen Schusswechsel, die durch den Himmel schallten, schlug ihr das Herz bis zum Hals. Sie muss sich die schrecklichsten Bilder ausgemalt haben, während sie auf die Rückkehr ihrer Tochter aus der Kampfzone wartete.

Wenn ich endlich eintraf, war ihr die Erleichterung anzusehen, doch sie zeigte sie nie, indem sie mich umarmte. Stattdessen fand sie immer einen Grund, mit mir zu schimpfen, und schubste mich die Eingangstreppe hinauf und durch die Haustür in Sicherheit. »Es ist mir egal«, schimpfte sie, »ob diese Englischkurse dich zur Präsidentin dieses Landes machen. Ich will sowieso nicht, dass du Präsidentin wirst. Ich will, dass du lebst.« Auch meinen Brüdern und Schwestern missfiel, dass ich so viel riskierte, um den Unterricht zu besuchen, doch sie sagten es mir nie ins Gesicht. Stattdessen beschwerten sie sich bei meiner Mutter und forderten sie auf, mir Einhalt zu gebieten. Sie konnten nicht verstehen, warum sie es zuließ, dass ich Abend für Abend mein Leben aufs Spiel setzte.

Doch wahrscheinlich hätte sich meine Mutter selbst ins Maschinengewehrfeuer gestürzt, wenn sie mir damit den Schulbesuch hätte ermöglichen können. Sie war zwar Analphabetin, aber eine intelligente Frau. Indem sie für meine Ausbildung sorgte, bildete sie sich auch selbst. Es machte ihr große Freude, sich mit mir über den Unterricht zu unterhalten, und sie engagierte sich unablässig für mich. Sie ignorierte die flehentlichen Bitten und Beschwerden meiner Geschwister und beruhigte sie mit ihrem einnehmenden Lächeln.

Wenn ich jedoch auf diese Zeit zurückblicke, bin ich selbst überrascht, dass sie es mir erlaubte. Ich habe ein schlechtes Gewissen, wenn ich daran denke, wie ich in die Nacht verschwand und sie mit der Angst zurückließ, dass mir die Kugeln um die Ohren fliegen könnten. Diese Angst muss nach dem jüngsten Verlust Mukims umso stärker gewesen sein. Sein Tod traf die gesamte Familie, niemanden jedoch mehr als meine Mutter. Jeden Vormittag besuchte sie sein Grab und legte frische Blumen darauf. Dieser schlichte Akt der Liebe durch eine trauernde Mutter wich allerdings bald einem unberechenbaren, für die Familie beängstigenden Verhalten.

Die Stadt hatte sich mittlerweile in ein Schlachtfeld verwandelt. In den Vierteln, in denen die Kämpfe am schlimmsten wüteten, starben Nacht für Nacht Hunderte von Zivilisten. Das Krachen der Schüsse war in der ganzen Stadt zu hören. In ruhigen Nächten hallten sie von den Bergen rund um Kabul wider. Sie waren wie ein Spuk, der die gesamte Stadt verfolgte und ihr immer wieder einhämmerte, was Schreckliches geschah.

Am häufigsten war der Raketenbeschuss. Die Raketen kamen ziellos und ohne Vorwarnung. Manchmal zerstörten sie das Haus einer Familie, die unter den Trümmern begraben wurde, manchmal auch ein Geschäft, eine Schule oder einen Marktstand, an dem Frauen gerade das Gemüse für das Abendessen einkauften. Man hörte nicht mehr als ein Zischen, wenn die Rakete durch die Luft flog, dann brach das Geräusch plötzlich ab, und Sekunden später fiel der Flugkörper zu Boden und detonierte. Man wusste nie, wo oder auf wem er landen würde.

Für afghanische Frauen kam zu der ständigen Todesangst die Gefahr sexueller Gewalt. Die tragische Geschichte meiner Freundin Nahid illustriert das. Nahid war achtzehn und lebte in einer Wohnung in unserer Nähe. Eines Nachts brachen bewaffnete Männer in ihr Haus ein, wohl um sie zu vergewaltigen oder zu entführen. Statt sich diesem Schicksal auszuliefern, warf sie sich im fünften Stock aus dem Fenster. Sie war sofort tot.

Wir hörten auch von Frauen, die mit verstümmeltem Körper oder abgeschnittenen Brüsten aufgefunden worden waren. In einem Land, in dem die Sittlichkeit über alles ging, war eine solche Verrohung kaum vorstellbar.

Eines Abends gegen neunzehn Uhr kochte ich gerade das Abendessen für die Familie, Reis und Fleisch, als ich merkte, dass meine Mutter nicht zu Hause war. Normalerweise hantierte sie um diese Uhrzeit in der Küche oder kümmerte sich um andere Dinge im Haushalt. Mir war nicht wohl dabei, denn ich ahnte, wo sie hingegangen war. Ich musste nach ihr suchen. Damals trauerte ich noch um Mukim. Deshalb legte ich das schwarze Kopftuch um und schlüpfte aus dem Haus. Nachdem ein Wachmann in der Nähe unseres Wohnblocks mir erklärt hatte, in welche Richtung sie gegangen war, sah ich meine schlimmsten Befürchtungen bestätigt. Sie war auf dem Weg zum Grab meines Bruders.

Es waren nicht viele Taxis unterwegs, und Busse fuhren überhaupt nicht. Deshalb machte ich mich zu Fuß auf den Weg in Richtung Stadtzentrum. Zunächst waren die Straßen gespenstisch ruhig. In dem Kabul, das ich vor dem Krieg kennengelernt hatte, waren nachts Autos und Motorräder unterwegs, und die Leute gingen zu Fuß durch die Stadt, um Freunde zu besuchen. Nun waren die Straßen menschenleer. Das Knattern des Artilleriefeuers, das zwischen mir und dem Grab meines Bruders lag, hatte sie leergefegt.

Ich ging nervös weiter, wohl wissend, dass meine Mutter irgendwo vor mir war. Ich sah Menschen auf der Straße liegen, die erst kurz zuvor erschossen oder von Explosionen zerfetzt worden waren. Ihre Leichen waren daher noch nicht aufgebläht. Ich hatte schreckliche Angst. Es war nicht so sehr die Angst vor dem Sterben, sondern das Entsetzen darüber, dass diese Leichen jemandes Angehörige waren. Und dass jemand aus meiner Familie jederzeit auch dort liegen konnte.

Als ich nach Dehmasang kam, stieß ich auf ein Taxi. Der Fahrer hatte den Rücksitz ausgebaut und sein Auto voller Leichen gepackt. Er war blutig, das weiße Hemd purpurrot, und rund um die Taschen und Knöpfe bildete das geronnene Blut dunklere Flecken. Das Taxi sah aus wie ein Schlachthaus, vollgestopft mit den Opfern der Kämpfe, Männern und Frauen mit verdrehten Gliedmaßen, ein Durcheinander aus Köpfen und Torsos. Im Fußraum hatten sich Blutlachen gebildet, die in dicken Tropfen durch die Rostlöcher im Boden auf die staubige Straße fielen. Der Fahrer, offenbar unter Schock, war schweißgebadet. Er versuchte gerade, noch eine Leiche ins Auto zu stopfen. Der Islam fordert ein schnelles Begräbnis, und vielleicht kam dem Fahrer überhaupt nicht der Gedanke, dass sein Leben in Gefahr war. Er erfüllte seine düstere Pflicht, als lade er Säcke voller Reis.

Einen Augenblick stand ich nur da und betrachtete die bizarre Szenerie. Der Taxifahrer und ich waren in jener lauen Sommernacht die einzigen Menschen auf der Straße. Zu hören war nur das Knattern der Sturmgewehre und das Stöhnen eines mutigen Taxifahrers mittleren Alters, der sein Leben riskierte, um Menschen, die er gar nicht kannte, ein anständiges Begräbnis zu sichern.

Als er keine weiteren Leichen mehr in seinem Auto unterbrachte, ließ er mit einer blauen Abgaswolke aus dem Auspuff den Motor an und fuhr Richtung Krankenhaus davon. Die Hintertüren des Taxis standen noch offen, und die Gliedmaßen seiner toten Passagiere tanzten bei jeder Bodenwelle und jedem Schlagloch auf und ab.

Der Anblick der Toten und Sterbenden in den Straßen rief mir wieder meine Familie ins Bewusstsein, und ich hatte mit mir zu kämpfen, nicht ihre vertrauten Gesichter auf diese namenlosen Opfer zu übertragen. Mittlerweile war ich nicht mehr weit vom Friedhof entfernt und musste weiter, um meine Mutter zu suchen.

Es dämmerte schon, als ich an der Universität von Kabul vorbeiging und eine Gruppe uniformierter Männer mich anbrüllte, wo ich hin wolle.

Ich antwortete nicht, sondern senkte nur den Kopf und ging schneller. Einer der Männer hob die Waffe und fragte mich erneut: »Wo willst du hin?« Ich hielt an, drehte mich um und sah seine Waffe an.

»Ich suche nach meinem Bruder. Jemand hat gesagt, dass er seinen Leichnam hier um die Ecke gesehen hat. Ich muss nachsehen«, log ich. Der andere dachte einen Augenblick nach, ehe er die Waffe senkte und sagte: »Gut, geh.« Mit rasendem Herzen lief ich los. Einen Moment hatte ich befürchtet, dass sie Schlimmeres mit mir vorhatten, als mich zu erschießen.

Der Friedhof war ein staubiges, mehrere Fußballfelder großes Gelände. Durch Jahre des Krieges und der Kämpfe war für viele das unvermeidliche Ende früher gekommen, und die jüngsten Gräber lagen dicht an dicht, längliche Steinhaufen mit einem grob behauenen Grabstein, der in den Boden gerammt worden war. Weiter oben, wo die Grabstellen der reicheren Leute lagen, waren die Gräber oft mit Eisenzäunen eingefasst, die an diesem einsamen Ort nun still vor sich hin rosteten. Zerfetzte grüne Fahnen, das Zeichen der Trauer, flatterten im Wind.

Meine Mutter hockte da, tief über das Grab gebeugt. Ich sah, dass sie die gelben Seidenrosen auf Mukims Grab ordnete. Da sie in Gedanken versunken war, hörte sie meine Schritte nicht, als ich näher kam. Sie weinte so heftig, dass ihr ganzer Körper durchgeschüttelt wurde, und streichelte das Foto meines Bruders, auf dem er so jung und gut aussah. Dann drehte sie sich um und sah mich an. Ich stand da, in Tränen aufgelöst, und wir weinten beide, aus Trauer, aber auch aus Erleichterung, weil ich sie gefunden hatte.

Von meinen Gefühlen überwältigt, kniete ich mich neben sie. Lange Zeit hielten wir einander nur fest und weinten. Dann sprachen wir über meinen Bruder und wie sehr wir ihn vermissten. Ich fragte sie, warum sie ihr Leben aufs Spiel gesetzt hatte, um abends ans Grab zu gehen. Hatte sie nicht die vielen Toten gesehen und die bewaffneten Männer? Hatte sie denn keine Ahnung, was für Sorgen ich mir um sie machte? Doch sie sah mich nur traurig und verweint an, als wolle sie sagen: »Du weißt doch, warum«, ehe sie sich wieder Mukims Foto zuwandte.

Wir saßen so lange da, dass ich gar nicht merkte, wie dunkel es bereits wurde. Wegen des Krieges funktionierten nur wenige Straßenlampen. Ich bekam es mit der Angst zu tun. Wir konnten es nicht riskieren, denselben Weg zurückzugehen, den wir gekommen waren, denn das wäre zu weit und zu gefährlich gewesen. Daher beschlossen wir, noch eine Stunde zu warten, bis es völlig dunkel war. Dann schlichen wir uns vom Friedhof. Wir nahmen eine Abkürzung, die wir kannten, zu einem Haus, das mein Vater während seiner Zeit als Parlamentsabgeordneter erworben hatte. Es lag am Rande der Stadt in einem Viertel namens Bagh-e-Bala gegenüber vom berühmten Hotel Intercontinental. In der Gegend leben reiche Kabuler, viele von ihnen ehemalige Politiker. Einige Verwandte meines Vaters wohnten dort und kümmerten sich für uns um das Haus. Wir wussten, dass wir in jener Nacht nicht mehr nach Hause würden zurückkehren können, doch zumindest waren wir außer Gefahr, wenn wir es dorthin schafften. Meine Mutter und ich schlichen durch winzige Gassen. Da jedes Geräusch und jede unbedachte Bewegung die Aufmerksamkeit von Kämpfern mit ihren Gewehren auf sich ziehen konnte, arbeiteten wir uns Zentimeter für Zentimeter voran, den Hügel hinauf, immer auf das sichere Ziel zu.

Das Haus war im traditionellen Kabuler Stil erbaut. Es bestand aus großen graubraunen Backsteinen, war quadratisch und hatte kleine Fenster, die im Sommer die Wärme aussperrten und sie im eiskalten Winter im Haus hielten. Parallel zum Abhang verlief ein Dach mit gewölbten Ziegeln. Hinter dem Haus hatte sich früher ein kleiner Garten mit Obstbäumen und Blumen befunden. Während wir gegen die Tür hämmerten, fragte ich mich, ob die Bäume wohl noch da waren. Als unsere Verwandten uns aufmachten, waren sie sichtbar verängstigt, denn sie fürchteten wohl, die Mudschahedin seien gekommen, sie auszurauben oder umzubringen. Als sie uns erkannten, zogen sie uns rasch ins Haus und verriegelten die Tür. Ich war unglaublich erleichtert, in Sicherheit zu sein. Gleichzeitig machte es mich traurig, so unerwartet dieses Haus zu betreten. Es war das Haus, in dem mein Bruder Mukim ermordet worden war. Auch meine Mutter wusste das, und sie begann wieder zu weinen. Wir waren beide körperlich und emotional so ausgelaugt, dass wir zu kaum etwas anderem fähig waren.

Unsere Verwandten brachten uns Tee und etwas zu essen, doch wir brachten keinen Bissen herunter. Weil unsere Gastgeber uns so drängten, zwangen wir uns, ein paar Schlückchen Tee zu trinken. Man brachte uns Decken, und wir gingen schlafen, auf die Bitte meiner Mutter hin in Mukims Zimmer. Wir taten in jener Nacht kein Auge zu. Ich lag da, eingewickelt in meine Decke, und dachte an meinen Bruder und die schrecklichen Dinge, die ich den Tag über gesehen hatte. Der Taxifahrer, der die Toten in sein Auto geladen hatte, war das Zivilisierteste und Menschlichste, das mir an jenem Tag begegnet war. Ich sah die Frau vor mir, die durch Artilleriefeuer ging, um das Grab ihres geliebten Sohnes zu besuchen, und fragte mich, warum die Männer, die so tapfer gekämpft und Afghanistan von den Sowjets befreit hatten, nun unser Land zerstörten, um ihr persönliches Machtstreben zu befriedigen.

Meine Mutter hatte die Knie an die Brust gezogen und weinte die ganze Nacht um ihren verlorenen Sohn. Diese Nacht schien sich endlos hinzuziehen – manchmal wünschte ich, es wäre so gewesen. Bei Tagesanbruch fiel genügend Licht ins Zimmer, dass wir die Einschusslöcher der Kugeln aus der Kalaschnikow sehen konnten, mit denen der Schütze Mukim ermordet hatte. Dieser schreckliche Anblick schien die Entschlossenheit meiner Mutter nur zu stärken. Ihre Willenskraft und ihr Pragmatismus kehrten zurück. Am Morgen kochte sie mir grünen Tee und verkündete dann entschieden, wir würden aus der Wohnung im Makrojan ausziehen und in diesem Haus wohnen, das näher am Friedhof lag. Die Logik meiner Mutter war wie immer bestechend: Wenn man schon durch Kriegsgebiet musste, dann sollte der Weg wenigstens kurz sein.

Doch der wahre Grund war, dass sie in diesem Zimmer wohnen wollte, das sie so sehr an Mukim erinnerte. Es stand ein kleines Einzelbett darin, dessen Bettdecke mit Einschusslöchern durchsiebt war. Im Schrank hingen noch seine Kleider und Anzüge. In einem kleinen Regal waren seine Bücher und Karate-Trophäen untergebracht, und über dem Regal hingen seine Karategürtel in Gelb, Braun und Schwarz an der Wand. So verstörend diese Erinnerungsstücke waren, so spendeten sie meiner Mutter doch Trost und vermittelten ihr das Gefühl, ihrem Sohn nahe zu sein.

Vom Haus aus bot sich eine spektakuläre Sicht über Kabul. Doch statt das faszinierende Panorama zu bewundern, das sich zu den Bergen hin vor uns auftat, mussten wir uns die Kämpfe, die unter uns wüteten, ansehen wie einen Horrorfilm. Sturmgewehre knatterten, Raketen zischten durch die Luft und brüllten, wenn sie in den Häusern detonierten. Von unserem Aussichtspunkt über der Stadt konnten wir beobachten, wie die beiden Seiten einander beschossen und die Explosionen die Nacht erhellten. Ich sah, wie sich die Kämpfer formierten und neue Angriffe auf die feindlichen Stellungen vorbereiteten.

Einige Häuser der Stadt hatten einen farbigen Verputz. Eines Tages beobachtete ich, wie ein Artilleriegeschoss direkt in einem hübschen rosafarbenen Haus landete. Die Explosion ließ die Erde erbeben, Brocken aus dem Mauerwerk stoben mehr als hundert Meter in die Luft. An der Stelle, an der nur wenige Sekunden zuvor das Haus gestanden hatte, befand sich nur noch eine rosa Staubwolke, die sich langsam auf die umgebenden Häuser senkte. Das Gleiche beobachtete ich an einem blauen Haus – von dem Gebäude war nichts übrig, nachdem es wie in einem schaurigen Feuerwerk explodiert und in einer blauen Nebelwolke verpufft war, die sich anschließend durch die Straßen wälzte. Die armen Bewohner waren mit ihrem Haus zerfetzt worden.

Einer der traurigsten Momente war für mich, als die Technische Hochschule, eine von den Sowjets gegründete, hervorragende Institution, im Verlauf der Kämpfe getroffen wurde. Während ihrer Zeit in Afghanistan hatten die Russen eine ganze Reihe von Bildungseinrichtungen ins Leben gerufen. Obwohl alle Afghanen wollten, dass die russischen Invasoren verschwanden, waren sie gleichzeitig dankbar für manch eine Infrastruktureinrichtung und manch ein Gebäude. Viele junge Schulabgänger studierten an der Technischen Hochschule, die auch nach dem Abzug der Russen ihre Tore nicht schloss, und machten ihren Abschluss in berufsbezogenen Fächern wie Informatik, Architektur und Ingenieurwesen. Sogar der große Ahmed Schah Massud hatte dort studiert.

Schon als kleines Mädchen hatte ich von einem Studium an dieser Hochschule geträumt. Dieser Traum endete an dem Tag, an dem die Bibliothek der Technischen Hochschule in Schutt und Asche gelegt wurde. Es war ein Spätnachmittag, und die Kämpfe ließen langsam nach. Ich weiß nicht, ob diejenigen, die die Rakete abgeschossen hatten, die Hochschule gezielt zerstören wollten. Da keine Seite die Einrichtung als Basis nutzte, könnte es auch ein Versehen gewesen sein. Am Ergebnis änderte das jedoch nichts. Als die Rakete seitlich in die Bibliothek einschlug, blieb mir vor Entsetzen die Luft weg. Ich starrte immer weiter hin, wie in einem Horrorfilm, in dem man das

Grauen nicht sehen will, sich aber auch nicht abwenden kann. Als der Rauch den Flammen wich, die um die klaffende Wunde im Gebäude loderten, wurde mir übel. In dem Gebäude lagerten Tausende von Büchern, die für die Bildung junger Afghanen gedacht waren. Die Bücher nährten nun das stetig wachsende Feuer. Natürlich gab es keine Feuerwehr. Niemand eilte herbei, um das geballte Wissen zu retten, das unser Land voranbrachte und unserer Bevölkerung Bildung ermöglichte. Außer mir schien niemand den Brand zu bemerken. Ich beobachtete ihn, bis es Zeit war, zu Bett zu gehen. Bei der Vorstellung, dass so viele Worte, so viel Literatur und Gelehrsamkeit zerstört worden waren, war ich wie betäubt. Gleichzeitig hatte ich auch ein schlechtes Gewissen, weil ich mich um Bücher sorgte, obwohl auch Menschen in den Flammen verbrannt sein mussten.

Meine Mutter fand in unserem neuen Zuhause bald in einen festen Tagesablauf. Jeden Morgen stand sie auf, frühstückte einfaches Nan-Brot und grünen Tee und unternahm anschließend den gefährlichen Gang zum Grab meines Bruders, wo sie die Blumen richtete. Sie ging durch enge Gassen und über steinige Pfade den Hügel hinunter und schlich sich dann auf das offene Gelände des Friedhofes. Wenig später kehrte sie zurück, die Augen vom Weinen verquollen.

Diese Besuche waren schmerzlich für sie, schienen ihr aber trotz der Gefahren auch Kraft zu spenden, denn wenn sie nach Hause zurückkehrte, stürzte sie sich meist voller Eifer in die Hausarbeit. Meine Verwandten hatten zwar das Haus gehütet und auch die Gärtnerarbeiten erledigt, hatten aber keine wohnliche Atmosphäre geschaffen. Das übernahm jetzt meine Mutter, die Dinge beschaffte, umstellte und dekorierte. Sie reinigte und lüftete die Möbel, klopfte die Teppiche aus, schrubbte und polierte Töpfe und Pfannen, bis sie schwarz oder messingfarben glänzten. Der Hof wurde vom Abfall befreit und gekehrt.

Manchmal saß sie im Zimmer meines Bruders und weinte bitterlich. Doch sie machte dort nie sauber. Es blieb, wie wir es vorgefunden hatten. Jedem war klar, dass das Zimmer, solange wir dort wohnten, nicht angerührt werden durfte, zumindest so lange nicht, bis meine Mutter etwas anderes entschied. Wir sollten uns an meinen Bruder im Tod erinnern, wie er im Leben gewesen war: klug und wunderbar wie die Seidenblumen auf seinem Grabstein.

Mein Bruder Mirschakay besuchte uns fast täglich. Die Entscheidung meiner Mutter, im Haus auf dem Hügel zu bleiben, machte ihn, gelinde ausgedrückt, nicht besonders glücklich. Doch er verstand ihre Beweggründe und war bereit, uns für den Moment dort zu lassen. Manchmal brachte er auch meine Schwestern oder seine Frau mit. An solchen Abenden aßen wir gemeinsam zu Abend, wie wir es auch in Friedenszeiten getan hatten, plauderten und lachten. Doch trotz aller Scherze verspürten wir alle eine Zukunftsangst, gegen die wir nicht ankamen.

Für die Mittelschicht in der Stadt schien nun ein Wendepunkt gekommen zu sein. Bis dahin waren die meisten bereit gewesen, die Kämpfe auszusitzen und abzuwarten. Wer voreilig die Stadt verließ, lieferte sein Haus den Plünderern aus. Doch da es keinerlei Anzeichen für ein Ende des Bürgerkriegs gab, flohen mittlerweile viele Intellektuelle und Fachkräfte nach Pakistan. Für eine ungewisse Zukunft packten sie das Notwendigste – Kleider, Papiere und Schmuck – ins Auto, verbarrikadierten, so gut es ging, das Haus und verließen die Stadt, sobald die Kämpfe ein wenig nachließen. Viele Afghanen leben in einer Großfamilie. Meist floh der Vater mit seiner Frau oder seinen Frauen und den Kindern nach Pakistan, während ältere und weitläufige Verwandte zurückblieben, um das Haus zu hüten. Sie hielten sich, so gut es eben ging, über Wasser.

Niemand verurteilte die Flüchtlinge dafür, dass sie gingen. Viele, die zurückblieben, hätten ebenfalls die Stadt verlassen, wenn sie die Gelegenheit gehabt hätten. Und als die Kämpfe zunahmen, schien es, als hätten die Weggegangenen die richtige Entscheidung getroffen. Eines Morgens tauchte ein Freund meines Bruders an unserer Tür auf. Er war sichtlich verängstigt, da er durch mehrere Stadtviertel mit intensiven Kampfhandlungen gefahren war. Er forderte uns auf, sofort mitzukommen. Mein Bruder hatte ihn geschickt, um meine Mutter und mich in die Wohnung in Makrojan zurückzubringen. Meine Mutter weigerte sich zu gehen und stritt sich eine Weile mit dem Mann herum, der sie anflehte, dem Wunsch meines Bruders zu entsprechen. Doch meine Mutter war unnachgiebig. Sie wollte das Grab ihres Sohnes nicht unbeaufsichtigt zurücklassen, und nichts, was dieser arg mitgenommene Bote sagte oder tat, konnte sie umstimmen. Meine Mutter wollte in dem Haus bleiben, egal, wie gefährlich es war.

Oder jedenfalls dachte sie das. Doch was wir wenige Stunden später erfuhren, stimmte sie um. Meine Mutter hörte die Geschichte auf dem Markt: In der Nacht zuvor war eine Gruppe Mudschahedin ein paar Häuser weiter eingebrochen und hatte sämtliche Frauen und Mädchen in dem Haus vergewaltigt. Ihre eigene Sicherheit interessierte meine Mutter wenig, doch die Jungfräulichkeit und Unversehrtheit ihrer Tochter gingen ihr über alles.

Vergewaltigung wird in der afghanischen Kultur geschmäht, ist aber in Kriegszeiten allzu verbreitet. Der Vergewaltiger kann zum Tode verurteilt werden, aber die Frau muss eine lebenslange Strafe erdulden, denn sie wird zur sozialen Außenseiterin, sogar in ihrer eigenen Familie. Ein Vergewaltigungsopfer wird oft verstoßen wie eine Hure. Man unterstellt ihr, sie habe den Übergriff provoziert oder die Lenden des Mannes dermaßen entflammt, dass er, von der Lust in den Wahnsinn getrieben, die Kontrolle über sich verloren habe. Kein afghanischer Mann würde eine Frau heiraten, die vergewaltigt wurde. Es interessiert ihn nicht, wie gewalttätig oder ungerecht die Umstände einer Deflorierung waren. Jeder Heiratsbewerber will sicher sein, dass seine Braut unberührt ist.

Meine Mutter war nun nicht mehr entschlossen zu bleiben, sondern entschlossen zu gehen. Sie klärte mich nicht im Einzelnen über den Einbruch auf, sondern befahl mir, meine Sachen zu packen, und tat dasselbe. Ich hatte Angst, wusste aber, dass es keinen Sinn hatte, das Thema weiter mit ihr zu diskutieren. Wir zogen aus. Sofort.

Der Bote war bereits wieder abgefahren, sodass wir nur zu Fuß in die Wohnung meines Bruders zurück konnten. Die Erinnerungen an meinen letzten Marsch durch die Stadt verfolgten mich noch, und bei dem Gedanken, dass ich ihn wiederholen musste, wurde mir übel. Wir würden Kontrollpunkte passieren und durch Straßen rennen müssen, in denen Scharfschützen lauerten. Auf den Straßen würden wir die Toten von den Angriffen der vorangegangenen Nacht sehen.

Meine Mutter ließ meine Verwandten mit der Anweisung zurück, Haus und Garten in Ordnung zu halten. Dann traten wir nervös auf die Straße und rannten sofort los. Wir wussten beide, dass wir einen weiten Weg vor uns hatten, und ich glaube, wir wollten es einfach so schnell wie möglich hinter uns bringen. Wir liefen von Haus zu Haus, immer darauf bedacht, die offene Straße zu meiden. Unterwegs suchten wir Einfahrten und verhängte Fenster nach Bewegungen ab und horchten auf Schüsse, die darauf hingedeutet hätten, dass sich vor uns ein Maschinengewehr oder ein Scharfschütze befand.

Wir waren noch nicht weit gekommen, als eine Frau auf uns zu stürzte. Sie blieb wie angewurzelt vor uns stehen und kreischte hysterisch: »Meine Tochter, meine Tochter.« Dem Akzent entnahm ich, dass sie eine Hasara war, also der afghanischen Minderheit der schiitischen Muslime angehörte.

Ich brachte vor lauter Angst keinen Ton heraus, doch meine Mutter fragte sie, was geschehen war. Die Frau schüttelte völlig unkontrolliert den Kopf, und die blaue Kapuze ihrer Burka schwang mit jeder Bewegung mit. Die Tränen setzten sich wie kleine Perlen auf dem Netzgewebe vor ihrem Gesicht ab und glitzerten im Sonnenlicht. Das Haus der Frau war Tage zuvor in den Kämpfen zerstört worden. Sie und ihre Tochter hatten keine andere Wahl gehabt, als zu fliehen. Sie suchten Zuflucht in einer schiitischen Moschee, in der schon etwa hundertfünfzig weitere Frauen ausharrten, deren Männer umgekommen waren oder in die Kämpfe verwickelt waren.

Die Moschee, berichtete sie, sei von einer Granate getroffen worden und in Flammen aufgegangen. Mir fiel wieder ein, dass ich das Gebäude aus der Ferne hatten brennen sehen, als ich im Haus meines Vaters wieder einmal durchs Fenster in die Stadt gestarrt hatte. Die Moschee war rasch niedergebrannt. Wer die Explosion überlebt hatte, war zum Ausgang gerannt, doch im Qualm, Staub und Chaos müssen Dutzende von Menschen niedergetrampelt worden oder Rauch und Flammen zum Opfer gefallen sein.

Die Frau erzählte uns, sie und ihre Tochter hätten sich in der Nähe des Einschlags und der Explosion befunden und seien in der Druckwelle inmitten von niederprasselnden Betonstücken und Ziegeln zu Boden gegangen. Frauen und Kinder rannten kreischend und weinend um ihr Leben. Licht gaben nur die Flammen ab, die mit jeder Sekunde mächtiger wurden. Einige Frauen zerrten ihre Kinder hinter sich her in Sicherheit und trampelten dabei andere nieder, während die ohrenbetäubenden Schreie der vielen Frauen, die im Dunkeln ihre Kinder suchten, die Panik noch verstärkten.

Die Tochter der Frau hatte ein Loch entdeckt, das die Explosion in die Wand gerissen hatte, und die beiden krochen nach draußen und brachten sich in Sicherheit. Sie versteckten sich die ganze Nacht. Am Morgen kamen sie, erschöpft, halb verdurstet und ausgehungert, an einen Kontrollpunkt der Mudschahedin. Der Befehlshaber erlaubte ihr zu passieren, erzählte die Frau. Sie war so vorsichtig gewesen, ihre Tochter in ein Versteck zu schicken, während sie allein um Durchlass bat. Als der Mann ihr mitteilte, sie dürfe passieren, rief sie ihre Tochter herbei. Das Mädchen verließ ihr Versteck.

Auf diesen Moment hatten die Männer nur gewartet. Sie packten das Mädchen, und der Befehlshaber zerrte sie in einen Frachtcontainer, der als Büro diente. Er warf sie auf den Tisch und vergewaltigte sie vor den Augen ihrer Mutter. Die Tochter schrie die Mutter um Hilfe an, als einer nach dem anderen sie schändete, während diese festgehalten und gezwungen wurde, zuzusehen. Damals vergewaltigten viele Mudschahedin-Soldaten Frauen, ohne je zur Verantwortung gezogen zu werden. Das war die größte Angst jeder Frau. Doch in diesem Fall hatten die Soldaten vielleicht noch einen weiteren Anlass für ihre Tat. Besonders Hasara-Frauen wurden Opfer von Vergewaltigungen, manchen wurden auch die Brüste abgeschnitten. Der sunnitische Islam ist die herrschende Glaubensrichtung der weltweit 1,5 Milliarden Muslime. Der Unterschied zwischen Sunniten und Schiiten geht auf eine historische Auseinandersetzung um die wahre Nachfolge des Propheten Mohammed zurück. Für die Sunniten sind die ersten vier Kalifen oder geistigen Führer die wahren Nachfolger Mohammeds, während die Schiiten den Cousin und Schwiegersohn des Propheten, Ali ibn Abi Talib, als rechtmäßigen Nachfolger betrachten. Die Teilung ist somit fast so alt wie der Islam selbst und hatte im Lauf der Geschichte immer wieder bittere und blutige Folgen. Im Bürgerkrieg wurden Hasara oft nur massakriert, weil sie Schiiten waren. Später wurden sie zur Zielscheibe der Taliban, die sie als Ungläubige betrachteten. Noch heute fühlen sich viele Hasara von anderen Volksgruppen diskriminiert.

Als das Martyrium für das Mädchen zu Ende war, zückte der Befehlshaber seine Waffe und erschoss sie, als müsse er sich einer unangenehmen Last entledigen. Dann ließ er die arme Mutter gehen.

Meine Mutter konnte der Frau nicht viel Trost spenden. Sie nahm sie lediglich bei der Hand, packte mich mit der anderen, und wir liefen los. Wir rannten zu dritt durch zerstörte Straßen, über Leichen, vorbei an ausgebrannten und zerschossenen Gebäuden.

Wir rannten und rannten, rannten weg vor dem, was wir gesehen hatten, aber auch ständig in Angst vor dem, was uns noch begegnen könnte. An einer Straßenecke sahen wir dann etwas, was wir uns von Herzen gewünscht hatten: ein Taxi.

Meine Mutter flehte die Hasara-Frau an, sie möge mit uns in unsere Wohnung kommen, doch die Frau erklärte, sie wolle zu Verwandten, die etwas außerhalb der Stadt lebten. Sie diskutierten eine Weile hin und her, doch die Frau ließ sich durch nichts von ihrem Entschluss abbringen. Schließlich drängte uns der Taxifahrer zur Eile. Wir stiegen ein und fuhren in die Wohnung in Makrojan zurück. Mein Bruder wusste nicht, ob er vor Freude über unseren Anblick lachen oder weinen sollte. Er war wütend auf meine Mutter, weil sie sich geweigert hatte, mit seinem Boten zurückzukommen. Als er hörte, dass wir allein durch die Stadt gelaufen waren, und wir ihm noch die Geschichte der Hasara-Frau erzählten, bedachte er meine Mutter mit einem erzürnten Blick, weil sie das Risiko eingegangen war, dass mir dasselbe geschah. Doch er ließ es gut sein. Hauptsache, wir waren zu Hause und in Sicherheit.

In meiner Mutter aber war etwas zerbrochen. In den folgenden Wochen und Monaten baute sie zunehmend ab und hatte immer schlimmere Atembeschwerden. Ihr Leben lang hatte sie unter Allergien gelitten, die sich nun verschlimmerten. Der kleinste Auslöser – ein billiges Parfüm, der Geruch von Gebratenem oder auch nur ein staubiger Wind – raubte ihr den Atem. Sie versuchte uns davon zu überzeugen, dass es ihr gut ging und wir uns keine Sorgen machen sollten, doch wir sahen, dass sie vor unseren Augen immer schwächer wurde. Trotzdem bemutterte sie mich ständig, kochte für mich, wenn ich lernte, bestand darauf, dass ich meinen Englischkurs besuchte, und wartete auf meine Rückkehr.

Als in jenem Jahr der Sommer dem Winter wich, kam es mir vor, als hätte der Rest der Welt das Interesse an Afghanistan verloren. Der Westen war zufrieden, dass die Sowjets besiegt worden waren und das Land verlassen hatten, und damit war Afghanistan für ihn erledigt. Pakistan und Iran, Nachbarländer also, die ein großes Interesse an den Geschehnissen jenseits der Grenze hatten, bedienten sich der verschiedenen Mudschahedin-Kommandeure als Stellvertreter, die ihre Interessen auf afghanischem Boden verfochten. Doch noch während die Mudschahedin um die Macht kämpften, alte Rechnungen miteinander beglichen und Abkommen mit Nachbarländern schlossen, entwickelte sich anderswo in Afghanistan eine neue Macht. In den Koranschulen (Madrassen) im Süden des Landes entstand eine wachsende Bewegung mit Namen Taliban.

Eine Bewegung, die nicht nur Afghanistan, sondern die gesamte Welt erschüttern würde.

Liebe Schuhra, liebe Schaharasad,

das Leben ist ein Wunder, das uns von Gott gegeben wurde. Manchmal empfinden wir es als Segen, manchmal als Fluch. Manchmal wird es uns zu viel, und wir zweifeln daran, ob wir noch damit zurechtkommen. Aber dann schaffen wir es doch, denn wir Menschen haben die großartige Fähigkeit, Leid zu ertragen.

Aber wir selbst sind nicht großartig. Nur Gott ist großartig. Menschen gleichen winzig kleinen Insekten im weiten Universum. Unsere Probleme, die uns manchmal riesig und unüberwindlich erscheinen, sind es in Wahrheit gar nicht.

Selbst wenn wir lange leben, ist unsere Zeit auf Erden sehr kurz. Es zählt nur, wie wir unsere Zeit hier verbringen und was wir denen, die auf der Erde bleiben, zurücklassen. Deine Großmutter hinterließ uns allen viel mehr, als sie je ahnte oder hätte begreifen können.

In Liebe,
eure Mutter

8

Abschied

November 1993

Den Mann, den ich später heiratete, lernte ich kennen, als meine Mutter im Sterben lag.

In den vorangegangenen drei Monaten war es ihr zunehmend schlechter gegangen, und mittlerweile konnte sie kaum noch atmen und war zu schwach aufzustehen. Sie war ins Krankenhaus eingeliefert worden, doch uns allen war klar, dass sie nicht mehr lange leben würde.

Ich hatte Gerüchte gehört, nach denen mir ein Mann namens Hamid aus dem Distrikt Chwahan, der in der Nähe unseres Heimatdorfs in Badachschan liegt, einen Heiratsantrag zukommen lassen wollte. Ich war ihm noch nie begegnet, wusste aber, dass er Akademiker und Lehrer war.

Eines Abends saß ich am Bett meiner Mutter, als mehrere Badachschanis ins Zimmer kamen, um ihr die letzte Ehre zu erweisen. Hamid war einer von ihnen. Ich war verlegen, weil es in unserer Kultur nicht erlaubt ist, einem Heiratsanwärter zu begegnen, ehe die Verlobung besiegelt ist. Zudem war ich erst achtzehn und durchaus nicht sicher, ob ich überhaupt schon heiraten wollte.

Es waren zehn Männer, und obwohl ich Hamid noch nie gesehen hatte, wusste ich sofort, welcher von ihnen er war. Er war jung und schlank, hatte ein ebenmäßiges Gesicht und wirkte intelligent. Nicht weltfremd, sondern mit einem Ausdruck von

Neugier und Empathie in den Augen. Er war ein Mensch, der mir auf Anhieb sympathisch war.

Insgeheim freute es mich auch, dass er so attraktiv war. Ich bemühte mich sehr darum, ihn nicht direkt anzusehen, denn das hätte einen schlechten Eindruck gemacht. Doch in dem engen Krankenhauszimmer konnte ich nicht umhin, den einen oder anderen Blick zu erhaschen.

Meine Mutter saß im Rollstuhl, so schwach, dass sie kaum sprechen konnte. Trotzdem bemühte sie sich, die liebenswürdige Gastgeberin zu spielen, die sie von Natur aus war, machte allerlei Umstände um ihre Gäste und fragte sie, ob sie es auch bequem hätten. Ihr Anblick brach mir das Herz. Einmal bat sie mich, die Decke von ihren Knien zu nehmen und den Rollstuhl in die Sonne zu schieben. Hamid sprang auf, beugte sich über sie und half mir, die Decke zu entfernen. Es überraschte mich, wie vorsichtig er mit ihr umging, wie sanft und liebevoll er ihr das Kissen wieder hinter den Kopf schob. Mir wurde schlagartig klar, dass er für einen Afghanen ein außergewöhnlicher Mann war, und ich hoffte, dass er ebenso zärtlich mit mir umgehen würde.

Meine Mutter muss denselben Gedanken gehabt haben, denn als die Männer gegangen waren, nahm sie meine Hand und sah mir in die Augen. »Fausia dschan«, sagte sie. »Ich möchte, dass du in deiner Ehe glücklich bist. Ich mag diesen Mann. Ich glaube, er ist der Richtige für uns. Wenn ich wieder gesund bin, ziehen wir beide zu ihm.«

Ihre Augen sahen mich prüfend an, und als ich lächelte und nickte, strahlte sie, und ihre Tatkraft und Energie blitzten in ihren wässrigen Augen auf. Ich wandte mich ab, weil ich die Tränen zurückhalten musste. Ich wünschte mir so sehr, dass meine Mutter bei mir und diesem freundlichen Mann leben würde, dass ich mich um sie kümmern könnte, wie sie sich um mich gekümmert hatte. Doch sie wurde mit jeder Minute hinfälliger.

Ich schlief im Krankenhaus, weil ich meiner Mutter nicht von der Seite weichen wollte. Doch am nächsten Tag hörte ich, dass Hamid einen Heiratsantrag geschickt hatte. Wie es Tradition ist, wenn ein Mann um die Hand einer Frau anhält, kamen Mitglieder seiner Familie zu uns nach Hause, um mit meinem Bruder zu sprechen. Doch auch mein Bruder war in jener Nacht bei uns im Krankenhaus, sodass sie niemanden antrafen. Da ein Antrag nur persönlich überbracht werden kann, kam er nicht zustande.

Am folgenden Morgen bat mich die Krankenhausärztin, eine freundliche Dame mit grauem Haar und grünen Augen, um ein Gespräch unter vier Augen. Sie teilte mir mit, was sie am Vorabend bereits meinem Bruder gesagt hatte. »Fausia«, sagte sie sanft, »alle Bäume blühen, und alle Bäume vergehen. So ist das Leben. Es ist an der Zeit, dass Sie Ihre Mutter mit nach Hause nehmen.«

Ich verstand, was sie meinte. Meine Mutter würde sterben. Ich weinte, flehte und bettelte sie an, sie im Krankenhaus zu behalten. Sie sollten neue Medikamente ausprobieren, es musste doch eine Hoffnung geben, irgendeine Hilfe. Doch die Ärztin umarmte mich und schüttelte schweigend den Kopf. Es war vorbei.

Wir brachten unsere Mutter nach Hause und machten es ihr so bequem wie möglich. Wie nicht anders zu erwarten, weigerte sie sich, still zu sitzen, und bestand darauf, Arbeiten im Haushalt zu erledigen. Mein Bruder erklärte ihr scherzhaft, wenn sie nicht liegen bleibe, müsse er sie wohl festschnallen. Einmal legte ich mich neben sie ins Bett. Ich streichelte ihr das Haar und erzählte ihr Geschichten aus der Schule, wie ich es immer getan hatte. Sie sagte, sie sei sehr stolz auf mich und könne es gar nicht glauben, dass die Tochter einer Analphabetin, wie sie es sei, eine Schulbildung genieße. Eines Tages, scherzte sie, würde ich vielleicht noch Präsidentin.

Normalerweise freute ich mich, wenn sie so sprach, und fühlte mich von ihren Träumen und ihrem Zutrauen angespornt. Doch an jenem Tag sah ich nichts als ein tiefes schwarzes Loch, die Leere, die das unausweichliche Schicksal bereit hielt. Ich ging schlafen. Um etwa zwei Uhr morgens hörte ich sie nach mir rufen. Ich fand sie vor dem Badezimmer kauernd, wo sie zusammengebrochen war. Sie hatte niemanden aufwecken wollen und versucht, allein auf die Toilette zu gehen. Ich zog sie hoch und trug sie fast ins Bett zurück. Sie fühlte sich in meinen Armen an wie ein winziges Vögelchen. Dieser Moment hat sich schmerzhaft in mein Gedächtnis eingebrannt. Es war schrecklich, diese Frau so schwach zu sehen, eine Frau mit so viel Energie und Würde, eine, die in ihrem Leben manches ertragen hatte – Schläge, Tod, Tragödien, den Verlust ihres Mannes und ihres Sohnes. Und nun war sie sogar zu schwach, um allein auf die Toilette zu gehen.

Als sie sich wieder schlafen legte, begann ihr Atem ein wenig zu rasseln. Ich hatte sie in ihr Schlafzimmer zurückgebracht und sie auf die Matratze gelegt. Anders als in den Tagen ihrer Ehe, als sie entweder das Bett mit ihrem Mann teilte oder auf dem Küchenboden schlief, hatte sie nun ein Bett für sich. Doch weil sie zu schwach war, selbstständig hinein und hinaus zu steigen, schlief sie lieber auf einer Matratze. Wahrscheinlich zog sie insgeheim ohnehin den Boden vor, weil sie sich im Lauf der Jahre daran gewöhnt hatte.

Wenn sie dort schlief, hatte sie oft einen ihrer Enkel bei sich, also eins der Kinder meines Bruders. In jener Nacht schlief meine sechs Monate alte Nichte Katajun neben ihr. Ich lächelte, als ich sah, wie das Baby mit den kleinen Fingern eine Haarsträhne meiner Mutter umschloss. Das hatte ich als Kind auch getan. Ich wartete, bis ich sicher war, dass sie eingeschlafen war, kroch dann in das Bett meiner Mutter und schlief ebenfalls ein.

In jener Nacht hatte ich einen ungewöhnlichen Traum, in dem ich vor Angst und Dunkelheit floh. Als ich aus dem Schlaf aufschreckte und zu meiner Mutter auf der Matratze blickte, merkte ich, dass sich die Decke nicht bewegte. Es war keine Atmung zu sehen.

Ich hob die Decke an und sah, dass sie im Sterben lag, denn sie atmete nur sehr schwach. Meine Schreie weckten den Rest der Familie. Mein Bruder hatte gerade sein Morgengebet beginnen wollen. Er stürmte mit dem Koran in den Händen ins Zimmer, um ihr zum Abschied noch einige Verse vorzulesen. Ich brüllte, er solle damit aufhören. Ich wollte nicht glauben, dass meine Mutter ihre letzten Atemzüge tat.

Ich schrie, sie sollten einen Arzt holen. Jemand rannte in eines der Nachbarhäuser, in dem, wie wir wussten, ein Arzt wohnte. Nach wenigen Minuten waren sie wieder da, doch der Mann konnte nur wiederholen, was wir alle schon wussten. Meine Mutter schied aus dem Leben, und wir konnten nichts daran ändern. Ich hörte seine Worte, ohne sie zu begreifen. »Es tut mir leid«, sagte er immer wieder, »es tut mir leid. Es wird nicht mehr lange dauern.«

Ich hätte mich am liebsten aus dem Fenster im fünften Stock gestürzt. Alles Licht war erloschen. Die Sterne waren vom Himmel gefallen, und ich wollte ihnen folgen. Ich wusste nicht, wie ich ohne meine Mutter leben sollte.

Nach ihrem Tod lebte ich vierzig Tage lang in einer Art Dämmerzustand. Der Schock und das Trauma hatten meinen Körper völlig lahmgelegt. Im Grunde genommen war ich mindestens sechs Monate wie betäubt. Ich wollte mit niemandem reden, nirgendwohin gehen, und niemand drang zu mir durch. Ich bin mir nicht einmal sicher, ob ich noch leben wollte. Meine Familie unterstützte mich nach Kräften. Sie zwangen mich zu nichts und ließen mich in aller Ruhe trauern. Auch sie trauerten, wussten aber alle, dass meine Mutter und ich eine besonders enge Bindung gehabt hatten.

Mein ganzes Leben hatte ich das Zimmer mit meiner Mutter geteilt. Ich konnte nur schlafen, wenn sie neben mir lag und ich meine Finger in ihrem Haar vergraben konnte. Ich lag nachts wach und versuchte mir vorzustellen, sie wäre da. Ich weinte um sie wie ein kleines Kind.

Nachdem sie mich sechs Monate hatte trauern sehen, fürchtete meine Familie, es würde nie besser werden. Auf einer Familienzusammenkunft wurde entschieden, dass mir nur die Rückkehr zur Schule helfen konnte. Mutter war im Herbst gestorben, und mittlerweile war es Frühling. Die Kurse begannen wieder, und mein Bruder schlug vor, ich solle das Englischstudium wieder aufnehmen und auch einen Computerkurs besuchen. Sogar die Brüder, die immer etwas gegen meine Ausbildung gehabt hatten, sahen, dass es das Einzige war, das mir möglicherweise wieder Lebenswillen einhauchen würde.

Als meine Mutter krank geworden war, hatten meine Oberschulprüfungen angestanden. Ich war zu mitgenommen gewesen, sie abzulegen, doch meine Lehrer ermöglichten es mir, sie nachzuholen. Falls ich mich jedoch dagegen entschied, wäre ich automatisch durchgefallen. Es blieb mir also gar nichts anderes übrig. Und natürlich half mir das. Langsam kehrte ich ins Leben zurück.

Mein neunzehnter Geburtstag nahte. Ich meldete mich zum Vorbereitungskurs für das Zulassungsexamen zur Universität an. Ich war zu dem Schluss gekommen, dass ich Medizin studieren und Ärztin werden wollte. Hamid wusste, dass ich diesen Kurs besuchte. Obwohl es gegen alle Regeln war, parkte er sein Auto manchmal am Ende der Straße. Er dachte, ich könne ihn nicht sehen, doch ich erkannte das Auto und den Mann, der darin saß. Allerdings ging ich nie zu ihm hin oder winkte ihm zu. Das wäre ungehörig gewesen.

Nach ein paar Wochen wurde er mutiger, kam zu mir, wenn ich das Gebäude verließ, und begrüßte mich. Es war eine sehr formelle Angelegenheit, und wir sprachen nie über persönliche Dinge oder unsere Gefühle. Er fragte mich, wie es meiner Familie gehe, und ich antwortete höflich. Das war alles. In der afghanischen Kultur gibt es keine Brautwerbung und keine Verabredungen. Wir durften nicht einmal miteinander telefonieren. Damals gab es noch keine Handys, und die meisten Festnetzanschlüsse waren sowieso außer Betrieb, da die Telefonleitungen in den Kämpfen beschädigt worden waren. Wir befolgten die kulturellen Regeln, die wir beide anerkannten. Doch diese kurzen Begegnungen reichten mir aus: Auch wenn er nur drei Worte mit mir wechselte, hielt mich die Erinnerung daran die ganze Woche aufrecht, und ich spielte die Begegnungen immer wieder im Kopf durch. Hamids Lächeln linderte ein wenig meine Trauer um meine Mutter. Ihre Worte fielen mir wieder ein: Ich glaube, er ist der Richtige für uns.

Die Kämpfe ließen mittlerweile nach. Die Splittergruppen der Mudschahedin hatten Abkommen miteinander getroffen. Kabul war zwar noch eine geteilte Stadt, in der verschiedene Viertel von verschiedenen Gruppen kontrolliert wurden, doch diese waren in Verhandlungen miteinander getreten und begannen eine neue Verfassung auszuarbeiten. Die meisten Menschen sahen das als Zeichen dafür, dass der Krieg vorbei war. Es patrouillierten keine Soldaten mehr in den Straßen, und Frauen waren auch ohne Burka sicher. Natürlich bedeckte ich den Kopf mit einem Schal, doch ich trug stolz wieder Jeans und modische, bunt bestickte Tuniken.

Die Erleichterung in der Stadt war allgegenwärtig. Kinos, die wegen der Kämpfe ihre Türen geschlossen hatten, waren wieder geöffnet und zeigten die neuesten indischen Filme. In den Parks, in denen zuvor Heckenschützen ihr Unwesen getrieben hatten, konnten wieder Kinder spielen. In den geschäftigen Straßen im Zentrum der Stadt roch es nach Kabab, da sich die Straßenverkäufer und ihre Kunden wieder sicher fühlten. Der unbezwingbare Geist Kabuls war zurückgekehrt.

Auch mein Leben verlief wieder in geordneten Bahnen. Dennoch war ich noch zutiefst traumatisiert. Eines meiner liebsten Besitztümer war eine wunderschöne Puppe. Sie saß in einem Puppenwagen und hatte einen Plüschhund bei sich. Ich war natürlich zu alt, um noch mit Puppen zu spielen, doch ich brauchte die Sicherheit und den Trost, den sie mir spendete.

Stundenlang bürstete ich ihr das Haar, zog ihr hübsche Kleider an und arrangierte neben dem Puppenwagen immer neue Blumen in einer Vase.

Hamid war nicht der Einzige, der mir in dieser Zeit einen Antrag machen wollte. Verschiedene Befehlshaber der Mudschahedin hielten ebenfalls bei meinem Bruder um meine Hand an. Zum Glück hätten meine Brüder mich nie dazu gezwungen, gegen meinen Willen zu heiraten. Ich musste einer Ehe zustimmen, und das tat ich nicht. Je mehr ich diese Männer mit Hamid verglich, desto sicherer war ich mir, dass ich ihn heiraten wollte. Ich wollte keinen Soldaten zum Mann. Ich wollte die Frau eines freundlichen Intellektuellen sein.

Hamid war Ingenieur, leitete jedoch ein kleines Finanzunternehmen, eine Art Geldwechsel. Außerdem hatte er eine Teilzeitstelle als Chemiedozent an der Universität. Die Vorstellung, mit einem Dozenten verheiratet zu sein, der auch eine Firma hatte, war für mich erheblich romantischer als die, dass mein Ehemann sein Geld mit der Waffe verdiente.

Hamids Familie wurde bei meinen Brüdern mehrmals mit einem Antrag vorstellig, doch sie lehnten ihn jedes Mal ab. Die größte Sorge meines Bruders Mirschakay war, dass Hamids Familie nicht so reich war wie unsere und unser Lebensstil zu unterschiedlich sein könnte. Hamid musste mit seinem Gehalt über die Runden kommen, war weder finanziell unabhängig, noch hatte er andere Einkünfte. Meine Brüder wollten zudem die Familientradition fortführen und durch Ehen mit Angehörigen politisch einflussreicher Familien ihr Netzwerk und ihre Macht ausbauen. Hamids Familie entsprach diesem Bild ganz und gar nicht.

Mirschakay besprach die Sache ehrlich mit mir. Er erklärte mir, er wisse, dass ich diesen Mann möge, er wolle mich jedoch schützen, indem er seinen Antrag ablehnte. »Fausia dschan, wie wollt ihr zurechtkommen, wenn er seine Arbeit verliert? Du bist in einer Familie aufgewachsen, in der niemand je von einem Gehalt leben musste. Stell dir vor, wie schwierig es wird, wenn ihr Miete und Nahrung bezahlen müsst und nicht wisst, wo das Geld herkommen soll.«

Doch ich teilte die Sorgen meines Bruders nicht. Ich hatte immer vorgehabt, selbst arbeiten zu gehen. Meine Schulbildung hatte mir berufliche Aussichten eröffnet. Wenn wir beide arbeiteten, konnten wir gemeinsam zum Familieneinkommen beitragen. Wir wären ein Team, echte Partner. Ich wollte ein Leben führen, in dem ich gemeinsam mit meinem Mann Entscheidungen traf. Leider konnte ich das meinem Bruder nicht erklären. Auch verbot es die Tradition, dass ich ihm meine Gefühle für Hamid offenbarte und ihm von unseren Begegnungen vor der Universität erzählte. Das war nicht erlaubt. Doch mein Schweigen und der gequälte Ausdruck, der auf meinem Gesicht lag, wenn mein Bruder abschätzig über Hamid sprach, sagte ihm wahrscheinlich alles, was er wissen musste.

Ich bemühte mich um die Unterstützung meiner Schwestern, weil ich hoffte, dass sie mir helfen würden, meinen Bruder zu überzeugen, doch sie waren ebenfalls dagegen. Sie wollten nur mein Bestes, und in ihren Augen war das ein Leben in Reichtum und Ansehen. Sie erzählten mir von Hochzeitsfeiern, die sie besucht hatten, mit Tausenden von Gästen und einer Braut, die mit Goldschmuck aufgewogen wurde. Sie versuchten mich dafür zu begeistern, wie luxuriös meine Hochzeit sein würde, wenn ich einen reicheren Bewerber heiratete. Doch das alles bedeutete mir nichts. Was nützte mir Gold? Ich wollte Freiheit. In dem Leben, das sie für mich planten, wäre ich mir vorgekommen wie in einem goldenen Käfig.

Ich komme aus einer Familie, in der Polygamie die Regel war, doch ich wusste, dass ich das für mich nicht wollte. Mein Vater hatte sieben Frauen gehabt, meine älteren Brüder jeweils zwei. Ich hatte zu viel Schmerz und Eifersucht unter den Frauen miterlebt. Viele der Männer, die um meine Hand anhielten, waren bereits verheiratet, und ich wäre die Ehefrau Nummer zwei oder drei gewesen. Ich wollte nicht das Leben einer anderen Frau zerstören, wie die späteren Frauen meines Vaters das meiner Mutter zerstört hatten. Und den Mangel an Unabhängigkeit, der mit dieser Situation einherging, hätte ich nicht verkraftet. Ich glaube, ich hätte mir schon nach einer Woche das Leben genommen.

Der nächste Winter setzte ein, und ich wurde neunzehn. Mittlerweile hatte ich ein Englischdiplom und arbeitete ehrenamtlich als Englischlehrerin für Frauen aller Altersgruppen. Es war eine faszinierende Erfahrung zu beobachten, wie die Gesichter meiner Schülerinnen leuchteten, wenn sie etwas Neues lernten. Es war einfach fantastisch.

Ich verlangte kein Gehalt, doch eines Tages gab mir der Rektor rund zweitausend Afghanis, das sind etwa vierzig Dollar. Das war mein erstes selbst verdientes Geld. Ich war so stolz, dass mir fast die Tränen kamen. Ich gab das Geld nicht aus, sondern steckte es ins Portemonnaie und sah es mir immer wieder an. Ich wollte es nie ausgeben.

Als der erste Schnee fiel, war ich endlich wieder glücklich. Ich bestand das Zulassungsexamen zur Universität und erhielt einen Studienplatz an der medizinischen Fakultät, um mich zur Ärztin ausbilden zu lassen. Ich unterrichtete und genoss eine gewisse Unabhängigkeit. Das quälende, zornige Loch in meinem Herzen, das der Tod meiner Mutter gerissen hatte, war noch da, doch der Schmerz hatte sich auf einem erträglichen Niveau eingependelt.

Rabbanis Regierung war es endlich gelungen, ein gewisses Maß an Ruhe herzustellen. Nur noch sporadisch flammten Kämpfe auf. Im Sommer 1995 wurde ein Friedensabkommen getroffen. Hekmatjar war bereit, die Waffen niederzulegen, wenn er in der Regierung Rabbani das Amt des Premierministers erhielt. Anlass für die Einigung war der wachsende Einfluss der Taliban im Süden.

Über die Taliban war nicht viel bekannt. Man wusste nur, dass sie in den Madrassen, also den Koranschulen, in der Grenzregion zwischen Afghanistan und Pakistan religiöse Studien betrieben. Gerüchten zufolge trugen die jungen Männer weiße Gewänder und nannten sich »Rettungsengel«. Die Dorfbewohner im Süden hatten wie die Menschen überall in Afghanistan den Bürgerkrieg, den Mangel an öffentlicher Ordnung und die schwache Zentralregierung satt. Während in Kabul die Kämpfe wüteten, fühlten sich die Menschen in den ruhigeren Provinzen vernachlässigt. Die schreckliche Armut war nicht verschwunden, sondern hatte sich im Chaos noch verschlimmert, und die Menschen wünschten sich eine stabile Regierung, die ihnen helfen konnte.

Die Männer, die sich »Engel« nannten, kamen mit ihren Pickups in die Dörfer und stellten Ordnung und Sicherheit wieder her. Sie agierten wie eine selbsternannte Bürgerwehr und machten für die Menschen, die aus lauter Angst vor Plünderungen ihre Geschäfte geschlossen und auch ihre Kinder nicht mehr zur Schule geschickt hatten, die Gegend wieder sicher. Das reichte aus, um das Zutrauen in sie zu stärken.

Die Ironie wollte es, dass der jüngste Friedensvertrag zwischen den Mudschahedin-Gruppen der Regierung Rabbani zu diesem Zeitpunkt erstmals ein effektives Arbeiten ermöglichte. Der Bürgerkrieg war vorüber, und die Mudschahedin-Regierung war endlich geeint und konnte sich den anstehenden Aufgaben widmen. Doch das war zu wenig und kam zu spät, um die verzweifelte Bevölkerung zu besänftigen. Es war Ruhe eingekehrt, doch in Afghanistan ist Ruhe so flüchtig und verletzlich wie das Leben eines Schmetterlings.

Das afghanische Volk suchte bereits nach neuen Helden, an die es glauben konnte. Die Taliban waren im Aufstieg begriffen.

Teil zwei

Brief an meine Mutter

Meine geliebte Mutter,

noch immer warte und hoffe ich auf deine Rückkehr. Noch immer stockt mir der Atem, wenn ich daran denke, dass du nicht mehr mit mir auf dieser Welt bist. Ich bin jetzt Politikerin. Aber manchmal bin ich auch nur ein dummes Mädchen, das Fehler macht. Geschieht das, stelle ich mir vor, dass du da bist und mich sanft tadelst und korrigierst. Wenn ich später als gewöhnlich nach Hause komme, meine ich immer noch, du stündest in deiner Burka im Hof, wartest auf mich und stupst mich durch die Haustür.

Am liebsten würde ich neben dir schlafen, zusammengerollt, wie ich es in deinen letzten Lebenstagen getan habe. Ich möchte neben dir liegen, die Finger in deinem Haar, und den Geschichten aus deinem Leben lauschen, Geschichten über gute und schlechte Zeiten, über Leid, Geduld und Hoffnung.

Mutter, deine Geschichten haben mich das Leben gelehrt.

Deine Geschichten haben mir beigebracht, dass ich als Frau Leidensfähigkeit und Geduld lernen sollte. Ich erinnere mich noch an die Tage meiner Kindheit, an denen ich unglücklich war, wenn einer meiner Brüder mir verbot, in die Schule zu gehen, wenn ich mich nicht richtig auf den Unterricht konzentrieren konnte, wenn der Vater einer Schulfreundin sie mit seinem schönen Auto abholte oder wenn mir meine Freundin Nuria von ihrem Vater erzählte. Ich war furchtbar traurig, weil ich meinen Vater verloren hatte, und ein tiefer Kummer erfasste mein Herz.

In diesen Momenten hielt ich mich für das schwächste und ärmste Mädchen der Welt – doch wenn ich dann an deine Geschichten dachte, gab mir das wieder Kraft. Was fiel mir nur ein, so schwach zu sein, wo du doch schon mit sechzehn Jahren geheiratet hattest? So oft musstest du ertragen, dass eine neue junge Frau meinen Vater heiratete. Trotz deines Schmerzes bliebst du aber bei ihm und seinen anderen Frauen, damit deine Kinder eine gute Zukunft hatten.

Du legtest viel Wert darauf, dass mein Vater in den Augen aller der beste Mensch der Welt war. Deshalb hast du besonders gut für seine Gäste gekocht und den Hof sauber gehalten. Deshalb bist du zu den anderen Frauen in der Familie immer freundlich gewesen, damit sie nicht eifersüchtig wurden und ihm Probleme bereiteten. Ich vergesse nie, wie du deine ganze Klugheit nutztest, um anderer Leute Probleme zu lösen, wenn Vater nicht da war, und wie wichtig es dir nach seinem Tod war, dass seine Kinder – Mädchen wie Jungen – zur Schule gehen und mit dir in einem Haus wohnen durften, damit du für sie da sein und ihnen bei ihren Problemen helfen konntest. Dir lag viel daran, dass aus meinen Brüdern charakterstarke Männer wurden, die etwas für ihr Land leisten konnten. Du hast gelitten und gehungert, damit sie zur Schule gehen und die Universität besuchen konnten.

Wenn ich all das bedenke, finde ich es immer noch faszinierend, dass du trotz der vielen Schwierigkeiten und der großen Verantwortung noch lachen konntest. Du hast dauernd gelacht.

Ich wünschte, ich könnte meine Probleme wie du mit einem Lachen bewältigen.

Mutter, deine Geschichten umfassten meine gesamte Welt.

Interessanterweise wurden mir deine allabendlichen Geschichten mit wachsendem Alter immer wichtiger. Sie gaben mir vor dem Einschlafen ein ruhiges und sicheres Gefühl. Vielleicht versuchte ich auf die Art, dem Krieg um uns herum zu entfliehen.

Du warst meine Zuflucht vor meiner Umwelt. Wenn du die Geschichten zu Ende erzählt hattest, sprachst du über mich. Das waren die schönsten Momente in meinem Leben: Wenn du mir versichertest, dass ich einmal eine wichtige Persönlichkeit sein würde, wenn du mir die Worte meines Vaters nach meiner Geburt ins Gedächtnis riefst, ich würde werden wie du: schön, klug, weise und freundlich. Das waren nur Worte, doch sie spornten mich an.

Wenn ich dich fragte, was ich einmal werden würde, lächeltest du und erwidertest: »Vielleicht, Fausia, wirst du Lehrerin oder Ärztin. Du wirst deine eigene Klinik haben und arme Patienten, die aus den Provinzen zu dir kommen, gratis behandeln. Du wirst eine freundliche, gute Ärztin sein.« Dann lachte ich und sagte: »Nein, Mutter, vielleicht werde ich eines Tages Präsidentin.« Ich hatte sie einmal zu einer Nachbarin sagen hören: »Meine Tochter strengt sich in der Schule sehr an. Ich bin mir sicher, sie wird einmal Präsidentin.«

So viel habe ich aus deinen Geschichten gelernt. Und ich habe mich bei niemandem so entspannt und sicher gefühlt wie bei dir. Mutter, von dir habe ich gelernt, was Selbstaufopferung wirklich bedeutet. Von dir habe ich gelernt, dass es nicht genügt, lesen und schreiben zu können, wenn man Kinder gut erziehen will, sondern dass in Wahrheit Intelligenz, Geduld, Planung und Selbstaufopferung zählen. Dieses Vorbild geben afghanische Frauen, Frauen wie du, die mit leerem Magen meilenweit gehen, damit ihre Kinder sicher zur Schule kommen.

Von dir habe ich gelernt, dass jeder Mensch, sogar ein »armes Mädchen«, mit einer positiven und starken Einstellung alles erreichen kann.

Mutter, du zählst für mich zu den mutigsten aller mutigen afghanischen Frauen. Ich bin froh, dass du die Gräuel nicht sehen musstest, die wir nach deinem Tod erlebten – die Jahre unter den Taliban.

Deine Tochter
Fausia

9

Ein ganz normaler Donnerstag

September 1996

Nie werde ich den Tag vergessen, bevor die Taliban nach Kabul kamen. Es war ein Donnerstag im September. Ich war an jenem Tag nicht zur Universität gegangen, sondern hatte zu Hause gelernt. Da meine Schwester Schahdschan Brot kaufen wollte und ich neue Schuhe brauchte, gingen wir am Nachmittag gemeinsam zum Basar.

Ich trug eines der bunten Kopftücher und eine Tunika, die ich besonders liebte. Meine Schwester erzählte mir einen Witz, und ich kicherte. Ein Standbesitzer lächelte uns an und sagte: »Morgen werdet ihr jungen Damen nicht mehr in diesem Aufzug herkommen können. Dann sind die Taliban da. Dies ist der letzte Tag, an dem ihr euch auf dem Markt amüsieren könnt.« Er lachte bei diesen Worten, und um seine grünen Augen bildeten sich fröhliche Fältchen. Ich dachte, er mache Spaß, fand seine Bemerkung aber dennoch ärgerlich. Wütend erwiderte ich, diesen Wunsch könne er mit ins Grab nehmen, weil er nie wahr werden würde.

Ich wusste nur vage, wer die Taliban waren – Koranschüler, die sich zu einer politischen Bewegung zusammengeschlossen hatten –, und hatte keine genaue Vorstellung, wofür sie standen. In den Jahren, in denen wir gegen die Sowjets gekämpft hatten, hatten sich Tausende arabischer, pakistanischer und tschetschenischer Kämpfer den Mudschahedin angeschlossen.

Sie waren von anderen Ländern, etwa den USA, Pakistan und Saudi-Arabien, im Kampf gegen die Russen finanziell und militärisch unterstützt worden. Jedes dieser Länder hatte sein ureigenes Interesse und seine politischen Gründe für diese Hilfe. Zwar war die Verstärkung für den Kampf anfangs willkommen, doch brachten diese ausländischen Mudschahedin-Kämpfer auch eine fundamentalistische Version des Islam mit, den Wahhabismus, der in Afghanistan neu war.

Die Wahhabiten kommen ursprünglich aus Saudi-Arabien und bilden einen besonders konservativen Zweig der Sunniten. In Madrassen in den Grenzregionen zwischen Pakistan und Afghanistan wurde diese Art des Islam jungen Afghanen beigebracht, die fast noch Kinder waren, viele von ihnen Flüchtlinge, verletzt und traumatisiert.

Doch damals waren wir nicht besonders gut informiert. In Kabul hielt manch einer die Taliban für rettende Engel, andere meinten, sie seien Kommunisten, die in anderer Gestalt zurückgekehrt seien. Doch egal, wer sie wirklich waren: Ich konnte und wollte nicht glauben, dass die Taliban oder sonst jemand die Mudschahedin besiegt hatten. Die Mudschahedin waren mit der geballten Macht der Roten Armee fertig geworden. War es möglich, dass eine Hand voll Koranschüler diese Männer besiegte? Die Vorstellung, dass sie am nächsten Tag den Marktstand übernahmen, an dem ich mich in diesem Moment aufhielt, war einfach lächerlich.

Damals wusste ich nicht, worin sich die Taliban von den Mudschahedin unterschieden. Als Kind hatte ich große Angst vor den Mudschahedin gehabt. Als Studentin fürchtete ich mich vor den Taliban. In meinen Augen waren sie alle nur Männer mit Waffen. Männer, die lieber kämpften als redeten. Ich hatte sie gründlich satt.

Doch in jener Nacht erfuhren wir die entsetzlichen Nachrichten aus dem Radio. Stundenlang hörten wir BBC, unfähig zu glauben, was wir dort erfuhren. Ahmed Schah Massuds

Männer, hieß es, hätten sich aus Kabul zurückgezogen und seien zu ihrem Stützpunkt im Pandschir-Tal zurückgekehrt. Ich wollte nicht wahrhaben, dass damit ihre Niederlage besiegelt war. Der taktische Rückzug war für Massud kein ungewöhnliches militärisches Manöver. Ich glaubte wirklich, er wäre vor dem Frühstück wieder da, um den Frieden wiederherzustellen und die Regierung zu unterstützen. Die meisten Menschen in Kabul dachten so.

Völlig überraschend stand plötzlich mein Bruder Mirschakay, der bei der Kabuler Polizei eine leitende Position innehatte, in der Wohnung. Er wirkte entsetzt und sprach schnell. Er habe nicht viel Zeit, sagte er und bat seine Frau, ihm die Tasche zu packen. Wie viele führende Regierungsbeamte wollte er sich Massud in Pandschir anschließen.

Ich hatte so viele Fragen zur Zukunft, die allesamt unbeantwortet blieben, und geriet daher mit ihm in Streit. Seine Frau weinte. Er fauchte uns an, wir sollten still sein, damit niemand uns hörte.

Mirschakay hatte zwei Frauen. Eine sollte in Kabul bei mir in der Wohnung bleiben, während die andere noch in jener Nacht von ihrer Familie ins pakistanische Lahore gebracht wurde, wo mein Bruder ein Haus besaß.

Es ging alles so schnell, dass es uns unwirklich vorkam. Als mein Bruder die Wohnung verließ, schüttete meine Schwester ihm Wasser hinterher. Das ist ein alter Brauch: Wenn das Wasser dem Abreisenden folgt, so bedeutet das, dass er bald wiederkehren wird.

Als Mirschakay weg war, drängten wir Frauen uns wieder um das Radio. Jüngsten Berichten zufolge waren auch Präsident Rabbani und seine Minister geflohen. Mit dem Flugzeug waren sie nach Pandschir und von dort in ihre Heimatprovinz Badachschan gereist.

Um acht Uhr abends flogen Düsenjets über uns hinweg. Ich hatte die Regierung Rabbani nicht besonders gemocht, aber zumindest war es eine Regierung gewesen. Es hatte so etwas wie ein Staatssystem gegeben. Doch nun verließen Regierungsvertreter wie mein Bruder ihre Posten und brachten sich in Sicherheit. Ich war wütend, weil unsere Anführer so schnell aufgegeben hatten.

In jener Nacht schliefen wir kaum, sondern hörten Radio, während um uns herum das Land wieder einmal zerfiel. Als ich um sechs Uhr morgens aus dem Fenster blickte, sah ich draußen Leute mit kleinen weißen Gebetskappen auf dem Kopf. Plötzlich trug jeder eine. Rasch schloss ich die Vorhänge und wandte mich wieder meinen Büchern zu. Ich wollte diese neue Welt, diese jüngste Verwandlung Kabuls, die ich nicht verstand, nicht an mich heranlassen.

Erste Gerüchte machten die Runde. Es war Freitag, Tag des Gebets. Man tuschelte, dass die Taliban die Leute in die Moschee prügelten. Mittlerweile hatten wir erfahren, dass sie weder Kommunisten noch Rettungsengel waren – was also waren sie? In der Geschichte Afghanistans hatte es nie etwas Derartiges gegeben. Es lag nahe, dass sie nicht von Afghanen, sondern von ausländischen Kräften kontrolliert wurden. Anders konnte es nicht sein, bei einem solchen Verhalten.

Dann hieß es, der ehemalige Präsident Nadschibullah, der als Marionette Moskaus und Kommunistenfreund gegolten hatte, sei ermordet worden. Nadschibullah hatte unter dem Schutz der Vereinten Nationen gestanden. Nach dem Zusammenbruch der Mudschahedin-Regierung hatte Ahmed Schah Massud ihm angeboten, ihn ins Pandschir-Tal mitzunehmen. Nadschibullah jedoch traute den Mudschahedin nicht mehr als den Taliban. Er befürchtete, man wolle ihn in eine Falle locken und töten. Das war in seiner Position wohl verständlich, doch dass er Massud in diesem entscheidenden Moment nicht vertraute, war ein tödlicher Fehler, denn wenige Stunden nach Massuds Rückzug war Nadschibullah tot. Die Taliban stürmten das UN-Gelände, zerrten ihn aus dem Gebäude und exekutierten ihn. Seine und die Leiche seines jüngeren Bruders hängten sie zur Abschreckung an einem vielbefahrenen Kreisverkehr auf, sodass jeder sie sehen konnte. Drei Tage lang blähten sich die Leichen langsam auf und verfärbten sich gelb. Niemand machte sich die Mühe, sie abzunehmen.

Dann plünderten die Taliban das Museum und zerstörten Tausende von Kunstwerken, die die Geschichte unseres Landes widerspiegelten – alte buddhistische Statuen, Kundan-Kunsthandwerk, Speisegefäße aus der Zeit Alexanders des Großen, Relikte aus den Tagen der frühesten islamischen Könige. Im Namen Gottes zerstörten diese Barbaren unsere Geschichte.

Die Welt sollte erst Notiz von dem Kulturvandalismus nehmen, als die Taliban im Jahr 2001 die Buddhas von Bamian in die Luft sprengten. Diese uralten Steinstatuen, die in der abgelegenen Provinz Bamian vom zweiten bis zum sechsten Jahrhundert n. Chr. erbaut wurden, galten als eines der Weltwunder. Damals herrschten die Kuschan, die vor der Ankunft des Islam große Kunstförderer waren. Die riesenhaften Buddhastatuen waren nicht nur ein wichtiger Teil der afghanischen Kulturgeschichte und ein sichtbares Zeichen der vielfältigen religiösen Vergangenheit, sondern sie sicherten den Hasara, die in Bamian leben und auf den Tourismus angewiesen sind, auch ihren Lebensunterhalt. Die Buddhas hatten schon lange Besucher aus anderen Teilen Afghanistans und aus aller Welt angezogen, und in Bamian hatte sich eine stabile Fremdenverkehrsindustrie entwickelt, die für die ansonsten arme Provinz eine wichtige Einkommensquelle darstellte.

Die entsetzlichen und schrecklichen Fernsehbilder, die rund um die Welt gingen, zeigten, wie die Taliban die Statuen mit Raketen und schwerer Artillerie beschossen, bis die großartigen Monumente völlig zerstört waren.

Schon vorher hatten die Taliban unser Denken zu zersetzen begonnen. Sie brannten Schulen und Universitäten nieder, warfen Bücher und verbotene Literatur auf Scheiterhaufen. Ich hatte erst kurz zuvor mein Medizinstudium aufgenommen, das mir unglaublich viel Freude bereitete. An jenem Wochenende sollte ich eine Prüfung ablegen, für die ich ausgiebig gelernt hatte. Doch mir wurde erklärt, ich brauche gar nicht zu kommen, da die medizinische Fakultät geschlossen worden sei. Frauen durften ohnehin nicht mehr als Ärzte arbeiten, geschweige denn studieren.

Von einem Moment zum anderen war im Kabuler Alltag vieles verschwunden, was die Menschen bis dahin als selbstverständlich betrachtet hatten. Sogar im Krieg waren noch kleine Vergnügungen möglich gewesen: Man hatte sich auf dem Basar mit Freunden auf eine Tasse Tee getroffen, im Radio Musik gehört oder auch größere Veranstaltungen besucht, etwa ein Hochzeitsfest. Doch unter den Taliban wurde all das über Nacht abgeschafft. In unserer Kultur, wie in den meisten anderen Kulturen rund um den Erdball, ist der Hochzeitstag ein Übergangsritus, an dem die gesamte Familie und der Freundeskreis teilnehmen. Afghanische Hochzeiten sind mit fünfhundert bis fünftausend Gästen traditionell sehr groß. Wer eine Hochzeitshalle oder ein Hotel besitzt, hat mit den Feiern ein einträgliches Geschäft. Die besten Anbieter nehmen horrende Preise. Es ist nichts Ungewöhnliches, wenn eine Familie eine Vorauszahlung von 20 000 bis 30 000 Dollar leistet.

Schon an dem Wochenende, an dem die Taliban die Macht an sich rissen, verboten sie sämtliche Hochzeiten an öffentlichen Orten. Hunderte von Ehepaaren waren gezwungen, ihren großen Tag abzusagen. Damit mussten sie nicht nur auf die Hochzeitsfeier verzichten, den großen Tag, von dem kleine Mädchen überall auf der Welt träumen, sondern ihre Familien, die bereits unter der vom Krieg verschuldeten Wirtschaftskrise litten, verloren auch ihr Geld. Die Taliban ordneten an, dass die Leute private Zeremonien zu Hause abhalten sollten, ohne Gäste, ohne Musik und ohne Vergnügungen. Der Hochzeitstag von Paaren, die an jenem Tag geheiratet haben, ist sozusagen der Jahrestag der Talibanherrschaft. Es war sicher nicht das Ereignis, das sie sich erwartet hatten, dafür aber eines, an den sie sich bis ans Ende ihrer Tage erinnern werden.

Natürlich versuchten viele Menschen, sich dem Verbot zu entziehen. Stolze Väter wollten sich von diesen Emporkömmlingen einen so wichtigen Familientag nicht verderben lassen und versuchten, ihn wie geplant durchzuziehen. Einige Hotelbesitzer ignorierten das neue Gesetz und betrieben ihre Geschäfte wie gewohnt weiter. Doch die Taliban fuhren mit Pick-ups durch die Stadt, bewaffnet mit Gewehren und Peitschen. Wenn sie die Musik einer Hochzeitsgesellschaft hörten, führten sie eine Razzia durch. Die sogenannten Rettungsengel mit ihren schwarzen Turbanen hatten sich zu Herolden der Gewalt gewandelt. Sie stürzten in Hochzeitshallen, brüllten die Menschen an, schlugen Lautsprecher kurz und klein, rissen die Bänder aus den Videokameras und zerstörten die Filme der Fotoapparate. Sie prügelten Leute bewusstlos, verdroschen den Bräutigam vor seiner Braut und schlugen vor den Augen der Hochzeitsgäste Großväter zu Boden. Ich hörte solche Geschichten immer wieder, konnte und wollte sie aber nicht glauben. Ich verschloss die Augen vor der Wahrheit.

Am nächsten Tag ging meine Schwester, wie immer in der Burka, auf den Markt, um Gemüse zu kaufen. Sie kam tränenüberströmt zurück. Die Taliban, erzählte sie zu meinem Entsetzen, hätten alle Frauen, die keine Burka, sondern nur ein Kopftuch trugen – also Frauen, die gekleidet waren wie ich –, verprügelt. Schluchzend erzählte sie mir von einem Mann mit seiner Ehefrau, die ihre Fahrräder, beladen mit Einkaufstaschen, die Straße entlanggeschoben hatten. Die Frau trug nicht einmal eine moderne Jeans oder einen Rock, sondern einen traditionellen Salwar Kamiz. Das Haar hatte sie mit einem Schal bedeckt. Das Paar unterhielt sich angeregt, als die Taliban die Frau plötzlich von hinten überfielen. Drei von ihnen gingen auf sie los und verpassten ihr mit einem Kabel so harte Schläge auf den Kopf, dass sie zu Boden ging. Als sie auch den Mann zu schlagen begannen, stritt er ab, dass sie seine Frau sei. Um seine Haut zu retten, verleugnete er seine eigene Ehefrau.

Die Vorstellung, dass ein afghanischer Mann seine Frau so einfach im Stich lässt, war entsetzlich. In der afghanischen Tradition kämpfen Männer bis zum Tod, um Frauen und Familie zu verteidigen. Doch die Taliban verbreiteten mit ihrer Bösartigkeit so viel Angst, dass sie manch einen Mann korrumpierten. Nicht alle, aber doch einige, die davor gute Menschen und freundliche Ehemänner gewesen waren, ließen sich von der Angst oder der Massenhysterie dazu verleiten, die verquere Ideologie der Taliban zu übernehmen.

In der darauffolgenden Woche ging ich nicht aus dem Haus. Fernsehen war verboten, die landesweite Radiostation von den Taliban für Propagandazwecke übernommen worden. Ein junger beliebter Nachrichtensprecher, der in einem Bericht über den Tod eines Taliban-Kommandeurs ein falsches Wort verwendet hatte, erhielt Schläge auf die Fußsohlen und wurde drei Tage ohne Nahrung und Wasser in einen Frachtcontainer gesperrt. In seiner Nervosität hatte er für den Tod des Kommandeurs versehentlich das Wort »freudig« statt »traurig« verwendet, ein verständlicher Versprecher, wenn man bedenkt, dass während der Liveübertragung Männer mit Peitschen hinter ihm standen. Wer wäre da nicht nervös gewesen?

Die Propaganda, die die neuen Machthaber als Nachrichten bezeichneten, konnte und wollte ich mir nicht anhören. Ich sehnte mich nach richtigen Nachrichten, die mir das Gefühl gaben, einen Kontakt zur Außenwelt zu haben. Da es so etwas nicht gab, kam ich mir vor wie im Gefängnis. Die örtliche Gerüchteküche, die in der Nachbarschaft geschürt wurde, ließ sich allerdings nicht aufhalten, und eine Geschichte war entsetzlicher als die andere.

Die Kämpfe vor Kabul dauerten an. Mittlerweile verlief die Front auf der Schomali-Ebene, die zwischen Massuds Hochburg in Pandschir und der Stadt lag. Die meisten Kabuler gingen noch immer davon aus, dass Massuds Truppen zurückkehren würden. Wir konnten nicht glauben, dass diese neue Taliban-Realität von Dauer sein würde. Der einzige Ort, an dem ich andere Mädchen treffen und mich mit ihnen unterhalten konnte, war der gemeinsame Balkon unseres Wohnblocks. Wenn ich das Haus sauber machte, konnte ich vom Balkon aus andere Mädchen in ihren Wohnungen sehen, junge Mädchen, die ihrer Grundrechte beraubt wurden, keine frische Luft atmen und die Sonne nicht mehr spüren durften.

Obwohl ich meine Mutter schrecklich vermisste, war ich doch dankbar, dass sie diesen jüngsten Frevel gegen ihr Land nicht miterleben musste. Ich wollte ihr Grab besuchen, brachte es aber nicht über mich, eine Burka anzuziehen. Ich besaß nicht einmal eine. Deshalb lieh ich mir einen schwarzen Hidschab arabischer Machart von meiner Schwester. Er glich einem langen Cape, das auch das gesamte Gesicht bedeckte, sodass ich mich damit sicher fühlte. Als ich hinaustrat auf die Straße, war sie menschenleer, die Luft war zum Schneiden dick.

Nur wenige Männer und noch weniger Frauen trauten sich noch auf die Straße. Die Frauen, die es wagten, waren in blaue Burkas gehüllt, die neue Einheitskleidung der afghanischen Frauen. Sie hasteten schweigend über den Gehweg und erledigten so schnell wie möglich ihre Einkäufe, damit sie rasch wieder heimkehren konnten. Niemand unterhielt sich. Die Markthändler reichten den Kundinnen wortlos ihre Tüten, und die Frauen nahmen sie entgegen, ohne aufzusehen oder gar in Blickkontakt zu treten. Hin und wieder fuhr ein Pickup der Taliban vorbei. Die Männer starrten die Leute bedrohlich an, immer auf der Suche nach neuen Opfern, die sie verprügeln konnten, während aus den Lautsprechern auf der Ladefläche des Pickups religiöse Weisheiten quäkten. Ich dachte, ich hätte mittlerweile die Angst in all ihren Facetten kennengelernt, doch dies war eine völlig neue Dimension. Ich hatte ein beklemmendes Gefühl, das mit einer eiskalten Wut einherging. Meiner Wut. Nach diesem Tag verließ ich das Haus zwei Monate lang nicht mehr.

Seit der Machtübernahme der Taliban hatten wir nichts mehr von meinem Bruder Mirschakay gehört. Wie er waren auch viele andere ehemalige Mudschahedin und Regierungsmitarbeiter geflohen und hatten ihre Familien mitgenommen. Die Schomali-Ebene und das Pandschir-Tal, die Provinz nordöstlich von Kabul also, waren Schauplatz erbitterter Kämpfe, wurden jedoch überwiegend noch von Ahmed Schah Massud kontrolliert. Seine Männer waren nicht die einzigen, die aus Kabul geflohen waren. Auch ehemalige Kommunisten, Universitätsprofessoren und Ärzte suchten das Weite. Sie schnappten sich, was sie in der Eile zu fassen bekamen – ein paar Kleider, Schmuck, Nahrungsmittel –, luden es ins Auto und fuhren eilig aus der Stadt. Sie ließen alles zurück, wofür sie gearbeitet hatten. Menschen, die sich wenige Wochen zuvor noch gefreut hatten, weil ihr Haus den Bürgerkrieg unbeschadet überstanden hatte, schlossen die Haustür hinter sich ab und fuhren los, ohne sich noch einmal umzusehen.

Nicht alle konnten sich in Sicherheit bringen. Wir hörten, dass Autos überfallen und ausgeplündert wurden. Den Menschen wurden ihre wenigen Habseligkeiten abgenommen, den Frauen die Goldketten vom Hals und die Ohrringe aus den Ohrläppchen gerissen. Die Räuber waren Kriminelle, die das Chaos ausnutzten. Weil viele Menschen zudem der Front recht nahe kamen, da sie sich auf der anderen Seite relative Sicherheit versprachen, kam auch manch einer ums Leben, als sein Auto von einer Rakete oder von Gewehrkugeln getroffen wurde.

Ich betete unablässig, dass Massud zurückkehren möge. Jede Nacht vor dem Einschlafen bettelte und flehte ich ihn in Gedanken an, die Front wieder ins Stadtzentrum zurück zu verschieben. Wenn ich am folgenden Morgen aufwachte, sollten die Taliban verschwunden sein.

Endlich erhielten wir einen Brief von meinem Bruder. Er schrieb, er habe im Haus seines Fahrers in der Provinz Parwan nördlich von Kabul Unterschlupf gefunden, einer wunderschönen Region mit einem Fluss und üppigen, baumbewachsenen Tälern. Im Sommer waren die Menschen zum Picknick dort hinausgefahren.

Mein Bruder wollte, dass seine Frau und seine Kinder ihm folgten, und ich beschloss, sie zu begleiten. Trotz der Gefahren konnte ich mich nicht dazu überwinden, eine Burka zu tragen. Deshalb zog ich wieder den schwarzen Hidschab über und achtete darauf, dass mein Gesicht vollständig verhüllt war. Außerdem trug ich der Tarnung halber eine Brille, denn auch mit verhülltem Gesicht fürchtete ich, als die Schwester eines leitenden Polizeibeamten erkannt zu werden. Parwan liegt zwar nicht weit von Kabul entfernt, doch die direkte Route, die in einer Stunde Fahrt zu bewältigen ist, verlief zu nah an der Front zwischen Mudschahedin und Taliban.

Da wir das Risiko, von einer Rakete getroffen zu werden, nicht eingehen wollten, fuhren wir zunächst nach Süden, dann von Sarobi nach Tagab und Nidschrab in der Provinz Kapisa. Das ist fast eine Tagesreise auf holprigen Straßen. Ständig fuhren wir in die entgegengesetzte Richtung als die, in die wir wollten, doch die direkte Route wäre einfach zu gefährlich gewesen. Wir beschrieben also eine Schleife und wechselten mehrmals die Richtung, um nach Parwan zu gelangen. Andere Menschen, die ebenfalls auf der Flucht waren, hatten neue Querfeldeinwege entdeckt, verschlungene Routen, die zum Teil in einer Sackgasse endeten oder eine weitere Schleife beschrieben. Es war eine schreckliche Fahrt. Wir fuhren zwölf Stunden lang, ständig in Angst vor Landminen, Plünderung und Beschuss. Wir wagten es nicht, unterwegs anzuhalten, um uns Wasser zu beschaffen.

Wieder einmal fuhr ich fort von meinen Träumen. Jedes Mal, wenn ich neu anfangen wollte, machte mir etwas einen Strich durch die Rechnung. Das war kein Leben, ständig unterwegs, ständig auf der Flucht, mit einem unablässig schrumpfenden Reservoir an Hoffnung.

Ich fuhr auch von Hamid weg. Ich hatte ihm nicht Bescheid geben können, dass ich die Stadt verließ. Seit meinem letzten Tag an der Universität, als er mich angesprochen hatte, hatte ich ihn nicht mehr gesehen. Ich sah ihn noch vor mir, wie er zu seinem Auto zurückging, seinen Hinterkopf, das seidige Haar, das vom Wind in lauter kleine Locken aufgebauscht wurde. Ich hatte nur ein paar Sätze mit ihm gewechselt, spürte aber tief in meinem Innern, dass ich ihn zu lieben begann. Nun, da ich mit meiner Familie die Stadt verließ, hatte ich keine Ahnung, wann ich ihn wiedersehen würde.

Da der Krieg offiziell vorüber war, begann die Welt zur Tagesordnung zurückzukehren. Der Kalte Krieg gehörte der Vergangenheit an, das mächtige Sowjetreich war in sich zusammengefallen. Nun, da der Kampf der Afghanen gegen die Russen vorüber war, schaffte es Afghanistan nicht mehr in die internationalen Nachrichtensendungen. Auch der Bürgerkrieg war vorüber, und in den Augen der Welt bildeten nun die Taliban unsere Regierung. Wir waren eine Nachricht von gestern. Andere Tragödien beherrschten die Schlagzeilen.

Doch unsere Tragödie war noch nicht vorüber. In Wahrheit begann sie erst. In den folgenden Jahren vergaß uns die Welt. Es waren unsere schlimmsten Jahre im Elend.

Liebe Schuhra, liebe Schaharasad,

wenn wir Afghanen in den Jahren des Krieges in der Dunkelheit gelebt hatten, so stürzten uns die Jahre, die darauf folgten, in die schwärzesten Tiefen der Hölle. Eine Hölle auf Erden, geschaffen von Männern, die sich als Männer Gottes und Männer des Islam bezeichneten. Doch diese Männer repräsentierten nicht die islamische Religion, nach der ich und Millionen anderer Afghanen in unserem Alltag leben. Wir haben einen friedlichen, toleranten und liebevollen Glauben, der allen Menschen Gleichberechtigung und Grundrechte einräumt.

Ihr sollt wissen, dass der Islam euch als Frauen politische und soziale Rechte zugesteht. Er gibt euch Würde, die Freiheit, euch zu bilden, eure Träume zu verfolgen und euer Leben zu gestalten. Er erwartet von euch, dass ihr euch angemessen verhaltet, bescheiden und freundlich zu jedermann. Ich glaube, er ist in dieser diesseitigen Welt eine gute Anleitung zum richtigen Leben, und ich bin stolz darauf, mich Muslimin nennen zu dürfen. Deshalb erziehe ich euch zu guten und starken muslimischen Frauen.

Diese Männer bezeichneten sich als Taliban. Ihre Reform des Islam war uns so fremd, dass sie von einem anderen Planeten hätte kommen können. Viele ihrer Vorstellungen vom Islam stammen aus anderen Kulturen, überwiegend aus arabischen Ländern. Sie fuhren mit Lastwagen durch die Gegend und versprachen den Afghanen, dass sie die Straßen sicher machen, die Ordnung wiederherstellen und sich für eine starke Justiz und ein harmonisches Zusammenleben in Dörfern und Städten einsetzen würden. Anfangs glaubten ihnen viele Menschen noch, doch ihre Hoffnung verwandelte sich rasch in Angst und Ab-

scheu. Das galt besonders für die Mädchen und Frauen Afghanistans.

Ihr habt Glück, dass ihr damals keine jungen Frauen wart. Sehr großes Glück.

In Liebe,
eure Mutter

10

Rückzug in den Norden

1996

In Parwan wohnten wir beim Fahrer meines Bruders. Der Mann und seine Familie waren nicht reich, brachten uns aber in einem Anbau an ihrem Haus unter und bereiteten die Mahlzeiten für uns zu, statt uns selber kochen zu lassen. Mein Bruder, seine Familie und ich wurden nicht etwa wie eine unwillkommene Bürde behandelt, sondern wie hoch geehrte Gäste.

Da sich in Kabul die Lage zusehends zuspitzte, folgten uns meine Schwester und ihr Mann, der ebenfalls Polizist war und deshalb die Taliban fürchten musste. Man beschloss, dass die beiden weiter in den Norden nach Pul-i-Kumri gehen und für uns alle ein Haus suchen sollten. Wir wollten nachkommen. Obwohl Parwan für uns noch sicher war, lag es nicht weit genug von Kabul entfernt, als dass wir viel länger dort hätten bleiben können. Mir war es wichtig, dass im Norden Frauen nicht gezwungen waren, eine Burka zu tragen, und ich wollte schon aus diesem Grund unbedingt dorthin.

Nach einer Woche in Pul-i-Kumri, das etwa 250 Kilometer nördlich von Parwan liegt, hatten meine Schwester und ihr Mann noch immer kein Haus für uns gefunden. Die Taliban rückten derweil immer näher an Parwan heran. Eines Nachts schlief ich fest, als Mirschakay mich wachrüttelte und schrie, wir müssten sofort ins Auto. Die Mudschahedin hatten den Salang-Pass gesperrt, den zweithöchsten Straßenpass der Welt.

Den fünf Kilometer langen Tunnel hatten die Russen bereits in den sechziger Jahren in einem unglaublichen Geniestreich der Ingenieurskunst mitten durch den Berg getrieben. Die einspurige Straße war nur in den trockenen Monaten befahrbar und diente als Tor nach Nordafghanistan.

Die Mudschahedin fürchteten, dass Tausende von Menschen versuchen würden, nach Norden zu fliehen. Damit hätte sich die Sicherheitslage weiter verschärft, und womöglich wären die Taliban ihnen gefolgt. In einem brutalen, aber strategisch notwendigen militärischen Schachzug ordneten sie daher die Schließung des Passes an. Damit saßen die Menschen auf beiden Seiten fest. Für uns bedeutete das, dass wir nicht zu den anderen in Pul-i-Kumri stoßen konnten.

Meinem Bruder gelang es jedoch, von einem der Nordallianz-Kommandeure einen Passierschein zu erhalten, der uns mit zwei Autos Durchlass gewährte: einen für uns und einen für die Sicherheitseskorte. Da eine der Frauen in unserer Gruppe weder Hidschab noch Burka besaß, gab ich ihr meinen Hidschab, während ich nur einen leuchtend roten Schal trug. Mittlerweile waren die Kämpfe so weit näher gerückt, dass die Taliban uns durchaus erwischen konnten. In diesem Fall hatte ich schlimme Prügel zu erwarten.

Auch das Auto der Eskorte war rot, ein Pickup der Marke Hilux. Ich musste fast lachen, weil es so paradox war: Besser konnten wir, und ich im Besonderen, wohl kaum auf uns aufmerksam machen. Schon als wir vom Haus auf die Hauptstraße einbogen, sahen wir, dass die Menschen massenweise flohen. Ein großer Bus kam uns entgegen, vollgestopft mit verängstigt wirkenden Menschen, die zu dritt oder zu viert aus den Fenstern hingen, zum Teil auch auf dem Dach lagen. Es sah aus wie ein Schwarm Bienen rund um einen Bienenstock.

Als wir das Dorf verließen und die Landstraße erreichten, hängten wir uns an einen Autokonvoi an. Die Wagen der Tausenden, die vor den nahenden Taliban flohen, waren angefüllt mit Kleidern, Kochgeschirr, Decken, Tieren – all ihrem Hab und Gut. Die Leute quetschten sich auf engstem Raum und hingen sogar seitlich aus den Fahrzeugen.

Ein Mann hatte sich an die Tür eines Taxis gehängt. Allem Anschein nach war er Usbeke, denn er hatte ein rundes Gesicht und mandelförmige Augen. Offenbar war er Mudschahedin-Kämpfer. Er blutete am Bein. Da er sich nicht mehr halten konnte, sprang er ab und taumelte auf unser Auto zu. Er fuchtelte mit einer Waffe herum und wollte uns zum Anhalten bewegen. Als unser Fahrer ihn ignorierte, zielte er auf den Reifen und schoss. Der Reifen platzte, das Auto geriet ins Schleudern, und wir fuhren den Mann fast über den Haufen. Ich saß vorne und fürchtete, dass er mich aus dem Fahrzeug zerren würde, doch der Fahrer behielt die Nerven und schaffte es, weiterzufahren. Der Usbeke wandte sich den nächsten Autos zu und schoss verzweifelt um sich. Ich wagte es nicht, mich umzudrehen und nachzusehen, ob er eine der armen Familien hinter uns getötet hatte.

Die Leute hatten keine Ahnung, wo sie hin sollten. Sie wollten nur weg. Der Winter stand kurz bevor, und als wir in die Berge kamen und uns dem Salang-Pass näherten, wurde es schneidend kalt. In der Höhe fiel das Atmen schwer, und die Kälte kroch uns auch im Auto in die Knochen. Der Pass war bereits geschlossen, und den Familien, die keinen Passierschein hatten, blieb nichts anderes übrig, als auf dem eiskalten Berg zu verharren oder nach Hause zurückzukehren, wo die Front verlief und die Taliban sie erwarteten. Obwohl wir einen Schein vorweisen konnten, dauerte es mehrere Stunden, bis wir passieren konnten. Die Kommandeure wollten ihre Kämpfer auf der anderen Seite des Passes nicht durch eine Flut von Flüchtlingen beunruhigen, denn das hätte als Signal dafür aufgefasst werden können, dass die Mudschahedin an Boden verloren hatten. Damit alles möglichst normal aussah, wurden immer nur wenige Autos auf einmal durchgelassen.

In der Autoschlange erkannte meine Schwägerin ihre Cousine, ein junges Mädchen, das noch nicht allzu lange verheiratet war. Sie und ihr Mann hatten ihr sechs Wochen altes Baby im Auto dabei. Sie hatten schreckliche Angst, denn sie besaßen keinen Passierschein, und in der eisigen Kälte würde das Baby sicher nicht lange überleben. Deshalb vereinbarten wir, unser Begleitfahrzeug mit den Sicherheitsleuten zurückzulassen und stattdessen ihr Auto mitzunehmen. Alles, was wir besaßen, war im Auto der Eskorte: Taschen, Geld, Schmuck. Man versprach uns, dass es später folgen würde.

Als wir den Salang-Tunnel durchquert hatten, kamen wir auf eine Straße, die sich gefährlich um den Berg herumschlängelte. Normalerweise fürchte ich mich in solchen Höhen und auf so unsicheren Straßen, doch an jenem Tag war ich einfach nur erleichtert, dass wir den Taliban nicht in die Hände gefallen waren.

Meiner Schwägerin war es gelungen, eine Unterkunft für uns zu besorgen. Sie bestand allerdings aus nur wenigen Zimmern, in denen bereits sechzig Menschen hausten, darunter die Männer meines Bruders, ehemalige Polizisten, die nicht wussten, wohin. Hier ist auch der Grund für die vielen illegalen bewaffneten Gruppen in Afghanistan zu suchen: Viele Männer hatten nach dem Zusammenbruch des Systems keine andere Wahl, als sich ihrem ehemaligen Offizier oder Anführer anzuschließen und eine Miliz zu gründen. Mein Bruder wollte nicht, dass wir mit so vielen Männern unter einem Dach wohnten, und bat sie deshalb, zu ihren Familien zurückzukehren.

Um Mitternacht erfuhren wir, dass unser Begleitfahrzeug, in dem sich all unsere Sachen befanden, hatte passieren dürfen und nun eingetroffen war. Als ich die Taschen, die ins Haus getragen wurden, übernahm, ahnte ich schon, dass unser Schmuck weg war. Die Männer, die für unsere Sicherheit hatten sorgen sollen, hatten ihn gestohlen. Da sie einem anderen örtlichen Kommandeur unterstellt waren, der meinem Bruder mit der

Eskorte einen Gefallen getan hatte, konnten wir wenig dagegen ausrichten. Meine Schwägerin durchsuchte ihr Gepäck immer und immer wieder, ging schluchzend sämtliche Taschen durch. Ich fand es hysterisch, dass sie so verzweifelt nach ihrem Schmuck suchte. Als sie ein Taschentuch herauszog und sich lautstark die Nase putzte, brach ich in schallendes Gelächter aus, und sie lachte mit. Was blieb uns schon anderes übrig? Das Taschentuch war so ziemlich alles, was ihr geblieben war, aber zumindest waren wir in Sicherheit. Vorläufig.

Wieder einmal hatten mir die Erschütterungen, die mein Heimatland erfassten, die Kontrolle über mein Leben entrissen. Mein Traum, Ärztin zu werden, lag in Scherben. Mittlerweile hatten die Taliban allen Frauen untersagt, die Schule oder die Universität zu besuchen. Selbst wenn es sicher gewesen wäre, nach Kabul zurückzukehren, was durchaus nicht der Fall war, so konnte ich mir demnach keinerlei Hoffnung machen, mein Studium wiederaufzunehmen. Stattdessen verbrachte ich meine Tage in Pul-i-Kumri mit Kochen, Putzen und Teetrinken im Garten. Es war die eintönige Plackerei, die auch schon meine Mutter und meine Schwestern ertragen hatten und der ich unter allen Umständen hatte entkommen wollen. Ich war unglaublich deprimiert. Die Tage zogen sich bis zum Sonnenuntergang hin, gingen in schlaflose Nächte über und mündeten in einen wie zum Hohn strahlenden Sonnenaufgang, vor dem ich verzweifelt die Augen zukniff.

Wenige Wochen später öffneten die Taliban die Universitäten wieder für Männer, doch mittlerweile waren so viele Studenten, Dozenten und Professoren aus dem Land geflohen, dass es kaum etwas nützte. Die Herrschaft der Taliban hatte Kabul von einer vom Krieg zerrissenen Stadt in eine tote Stadt verwandelt. Ich wusste ehrlich gesagt nicht, was schlimmer war.

Menschen wurden bereits wegen der kleinsten Vergehen verhaftet und verprügelt. Die Taliban gingen von Tür zu Tür und ließen sich von den Bewohnern die Waffen aushändigen. Da sie der festen Überzeugung waren, dass in Kabul jeder eine Schusswaffe besaß, gaben sie sich mit einem Nein nicht zufrieden. Wenn jemand ihnen eine Waffe vorenthielt oder tatsächlich keine hatte, verhafteten sie ihn und steckten ihn ins Gefängnis. Manche Familien mussten sich eine Waffe besorgen, um sie den Taliban auszuhändigen und ein Familienmitglied, das im Gefängnis saß, frei zu bekommen.

Einer der schlimmsten Orte, an den die Taliban Menschen brachten, war das »Ministerium für die Pflege der guten Sitten und Verhütung von Laster«. Schon die reine Erwähnung dieses Namens erfüllte die Herzen auch der furchtlosesten Menschen mit einer lähmenden Angst. Die hübsche weiße Stuckvilla, die in dem Stadtviertel Schare Nau (Neustadt) liegt, hatte einen Garten mit üppigen Weinstöcken und Duftrosen. Dorthin brachte man Menschen, denen religiöse Vergehen oder, wie man es nannte, Moralverbrechen vorgeworfen wurden. Männer, deren Bart nicht lang genug war, und Frauen, die man ohne Burka erwischt hatte, erhielten in der Villa mit Kabeln Schläge auf die Fußsohlen, während draußen die Taliban-Wachen zwischen Rosen Tee tranken und miteinander feixten. In der Villa landeten verängstigte Kabulerinnen, denen Unmoral vorgeworfen wurde und die für ihre »Verbrechen« von bärtigen Mullahs aus konservativen ländlichen Dörfern im Süden Afghanistans verurteilt wurden. Zwischen Kabul und diesen Dörfern hatten kulturell und sozial Welten gelegen. Doch nun waren Frauen, die noch wenige Monate zuvor stolz die neueste Mode getragen hatten und mit Büchern zur Universität gegangen waren, dem Urteil ungewaschener Männer ausgeliefert, die weder lesen noch schreiben konnten.

Das gewaltige Sportstadion, in dem die Menschen einst den Kricket- und Fußballmannschaften zugejubelt hatten, wurde zur Kulisse für eine neue Sportart: öffentliche Hinrichtungen. Ehebrecher und Diebe wurden vor jubelnden Menschenmengen zu Tode gesteinigt, oder man schlug ihnen die Hände ab. In grausigen Szenen, die an die Spiele im römischen Kolosseum erinnerten, wurden Gefangene auf einem Pickup mitten ins Stadion gefahren, von der Ladefläche gezerrt und zur Unterhaltung der Menge ums Spielfeld getrieben, ehe man ihnen in den Kopf schoss oder sie bis zur Taille eingrub und anschließend mit Steinen bewarf, bis sie starben. Denjenigen, die die Menschen verurteilt hatten, oder den Barbaren, die den ersten Stein warfen, war es völlig egal, ob der Dieb den Laib Brot gestohlen hatte, um seine hungrigen Kinder zu ernähren, oder ob die Ehebrecherin in Wahrheit vergewaltigt worden war.

All das geschah angeblich im Namen Gottes. Doch ich glaube nicht, dass Gott es so wollte. Ich bin mir sicher, dass Gott sich weinend abwandte.

Tausende von Taliban-Anhängern strömten nach Kabul. Ultrakonservative Familien aus dem Süden kauften denen, die aus der Stadt fliehen wollten, ihre Häuser zu Spottpreisen ab. Wasir Akbar Chan, eines der schicksten und begehrtesten Viertel Kabuls mit modernen Architektenhäusern, herrlichen Gärten und Swimmingpools, wurde bald als »Straße der Gäste« bekannt. Privilegierte arabische und pakistanische Kämpfer mit Beziehungen zur Taliban-Führung ließen sich dort nieder. Wenn ein Haus leer stand, zogen sie einfach ein und übernahmen es. Waren die Bewohner noch da, wurden sie mit gezückter Waffe vertrieben, damit die »Gäste« einziehen konnten.

Einige Familien haben bis heute das Eigentum, das sie in dieser Zeit verloren, nicht zurückerhalten. Als die Taliban 2001 besiegt wurden, kehrten viele Flüchtlinge aus Europa und Amerika zurück und wollten ihr Haus wieder übernehmen. Doch da sie keine Unterlagen besaßen, nach dem Krieg das reinste Chaos und in der Regierung Korruption herrschte, erwies sich das als schwierig.

Viele Menschen bitten mich um Hilfe bei der Wahrnehmung ihrer Eigentumsrechte. Nur wenige haben Erfolg. Im Bauboom der letzten Jahre wurden Hunderte dieser wunderschönen eleganten Villen mit Obstgärten und Weinlauben – häufig illegal – abgerissen und durch sogenannte »Wohnpaläste« ersetzt, hässliche Häuser im pakistanischen und iranischen Stil mit kitschiger Dekoration, Milchglas und grell-buntem Fliesenmosaik. Diese Architektur hat nichts mit der afghanischen Kultur, dafür aber viel mit dem neuen Geld zu tun, das nach dem Krieg mit Korruption und Heroinhandel verdient wurde.

Heute bewohnen wieder andere Gäste Wasir Akbar Chan. Viele Häuser, die den Krieg und die Bauwut überlebt haben, sehen heute wieder ebenso elegant aus wie zur Zeit ihrer Erbauung. Sie werden von Mitarbeitern ausländischer Hilfsorganisationen und den Journalisten der internationalen Fernsehsender wie BBC, CNN und France 24 bewohnt. Die Unsicherheit in einer Hauptstadt, in der Selbstmordattentate an der Tagesordnung sind, führt dazu, dass große Teile der Stadt mittlerweile abgeriegelt sind. In der sogenannten »grünen Zone« sind die Straßen mit Betonpollern und Kontrollposten versehen, um Selbstmordattentäter abzuhalten. Wer keinen Ausweis oder Passierschein hat, darf nicht durch. Diese Maßnahme zieht regelmäßig ein Verkehrschaos nach sich und führt dazu, dass sich viele Kabuler über diese neuesten Gäste ärgern.

Die britische Botschaft hat jüngst eine ganze Straße für ihr Botschaftsgelände übernommen und die Zufahrt auf beiden Seiten gesperrt. Die geschäftige, wohlhabende Gegend von einst, in der die Kinder auf der Straße Ball spielten, gleicht heute einer Festung, in die nur die Afghanen gelangen, die dort arbeiten.

In Pul-i-Kumri wollten die Tage nicht enden. Jeden Moment hoffte ich auf eine Rückkehr nach Kabul. Ständig änderten sich der Frontverlauf und der Zuschnitt der Gebiete, die von den Taliban oder Massuds Männern kontrolliert wurden. Doch leider wurde immer offensichtlicher, dass die Taliban an Boden gewannen und Massud weiter zurückdrängten.

Ich hatte keine Ahnung, ob Hamid noch in Kabul lebte oder ob er und seine Familie ebenfalls geflohen waren. Ich dachte ständig an ihn, wusste aber, dass meine Brüder nach wie vor große Einwände gegen unsere Ehe hatten. Eines Tages saß ich im Garten, ließ mir das Gesicht von der Sonne bescheinen und beobachtete, wie in den Bergen der Schnee fiel. Ich sehnte mich nach der Stadt und fragte mich, wie das Wetter in Kabul wohl war, als Hamids Schwester, ihre Kinder und einer seiner Onkel an unserem Tor auftauchten.

Sie erzählten uns, Hamid sei in Kabul zu unserer Wohnung gegangen. Als er sah, dass die Vorhänge zugezogen waren und niemand zu Hause war, hatte er herumgefragt und erfahren, wo wir waren. Ihm war schnell klar, dass die Situation uns beiden entgegenkam. Wenn ich mich in einer Gegend aufhielt, die von den Mudschahedin kontrolliert wurde, war ich von bewaffneten Milizen und Kommandeuren umgeben, die mich vergewaltigen konnten. Hamid vermutete daher, dass mein Bruder alle Hände voll zu tun hatte, seine eigenen Ehefrauen in Sicherheit zu bringen, und sich nicht auch noch um meine Ehre kümmern konnte. Deshalb hielt es Hamid für möglich, dass er unsere Hochzeitspläne nun aufgeschlossener bewertete.

Aus diesem Grund also stand seine Schwester vor unserer Tür. Ihr Onkel und sie waren gemeinsam mit ihren drei- und vierjährigen Kindern eigens aus Kabul gekommen, um Mirschakay erneut um meine Hand zu bitten. Es war eine gefährliche Reise gewesen. Abgesehen von den Gefechten hatten sie es auch noch mit einer Lawine zu tun bekommen, die ihr Auto nur knapp verfehlt und die Straße blockiert hatte. Sie hatten die Nacht frierend im Auto verbracht. Dabei hätten sie ums Leben kommen können, und ich war wütend auf Hamid, weil er ihnen das mir zuliebe zugemutet hatte. Doch insgeheim freute ich mich auch über seine Entschlossenheit, die Hochzeit nun doch herbeizuführen.

Wie Hamid vermutet hatte, verfügte mein Bruder nicht mehr über Macht und Einfluss wie früher. Er war erschöpft und angespannt, zeigte sich aber noch immer nicht bereit nachzugeben. Wenn man in unserer Kultur einen Heiratsantrag höflich ablehnen will, sagt man nicht etwa Nein, sondern stellt eine ganze Reihe von Forderungen, die der Bewerber nicht erfüllen kann. Da mein Bruder wusste, dass Hamids Angehörige ihr Leben aufs Spiel gesetzt hatten, um seinen Antrag zu überbringen, konnte er nicht so unhöflich sein, sie einfach ohne jede Hoffnung abzuweisen. Doch erlauben wollte er die Hochzeit auch nicht. Nachdem wir gemeinsam zu Abend gegessen hatten, erklärte er ihnen daher, die Verlobung könne nur stattfinden, wenn sie in meinem Namen ein Haus kauften sowie größere Mengen Gold und Schmuck und außerdem 20 000 Dollar in bar aufbrachten.

Das war, zumal in Kriegszeiten, sehr viel Geld für Hamids Familie, die zwar nicht bettelarm, aber auch nicht sonderlich reich war. Ich durfte natürlich nicht an den Verhandlungen teilnehmen. Hamids Schwester und ich saßen nebenan und lauschten angestrengt, um mitzubekommen, wie die Dinge standen. Mir stockte vor Entsetzen der Atem, als ich hörte, welche Bedingungen mein Bruder stellte. Erstaunlicherweise jedoch willigte Hamids Onkel ein. Er muss innerlich gekocht haben, reagierte jedoch gefasst, nahm den Turban vom Kopf und legte ihn als Zeichen des Dankes vor meinem Bruder ab.

Hamids Schwester holte ihre Kinder herbei, umarmte mich zum Abschied mit einem freundlichen Lächeln und warf sich die Burka über. Hamids Onkel setzte sich vor der Abfahrt den Turban wieder auf. (Die Taliban hatten jedem Mann Turban und Bart vorgeschrieben.)

Ein paar Tage später wurde mein Bruder ins Pandschir-Tal abberufen, wo er bei der Ausarbeitung eines neuen Angriffsplans auf Kabul helfen sollte. Anschließend war der Salang-Pass wieder gesperrt, und er saß auf der anderen Seite fest.

Vierzig Tage lang hörten wir nichts von ihm. Die Anspannung wurde unerträglich. Wir hatten keine Ahnung, was wir tun sollten, falls er ums Leben kam.

Schließlich erreichte uns die Nachricht, dass er mittlerweile in Badachschan sei. Er war von seinen Kommandeuren vorübergehend zurückbeordert worden, um einen neuen Stützpunkt für die Mudschahedin aufzubauen und eine Verteidigungslinie zu organisieren. Da die Taliban zunehmend an Boden gewannen, fürchteten die Kommandeure, sie könnten die Provinzen in Zentral- und Nordafghanistan übernehmen. Endlich kehrte mein Bruder wohlbehalten zu uns zurück.

Die grünen Triebe des Frühlings schoben sich schon durch den Schnee, doch ich fühlte mich niedergeschlagen. Im Frühjahr hätte das neue Semester begonnen, und ich wünschte mir nichts sehnlicher, als zur Universität zurückzukehren.

Eines Tages bat mich meine Schwägerin, für das Abendessen der Familie einkaufen zu gehen. Auf dem Basar glaubte ich überall Hamids Gesicht zu sehen. Jedes Mal, wenn ich einen Laden verließ und um eine Ecke bog, erhaschte ich einen Blick auf ihn. Dann war er wieder weg. Ich dachte schon, ich sähe Gespenster. Als ich wieder nach Hause kam, hatten wir einen Besucher. Es war ein Junge im Teenageralter, einer unserer entfernten Verwandten, der auch mit Hamid verschwägert war. Ich war immer noch in düsterer Stimmung und wollte mich mit einer höflichen Entschuldigung in mein Zimmer zurückziehen, doch er folgte mir, um sich von mir zu verabschieden. Dabei drückte er mir einen kleinen Zettel in die Hand.

Ich schloss die Tür zu meinem Zimmer und faltete den Zettel auseinander. Es war ein Brief. Mein Blick wanderte zum Ende der Seite, um zu sehen, von wem er kam, doch tief in meinem Herzen wusste ich es schon. Hamid. Er war in Pul-i-Kumri. Ich verlor also nicht den Verstand, sondern hatte Hamid auf dem Basar tatsächlich gesehen, denn er war mir heimlich gefolgt. In dem Brief stand, dass er am nächsten Tag kommen werde, um mit meinem Bruder über unsere Hochzeit zu sprechen. Dieses Mal werde er dafür sorgen, dass sie tatsächlich stattfinde.

Ich machte kaum ein Auge zu in jener Nacht. Am nächsten Tag kam Hamid wie versprochen zu uns nach Hause und bat um ein Gespräch mit meinem Bruder. Mirschakay war überrascht, vielleicht sogar ein wenig entsetzt, als Hamid 20 000 Dollar in bar auf den Tisch legte sowie einen Vertrag über einen Hauskauf. Trotzdem wollte mein Bruder immer noch nicht in die Heirat einwilligen.

Hamids Familie war zwar alles andere als reich, doch sie besaß Land in Badachschan und hatte etwas davon verkauft, um an das Geld zu kommen. Hamid war also durchaus kein Hungerleider, aber mein Bruder, der vier Häuser in Kabul und eins in Lahore besaß, sah das natürlich anders.

Wieder waren die Verhandlungen Männersache, und wir Frauen warteten nebenan. Es war ein merkwürdiges Gefühl, still dazusitzen und die Ohren zu spitzen, während meine Zukunft ausgehandelt wurde wie eine geschäftliche Transaktion. Die Situation erinnerte mich daran, wie ich mich als Kind vor die Gästezimmer meines Vaters geschlichen hatte, um zu hören, was dort gesprochen wurde. Beim Lauschen hatte ich ein merkwürdiges Gefühl gehabt, das zwischen Stolz, Neugier und Ohnmacht lag.

Als ich hörte, dass sie das Geld aufgebracht hatten, stieß ich unbeabsichtigt einen kleinen Schrei aus. Mein Leben in Pul-i-Kumri verlief völlig ereignislos: keine Universität, keine geistige Anregung, keine sinnvolle Beschäftigung. Ich wusste nicht, was mich in der Ehe erwartete, hoffte aber doch, dass es mit der Langeweile vorbei wäre.

Eine Verlobung ist in Afghanistan so bindend wie ein Ehevertrag. Nur unter außergewöhnlichen Umständen kann sie gelöst werden. Plötzlich wurde mir das ganze Ausmaß dieser

Entscheidung bewusst. Die Warnungen meines Bruders hallten in meinem Kopf wider: »Fausia dschan, heirate diesen armen Mann nicht. Du kannst jeden Mann haben, den du willst. Ihr werdet von seinem Gehalt nicht leben können. Heirate einen reichen, einen mächtigen Mann.«

Ich muss zugeben, dass ich Zweifel bekam. Man kann sich ein Leben als frisch vermählte Frau nur schwer vorstellen, wenn das Land in Trümmern liegt. Sicherheit und das Überleben waren wichtiger als persönliche Träume. Ich hatte keine Ahnung, was uns erwartete, wie lang die Taliban da sein, ob die Kämpfe je aufhören, wo wir leben würden, ob ich jemals weiter studieren oder arbeiten könnte.

Meine ältere Schwester merkte, dass ich blass geworden war. Sie sah mich ernst an und sagte: »Fausia, du musst dich entscheiden. Jetzt. Wenn du es nicht willst, dann ist das deine letzte Chance, es zu sagen. Verstehst du das?«

Ein paar Tage zuvor hatte mir Mirschakay in einem letzten Versuch, mich von der Heirat mit Hamid abzubringen, angeboten, nach Pakistan zu gehen und bei seiner zweiten Frau in seinem Haus in Lahore zu wohnen. Er versprach mir, ich könne an einer pakistanischen Universität studieren. Die Vorstellung, in einem Land, in dem kein Krieg tobte, Medizin zu studieren, war herrlich. Doch obwohl ich Hamid kaum kannte, hatten mich die wenigen Begegnungen mit ihm davon überzeugt, dass wir eine gute Ehe führen würden. Ich wusste, dass er mich, für einen Afghanen ungewöhnlich, als gleichwertige Partnerin behandeln und mich in meinem Wunsch zu arbeiten tatkräftig unterstützen würde. Er war nicht reich, und die Zukunft steckte voller Ungewissheit, aber ich hatte das Gefühl, dass er die richtige Wahl war. Weil es MEINE Wahl war.

Wie so oft in meiner Familiengeschichte tat eine Frau den entscheidenden Schritt. Als mich meine Schwester Marjam aufforderte, mich zu entscheiden, nickte ich stumm. Daraufhin klopfte sie an die Tür, betrat den Raum der Männer und bat, mit meinem Bruder sprechen zu dürfen. Mirschakay ging mit ihr hinaus, und sie erklärte ihm mutig und entschieden, er dürfe diese armen Menschen nicht weiter quälen. Hamid habe wie versprochen das Geld gebracht. Es sei an der Zeit, dass Mirschakay eine Entscheidung fälle: ja oder nein. Er verzog die Lippen, verdrehte dramatisch die Augen und seufzte tief, willigte dann aber, wenn auch immer noch widerstrebend, ein.

Meine Schwester füllte eine Schale mit Süßigkeiten und legte einige Blumen dazu sowie ein Taschentuch mit einer kleinen roten Blüte darauf. Dieses Taschentuch habe ich noch immer. Der Inhalt der Schale war ein Zeichen für die endgültige Zustimmung unserer Familie. Sie wurde feierlich zu Hamid ins Zimmer gebracht.

Ich wünschte, ich hätte die Freude in seinem Gesicht sehen können, als ihm klar wurde, dass sein Traum endlich wahr geworden war. Mit dem Überbringen von Süßigkeiten wird in Afghanistan traditionell die Verlobung besiegelt. Die Familie des Bräutigams legt anschließend das Geld für die Hochzeitsfeier in die Schale. Hamid nahm eine Praline, wickelte sie sorgfältig aus und aß sie, ehe er noch einmal fünftausend Dollar in die Schale legte. Auch auf diese Unkosten hatte er sich schon eingerichtet.

Am nächsten Tag kamen sie zum Mittagessen wieder. Ich hatte seit dem frühen Morgen in der Küche gestanden. Während ich den Reis wusch und die Gurken schälte, strahlte ich vor mich hin. Mir wurde bewusst, mit wie viel Liebe ich das Essen zubereitete. Die schlichte Freude, die man verspürt, wenn man für seine Lieben kocht, kennen wohl viele Frauen. Sie muss von alters her in uns angelegt sein, Teil unseres Wesens und unserer Natur. Ich musste an meine Mutter denken, die, wenn sie für meinen Vater kochte, alles perfekt machen wollte. Hier stand ich und tat dasselbe. Als ich das Gemüse schnitt, achtete ich darauf, dass alle Stückchen gleich groß waren, damit sie Hamid besonders gut schmeckten.

Mir war es noch nicht gestattet, meinen künftigen Ehemann zu sehen. Ich lugte durch den Vorhang eines Fensters und erhaschte einen kurzen Blick auf ihn, als er mit seiner Familie zum Tor ging. Ich glaube, er wusste, dass ich ihn beobachtete, denn er blieb einen Moment stehen und tat so, als kratze er sich am Kopf. Er überlegte wohl, ob er auch einen Blick auf mich wagen solle, kam aber offenbar zu dem Schluss, dass es zu gefährlich sei, da mein Bruder es sehen könnte.

Während Hamid zum Auto ging, brach eine Welle der Vorfreude über mich herein. Fast vier Jahre waren seit seinem ersten Antrag vergangen. Er hatte den Wunsch, mich zu heiraten, nie aufgegeben. Ich war mittlerweile einundzwanzig Jahre alt und endlich Braut.

Liebe Schuhra, liebe Schaharasad,

wie oft haben Mitglieder unserer Familie und ich dank der Güte anderer Menschen überlebt, Menschen, die ihr eigenes Leben aufs Spiel setzten, um uns zu helfen, die uns Unterschlupf gewährten oder uns vor Gefahren behüteten. Und das erging nicht nur uns so. Überall in unserem Land öffneten Männer und Frauen Menschen, die Hilfe brauchten, die Tür. Nachbarn sahen weg, wenn kleine Mädchen im Schutz der Dunkelheit in eine geheime Mädchenschule in einen Keller huschten. Diese Schulen wurden von wunderbaren mutigen Frauen betrieben, die es ungeachtet der Gefahren für sich selbst nicht zulassen wollten, dass die Taliban eine ganze Mädchengeneration um ihre Schulbildung brachten.

Damals gab es unglaublich viele Kriegswitwen. Viele Tausend Frauen hatten ihre Männer verloren und mussten sich allein darum kümmern, dass ihre Kinder etwas zu essen hatten. Doch da die Taliban allen Frauen das Recht auf Arbeit versagten, waren diese Witwen, die schon so viel verloren hatten, gezwungen, betteln zu gehen und auf die Güte von Fremden zu hoffen. Viele gingen zugrunde, und auch die Kinder zahlreicher Witwen starben an Krankheiten oder Unterernährung. Einige jedoch überlebten, weil die Menschen, die sie auf den Straßen betteln sahen, nicht einfach an ihnen vorübergingen. Obwohl sie selbst nicht viel hatten, gaben sie noch etwas ab.

Dieses Verhalten macht den wahren Muslim aus, denn Almosen an die Armen zu verteilen ist einer der wichtigsten Grundsätze des Islam, und der Heilige Koran weist uns an, es nicht nur anlässlich religiöser Festtage zu tun, etwa beim Eid-Fest, sondern an jedem Tag unseres Lebens.

Ich weiß, dass ihr euch manchmal ärgert über die vielen Menschen, die vor unserer Haustür stehen. Es sind Menschen, die mit mir sprechen wollen oder meine Hilfe brauchen. Jeden Morgen bildet sich schon bei Sonnenaufgang eine kleine Schlange. Ehe wir überhaupt gefrühstückt haben, warten manchmal bereits mehr als zehn Menschen. Euch regt es auf, dass sich diese Fremden nie anmelden und dass sie so viel meiner Zeit in Anspruch nehmen, wo ihr die Zeit und Aufmerksamkeit eurer Mutter doch auch braucht, gerade morgens, wenn ich euch beim Packen eurer Schulranzen helfe und die kurzen gemeinsamen Augenblicke genieße, ehe mich die parlamentarische Arbeit aus dem Haus führt. Aber, Mädchen, so frustrierend es auch sein mag – versucht zu verstehen, dass ich diese Leute nicht abweisen kann.

Diese Lektion möchte ich euch mit auf den Weg geben: Weist niemanden ab, der vor eurer Tür steht, denn ihr wisst nicht, wann ihr selbst einmal auf den guten Willen anderer angewiesen sein werdet.

In Liebe,
eure Mutter

11

Alles wird weiß

1997

Seit ihrer Einnahme Kabuls hatten die Taliban auch im Norden des Landes ständig an Boden gewonnen. Die Mudschahedin waren nach wie vor entschlossen, sie aufzuhalten, doch in Gebieten, die völlig unter der Kontrolle der Mudschahedin-Regierung gewesen waren, begann sie einzelne Regionen an die Taliban zu verlieren. Mitten in einem Hoheitsbereich der Regierung wehte in einem Dorf dann plötzlich die weiße Flagge der Taliban.

Überall, wo sie Anhänger hatten oder ethnische Verwandtschaften bestanden, tauchte die Taliban-Flagge auf, so in ehemaligen Hochburgen der Regierung – Masar, Baglan, Kundus. Mit dem Ausbau ihrer Macht im Norden beschnitten die Taliban dort auch die Kultur. Sie verboten den Frauen, weiße Hosen oder auch nur weiße Socken zu tragen. Das Tragen der Farbe Weiß galt plötzlich als Respektlosigkeit gegenüber ihrer Flagge. Doch in vielen Nordprovinzen ist die Burka üblicherweise weiß. Nur in Kabul und im Süden war sie blau. Die meisten Frauen im Norden, die eine Burka trugen, besaßen nur eine weiße, doch von den Taliban wurden sie dafür verprügelt. Sie wurden geschlagen, wenn sie keine Burka trugen, und sie wurden geschlagen, wenn sie eine Burka in der falschen Farbe trugen. Es war der reine Wahnsinn.

Die Taliban breiteten sich rasch weiter über das Land aus. Sie brachten Baglan und Kundus unter ihre Kontrolle. Tachar und

Badachschan waren die einzigen Provinzen, in denen sie nicht Fuß fassen konnten. Wenn sie eine Provinz erobert hatten, schlossen sie sofort die Schulen und nahmen Verhaftungen vor. Es war barbarisch. Sie folterten Menschen ohne juristische Handhabe oder Gerichtsverfahren. Man hatte den Eindruck, dass sie sich ihre Regeln schufen, wie sie sie gerade brauchten. Der Norden, der im Allgemeinen kulturell aufgeschlossener gewesen war als der Süden, befand sich in einem Zustand kollektiven Schocks.

Schon schlossen die ersten Kommandeure der Nordallianz (die einstigen Mudschahedin) Abkommen mit den Taliban, um sich selbst zu schützen. Von der Mentalität her gab es keinerlei Gemeinsamkeit zwischen ihnen, denn die Taliban waren in ihrem Denken und ihren Überzeugungen fundamentalistischer, als es die Mudschahedin je gewesen waren. Dazu kam, dass die Taliban ihre Macht aus dem Ausland bezogen und daher eigentlich nicht auf Allianzen im Inland angewiesen waren. Doch sogar einige der ehemaligen Kommunisten strebten Bündnisse mit den Taliban an. Diese jedoch bedienten sich ihrer Partner meist nur, um sie anschließend zu hintergehen und zu ermorden. In ihren Augen war man entweder einer von ihnen oder eben nicht.

Unsere einst eng zusammengeschweißte Familie war mittlerweile in Grüppchen über das ganze Land verstreut. Die meisten meiner älteren Schwestern lebten noch in Badachschan, wo sie Männer aus dem Dorf geheiratet hatten. Ich vermisste sie sehr. Mirschakay war nach Mukims Tod nie wieder der Alte geworden. Er hatte von Afghanistan ein für alle Mal genug. Sein Plan war es, in Pakistan seine zweite Frau abzuholen und von dort nach Europa zu reisen.

Ehe er diesen Plan umsetzen konnte, ließen Massuds und Rabbanis Leute ihn wissen, dass sie ihn in der Provinz Tachar brauchten, um eine Truppe für den Kampf gegen die Taliban aufzustellen. Er folgte ihrem Ruf und begann wieder ein neues

Leben in wieder einem anderen Haus, das er mietete. Ein paar Wochen später ging Massud von Pandschir nach Tachar, um die Truppen neu zu formieren. Mein Bruder ergriff die Gelegenheit und bat ihn um die Erlaubnis, seine Familie über Kabul nach Pakistan in Sicherheit zu bringen.

Mirschakay tauschte seine Uniform gegen Zivilkleidung, und wir Frauen packten eilig unsere Taschen. Dann nahmen wir ein Taxi Richtung Kabul. Als wir in Pul-i-Kumri eintrafen, war es schon spät, und wir verbrachten die Nacht bei Freunden Mirschakays. Am Morgen beschloss auch diese Familie, mit uns nach Kabul zurückzukehren.

Alle Frauen bis auf mich trugen eine Burka. Ich hatte noch immer meinen schwarzen arabischen Hidschab, der durch den Nikab das Gesicht ebenso verdeckte wie eine Burka. Die Frauen standen früh auf und kochten Eier und Kartoffeln für die Reise. Es war nicht mehr weit, aber wegen der Kämpfe hatten wir keine Ahnung, wie lange wir brauchen würden.

Noch vor Tagesanbruch machten wir uns auf den Weg. Als die Sonne aufging, hörten wir Gefechtslärm. Wir mussten mitten durch die Front. Weil die Hauptstraßen wegen des schweren Artilleriefeuers nicht sicher waren, hielten wir uns auf Nebenstrecken. Wir sahen eine Brücke vor uns, die zwei Dörfer rechts und links eines reißenden Flusses miteinander verband. Der Gefechtslärm kam immer näher. Wir waren fast an der Brücke, als eine Granate sie traf und in lauter winzige Metall- und Holzsplitter zerlegte.

Uns blieb nichts anderes übrig, als auszusteigen und zu Fuß zu gehen. Meine Schwägerin hatte erst kürzlich ein Kind bekommen und das Neugeborene bei sich. Sie war nicht darauf eingestellt, laufen zu müssen und trug unvernünftigerweise hohe Schuhe. Wir marschierten fast den ganzen Tag, und zwar nicht gerade auf ebenen Wegen. Wir kletterten einen felsigen Berg hinauf, durchquerten Rosen- und Maulbeerbaumgärten und stiegen dann hinab zu einem Pfad, der am Ufer des Flusses entlangführte. Die Hauptstraße war zu gefährlich, weil von beiden Seiten schweres Artilleriefeuer kam – dort wären wir ein leichtes Ziel gewesen. Manchmal zischten so viele Raketen über unsere Köpfe hinweg, dass wir anhielten und uns im Gebüsch versteckten. Hin und wieder nahm uns ein Taxi mit – kein offizielles Taxi, sondern normale Leute, die sich die Fahrt bezahlen ließen. Sie riskierten ihr Leben, waren aber auf das Geld angewiesen.

Ein Auto brachte uns direkt an die Front, wo Schusswechsel zwischen den Taliban und Massuds Männern tobten. Es war die Straße, die über die Schomali-Ebene führte und durch Dschabul Sara führte. Wir kamen immer näher an die Vororte von Kabul heran. Normalerweise hätte dichter Verkehr geherrscht, doch es wagten sich keine Taxis dorthin. Wir schlossen uns den vielen Menschen an, die zu Fuß unterwegs waren. Mir kam das paradox vor: Das waren dieselben Kabuler, die wir hatten fliehen sehen, an dem Tag, als die Taliban die Stadt eingenommen hatten. Nun tobten die Kämpfe in den ruhigeren Städten, wo sie Zuflucht gesucht hatten, und in Kabul war es wieder sicherer. Hungrige Wildhunde streiften über die Ebene und knurrten die Menschen an. Einmal trat ich im Gras fast auf eine Schlange. Sie machte mir nicht weniger Angst als die Raketen.

Meine Schwägerin war mittlerweile in Tränen aufgelöst. Sie musste mit ihren hochhackigen Schuhen laufen und hatte Mühe, Irschad, ihren schweren kleinen Jungen, zu tragen. Da ich flache Sandalen anhatte, bot ich ihr an, die Schuhe zu tauschen. Mir war es immer leicht gefallen, mit hohen Absätzen zu laufen, sogar mitten auf dem Schlachtfeld. Ich machte gern Scherze darüber, dass dies eines meiner ungewöhnlicheren Talente sei.

Als wir kurz anhielten, um Schuhe zu tauschen, schlugen Raketen in der Nähe ein, sodass wir erneut in Deckung gehen mussten. Ich setzte mich unter einen Baum und genoss die kurze Verschnaufpause. Wir hatten ein paar Äpfel gefunden, die wir gerade aßen, als der Baum, unter dem ich saß, plötzlich zu wackeln begann. Dann hörte ich ein Sirren und sah genau über mir eine Rakete. Sie explodierte knapp neben mir, warf den Baum um und verbrannte sämtliche Blätter.

Es geschah alles furchtbar schnell. Saß ich im einen Moment noch unter dem Baum, so spürte ich im nächsten, dass er gar nicht mehr da war. Nicht zum ersten Mal in meinem Leben war ich dem Tod nur knapp entronnen.

Als wir weitermarschierten, kamen wir an getöteten Frauen und Kindern vorbei, die beim Einschlag von Raketen nicht so viel Glück gehabt hatten wie ich. Als mein Bruder die Leichen sah, trieb er uns zur Eile an. Nach zwei Stunden Fußmarsch kamen wir an eine Stelle am Fluss Sajad, die früher ein beliebter Picknickplatz gewesen war, ein idyllisches Fleckchen mit sprudelndem Wasser und kleinen Wasserfällen.

Wir waren völlig ausgelaugt. Die hochhackigen Schuhe schmerzten an meinen Füßen. Eine Familie bat uns in ihr Haus und gab uns Brot und Maulbeeren zu essen. Ich erhielt sogar ein Paar Sandalen. Diese kleinen freundlichen Gesten von Seiten mir völlig fremder Menschen werde ich nie vergessen.

Als wir uns gestärkt hatten, dankten wir der Familie und marschierten weiter. Bald mussten wir den Fluss überqueren. Der einzige Weg führte über eine notdürftig gezimmerte Brücke aus Brettern, die mit Draht und Schnur zusammengebunden waren. In einigen Brettern klafften große Löcher, und das ganze Gebilde sah aus, als würde es jeden Moment zusammenbrechen. Einer der Bodyguards meines Bruders, der sämtliche Pässe und Dokumente in der Tasche hatte, stand am Rand der Brücke und half uns einem nach dem anderen hinüber.

Er packte auch mich an der Hand und forderte mich auf, auf das erste Brett zu treten. Es war mittlerweile Abend, und der Wind blies so stark, dass man kaum stehen konnte. Mit Hilfe des Mannes schaffte ich es über den Fluss, ebenso wie meine Schwägerin mit ihrem Baby im Arm. Allerdings verlor sie dabei eine der Sandalen, die ich ihr gegeben hatte, worüber sie erneut in Tränen ausbrach. Als Letzter machte sich der Bodyguard allein und ohne Hilfe auf den Weg über die Brücke. Als er zur Mitte des Flusses kam, schwankte ein Brett unter seinen Füßen, und er verlor den Halt.

Entsetzt sahen wir zu, wie er ins Wasser fiel, und mich durchzuckte der schreckliche Gedanke, dass, wenn er ertrank, unsere Pässe mit ihm untergingen. Doch plötzlich tauchte eine Hand des armen Mannes aus dem Wasser auf: Er hielt die Pässe in die Höhe. Irgendwie schaffte er es ans Ufer, und mein Bruder zog ihn heraus. Er hatte es geschafft, dass unsere Ausweise völlig trocken blieben. Erleichtert brachen wir alle in Gelächter aus, auch er. Mein Bruder umarmte ihn und bedankte sich bei ihm.

Dieser Mann war immer einer der engsten Vertrauten meines Bruders gewesen und überaus loyal. Nachdem Mirshakay das Land verlassen hatte, schloss er sich leider den Taliban an. Da er kein Einkommen mehr hatte, blieb ihm keine andere Wahl. Tausende Afghanen heuern aus diesem Grund bei den Taliban an. Oft vertreten sie nicht deren Ideologie, doch weil sie nur bei den Taliban Geld verdienen können, um ihre Familien zu ernähren, treten sie eben in ihren Dienst.

Nach einem weiteren halbstündigen Fußmarsch kamen wir in ein von den Taliban kontrolliertes Gebiet, wo wir wieder ein Taxi fanden. Ich ließ mich erschöpft auf den Rücksitz fallen und schlief sofort ein. Als ich aufwachte, war es dunkel, und das Auto fuhr bereits durch die Straßen meiner geliebten Stadt Kabul. Mirschakay bat den Fahrer, uns in seine Wohnung in Makrojan zu fahren. Entfernte Verwandte hatten in unserer Abwesenheit die Wohnung gehütet. Sie war warm und vertraut. Ich kann gar nicht beschreiben, wie erleichtert ich war, als ich warm duschen und eine anständige Mahlzeit zu mir nehmen konnte. Auch das einfachste Gericht schmeckt vorzüglich, wenn man den ganzen Tag auf hochhackigen Schuhen Raketen und Kugeln ausweichen musste.

Liebe Schuhra, liebe Schaharasad,

die Vertrautheit zwischen mir als Mutter und euch Töchtern ist mir unglaublich viel wert.

Wenn ich euch so reden höre, wird mir immer wieder bewusst, wie viel sich zwischen meiner und eurer Generation verändert hat. Ihr unterhaltet euch über die Tierdokus, die ihr im Fernsehen gesehen habt, und zeigt mir Bollywood-Tänze, die ihr euch aus euren indischen Lieblingsfilmen abgeschaut habt. Ihr sprecht mit mir über Computer und das Internet. Ihr habt einen Zugang zur Welt, der mir verwehrt war.

Ich freue mich, wenn ihr mir Geschichten von euren Freundinnen erzählt, auch wenn sie traurig sind. Wie die von deiner Freundin, Schuhra, die bei ihrem Vater und ihrer Stiefmutter lebt. Die Stiefmutter behandelt das kleine Mädchen schlecht, und dir tut sie so leid, dass du manchmal weinen musst.

Ich freue mich, dass ihr mir alles erzählen könnt. Ich konnte nie mit jemandem über mein Leben reden, weil es niemanden kümmerte. Meine Brüder hatten überhaupt kein Interesse an dem, was ich zu erzählen hatte, nicht an meinen Träumen und erst recht nicht an den kleinen Dingen, die ich den Tag über so erlebte. Sie erfuhren nur etwas über die Schule, wenn ich mein Zeugnis nach Hause brachte und ihnen mitteilte, dass ich Klassenbeste oder Zweitbeste war. Dann waren sie ein wenig stolz auf ihre schlaue kleine Schwester.

Wenn meine Schulfreundinnen von ihren Geburtstagsgeschenken erzählten oder mich auf ihre Geburtstagsfeier einluden, war das schlimm für mich. Ich hätte mir gewünscht, dass ich meinen Geburtstag auch feiern und meinen Freundinnen davon erzäh-

len dürfte. Manchmal war ich kurz davor, meine Klassenkameradinnen anzulügen und so zu tun, als hätte auch ich eine große Feier mit Musik und Tanz. Doch ich fürchtete, dass sie darum bitten würden, eingeladen zu werden, und das ging nicht, weil diese Feier nie stattfand. Der Geburtstag eines Mädchens wurde in meiner Familie eben nicht begangen.

Das wollte ich bei euch anders machen. Wenn eine von euch Geburtstag hat, planen wir schon Wochen vorher die Party. Ihr bekommt Luftballons und Kuchen, und ihr genießt sogar das Privileg, dass ihr eure Freundinnen mit dem Auto abholen lassen könnt. Ich bin glücklich, dass ich das für euch tun kann, weil ich möchte, dass ihr Feierlichkeiten zu schätzen wisst. Ich möchte, dass ihr große und kleine Anlässe feiert.

Seid euch gewiss, dass es ungeachtet der Umstände im Leben immer etwas zu feiern gibt.

In Liebe,
eure Mutter

Meine Mutter Bibi dschan

Mein Vater Wakil Abdul Rahman

Eine glückliche Jugend im Kreis der Familie

Das Haus meines Vaters in Kuf ist über hundert Jahre alt.

Für die Nikah, den ersten Teil meiner Hochzeitszeremonie mit Hamid, hatte ich mir ein rosafarbenes Kleid ausgesucht. Das leuchtende Rosa sollte das Elend des Taliban-Regimes überdecken.

Die traditionelle Henna-Nacht geht der Nikah voraus. Hamid trägt mir Henna auf die Hand auf.

Hamid war mein Ein und Alles. Er war ein großartiger Afghane.

Hamid mit seiner Tochter

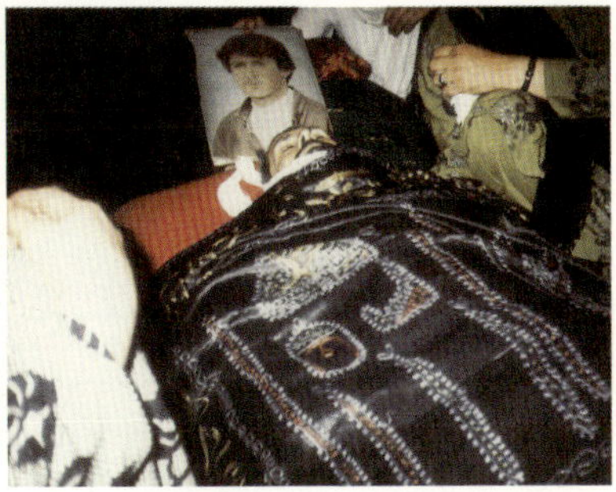

Im Jahr 2003 verlor Hamid den Kampf gegen die Tuberkulose.

Mein Bruder Mirschakay war mir immer eine besonders zuverlässige Stütze. Hier ist er auf einer Geburtstagsfeier im Kreise seiner Kinder zu sehen.

Pilgerreise nach Mekka. Mein Glaube hat mir durch die härtesten Prüfungen meines Lebens geholfen.

Mir gefällt die Zusammenarbeit mit den Bauern aus Badachschan …

…und mit den Kutschis, den Nomaden.

Wahlkampfrede vor einer Dorfgemeinschaft in Badachschan im September 2010

Wahlkampf in den ländlichen Gebieten Badachschans im September 2010: im Gespräch mit einer Gruppe Analphabetinnen

2010 mit Kindern in Badachschan

Mit dem kanadischen Premierminister Stephen Harper. Rechts neben mir steht Sabrina Sakib, das jüngste Parlamentsmitglied.

Mit dem US-Präsidenten George Bush und seiner Gattin Laura

Rechts neben mir: US-Außenministerin Condoleezza Rice

Mit dem britischen Premierminister Tony Blair

Meine beiden wunderbaren Töchter Schuhra und Schaharasad begleiten mich so oft wie möglich. Hier sitzen sie im Wahlkampf mit mir im Flugzeug.

Vor dem Fluss Kuf in meinem Heimatdorf

Ein zärtlicher Augenblick zu Hause

Heute werde ich erst als Politikerin und dann als Frau wahrgenommen. Darauf bin ich sehr stolz.

شهره و شهرزاد عزیز :

من امروز به فیض آباد میروم و بعضی ولسوالی های دیگر بسیار آمید وارم که شما را دو باره ببینم ولی ممکن است که دیگر نبینم

اگر ندیدم لطفا چند چیز را به یاد داشته باشید ! بعد از سر من الی زمانی جوان شدن و تحصیلات ابتدائی تان نزد عمه خدیجه تان زندگی کنید ! شما صلاحیت دارید که تمامی پول های که در بانک است !برای تحصیلات خود صرف نمایید لطفاً بعد از صنف 8 تحصیلات خود را در خارج ادامه دهید ! چون میخواهم از ارزش های جهانی مستفید شوید ! مبارزه برای تمامی ناهنجاری های اجتماعی تحصیلات خود را سر مشق قرار دهید ! از هیچ چیز در زندگی حراس نداشته باشید انسانهای دنیا امروز یا فردا میمیرند ولی زندگی با افتخار ان است که در گوشه تنهای نمیرد و بعد از من افتخارات زیاد در عرصه خدمت به مردم کمائی کنید !

هردوی تان را میبوسم !

(مادر تان)

Brief an meine Töchter

12

Eine Hochzeit unter den Taliban

1997

Jedes Mädchen träumt von ihrem Hochzeitstag. Ich war da keine Ausnahme.

Das Leben ist, glaube ich, eine Abfolge wichtiger Ereignisse. Und die schönsten Ereignisse haben wir ein Leben lang in guter Erinnerung. Sei es eine unterhaltsame Party, der Geruch frischen Grases nach einem Regenguss, ein Picknick im Grünen, ein Abend, an dem man mit seinen Lieben gelacht und geredet hat, die Geburt eines geliebten Kindes oder der Abschluss an der Universität.

Der Tag, an dem die Braut ihr Hochzeitskleid auswählt, sollte auch so ein Ereignis sein. Doch als ich an jenem Morgen die Burka überzog und zum Basar ging, kam ich mir vor wie ein Gespenst.

Da ich die jüngste Tochter war, hatten mir meine Schwestern und meine Mutter oft ausgemalt, wie meine Hochzeit eines Tages ablaufen würde. Sie hatten gegackert und gekichert bei der Vorstellung, was ich einmal tragen würde, wie mein Haar frisiert wäre und was wir auf den Tisch bringen würden. Da wir in jenen Tagen vor dem Krieg eine relativ wohlhabende Familie waren, gingen wir davon aus, dass ich eine große Hochzeit feiern würde, zu der Gäste von nah und fern anreisten. Als ich noch klein war, hatte mir diese Vorstellung nicht gefallen, doch nun, da ich heiratete, wünschte ich mir tatsächlich so eine

Traumhochzeit. Mehr als alles in der Welt hätte ich meine Mutter gern wieder über ihre Pläne reden hören. Noch immer bereitete ihr Verlust mir einen dumpfen, anhaltenden Schmerz.

Nie hätte ich mir vorstellen können, dass der wichtigste Tag in meinem Leben unter der Herrschaft der Taliban stattfinden würde. Nach den Gesetzen, die sie erlassen hatten, waren zur Hochzeit keine Musik, kein Tanz und keine Videoaufnahmen erlaubt. Alle Restaurants und Hochzeitshallen waren geschlossen, ausgelassene Feiern verboten. Ich vermute, dass jede Frau – egal wo – sich eine perfekte Hochzeit wünscht. Es klingt albern, doch vor meiner Hochzeit weinte ich mich viele Nächte in den Schlaf. Ich weinte um meine Mutter und um die verlorene Chance, als Braut in Schönheit zu erstrahlen.

Obwohl das Tragen der Burka mittlerweile gesetzlich vorgeschrieben war, hatte ich mich immer noch nicht überwinden können, mir eine zu kaufen. Als ich dann nicht mehr umhinkam, vor die Tür zu gehen, trug ich die alte Burka meiner Mutter. Sie war viel schöner als die blauen Nylon-Gewänder – billige Massenware aus Pakistan –, die heute üblich sind. In der Zeit meiner Mutter galt die Burka den Frauen als Statussymbol, und meine Mutter besaß eine, die ihrem Stand als Frau eines mächtigen und reichen Mannes entsprach. Sie war aus dunkelblauer Seide gefertigt, und die weichen Falten raschelten sanft beim Gehen. Das Gitter vor den Augen war mit feinem Silbergarn bestickt. Wenn die Burka schmutzig wurde, brachte meine Mutter es in eine Spezialreinigung, die jede einzelne Falte mit dem Dampfbügeleisen glättete. Sie war auf dieses Kleidungsstück sehr stolz gewesen. Ich dagegen empfand es als Schmach, es tragen zu müssen. Auch nach meiner Hochzeit behielt ich die Burka meiner Mutter. Wenn ich schon eine tragen musste, dann zumindest eine, die mich an sie erinnerte.

An dem Tag, an dem wir einkaufen gingen, begleitete uns mein Verlobter. Ich hatte ihn monatelang nicht gesehen. Das letzte Mal, dass ich ihm ins Gesicht geblickt hatte, war an meinem letzten Tag an der Universität gewesen, ehe die Taliban an die Macht kamen. Bei seinem Besuch in Pul-i-Kumri, als mein Bruder endlich in die Hochzeit eingewilligt hatte, hatte ich ihn nur kurz von hinten gesehen. An jenem Tag an der Universität waren noch die Mudschahedin an der Macht gewesen, und er hatte einen sauber frisierten kleinen Bart getragen. Unter der Taliban-Herrschaft hatte er Haare und Bart wachsen lassen müssen, sodass er nicht annähernd so gut aussah wie damals. Durch die verhasste Burka erhaschte ich aus dem Augenwinkel einen Blick auf seinen Bart, der mir in seinem Gesicht nicht gefiel. Wieder einmal hatte ich das überwältigende Gefühl, dass Afghanistan in die Vergangenheit abdriftete. Es gab keinen Fortschritt mehr, sondern nur die Düsternis der ungebildeten Männer, die unser Land regierten.

Die Taliban hatten auch eine weitere neue Regel eingeführt: Jede Frau, die das Haus ihrer Familie aus welchem Grund auch immer verließ, musste von einem Mahram begleitet werden, einem männlichen Blutsverwandten. Dies passte, wie viele Gesetze der Taliban, mehr in die arabische als in unsere afghanische Kultur. Zur Zeit meiner Großmutter gingen die Frauen nicht allein aus dem Haus, doch mit jeder neuen Generation gab es in Afghanistan, wie in jeder Kultur, einen natürlichen Fortschritt. Nun warfen uns die Taliban Jahrzehnte zurück.

Wenn sie einen Mann und eine Frau im Auto an einem der vielen Kontrollpunkte anhielten, die überall in der Stadt aus dem Boden sprossen, wollten sie den Familiennamen, den Namen des Vaters und den des begleitenden Verwandten wissen, und erst nach einer Reihe weiterer Fragen gaben sie sich damit zufrieden, dass der Mann und die Frau Blutsverwandte und nicht etwa nur Freunde waren. Das »Laster-und-Tugend-Ministerium«, das für die Durchsetzung dieser Regelungen verantwortlich war, hatte eine besondere Vorliebe dafür, Frauen zu verprügeln. Auf dem Hochzeitsbasar schlugen sie die Frauen, die, wie ich, ein Hochzeitskleid kaufen wollten. Ein armes Mädchen trug die verbotenen weißen Hosen. Vielleicht wusste sie nichts von dem Verbot, vielleicht war sie ungebildet und arm, vielleicht hatte sie auch das Haus zuvor aus Angst noch nicht verlassen. Jedenfalls hörte ich einen Mann sie auf Arabisch anbrüllen (mittlerweile waren viele arabische Kämpfer mit den Taliban nach Kabul gekommen). Die Männer drückten das Mädchen auf den Boden, während einer sie mit einem Gummikabel auf die Beine schlug. Sie kreischte vor Schmerzen. Ich wandte mich ab und biss mir so fest auf die Lippe, dass sie zu bluten begann. Ich schäumte vor Wut, weil die Strafe so ungerecht war und ich sie nicht verhindern konnte.

Das Geräusch des »Laster-und-Tugend-Autos« werde ich nie vergessen. Meist war es ein Hillux-Pickup. Die Taliban fuhren damit durch die Straßen, und aus den Lautsprechern auf dem Auto dröhnten Suren aus dem Heiligen Koran. Wenn die Frauen, die unerlaubt allein unterwegs waren, das Auto kommen hörten, versteckten sie sich eilig, denn sie wurden auch für das winzigste Vergehen oder Fehlverhalten geschlagen. Manchmal starrten die Taliban die Frauen auch nur bedrohlich an und schlugen sie ohne jeden Anlass mit dem Kabel. Eines Tages sah ich, dass ein junges Mädchen geschlagen wurde. Als ihre Mutter und ihre Schwester sich auf sie warfen, um sie zu schützen, verprügelten die Taliban sie einfach alle drei.

An jenem Tag waren wir zu viert: meine Schwägerin, mein Verlobter, seine Schwester und ich. Zum Glück wurden die Taliban nicht auf uns aufmerksam. Wir kauften Eheringe, um wenigstens eine kleine Erinnerung an unseren Festtag zu haben. Durch das Gitter der Burka konnte Hamid sehen, dass ich über das ganze Gesicht strahlte, als er die Ringe erwarb. Da Hochzeiten mittlerweile so strengen Regeln unterlagen, hatte kaum ein Laden auf dem Basar neue Ware eingekauft. Die Auswahl war so mickrig, dass ich Mühe hatte, etwas zu finden, das mir gefiel. Ich hatte immer ein Hochzeitskleid mit Puffärmeln haben wollen, doch auch kurze Ärmel waren mittlerweile verboten.

Eine afghanische Braut trägt für die Hochzeitszeremonie drei oder vier verschiedene Kleider in Folge, für jeden Anlass in einer anderen Farbe. Für meine Henna-Nacht suchte ich mir ein hellgrünes Kleid aus. Für die Nikah, den ersten Teil der Hochzeitszeremonie, wird oft Dunkelgrün gewählt, doch ich wollte etwas anderes, etwas Ungewöhnliches haben und entschied mich deshalb für Rosa. Es war ein wunderschön rosiges Pink und brachte einen Schuss purer Freude in all das Elend der Taliban. Es heiterte mich schon auf, wenn ich das Kleid nur ansah. Nach der Nikah zieht sich die Braut erneut um. Normalerweise folgt nun ein weißes Hochzeitskleid mit Schleier, ähnlich dem, wie es Bräute im Westen tragen.

In normalen Zeiten wäre meine Hochzeit so groß gewesen, wie es eben Sitte war. Angehörige und Freunde, politische Verbündete und Anhänger sowie Dorfbewohner aus Badachschan wären eingeladen worden. In unserer Kultur und besonders in einer Politikerfamilie wie der meinen wird eine Hochzeit auch zur Pflege von Beziehungen genutzt. Doch weil die Hochzeitshallen geschlossen waren, hatten wir keine Möglichkeit, eine so große Gesellschaft zu unterhalten. Angesichts unserer finanziellen Lage bezweifle ich auch, dass wir es hätten bezahlen können. Trotzdem lud meine Familie mehr als tausend Festbesucher ein. Am Ende waren wohl an die tausendfünfhundert Gäste da.

Eine afghanische Hochzeit wird für gewöhnlich getrennt gefeiert, Frauen und Kinder auf der einen, Männer auf der anderen Seite. In einer Hochzeitshalle ist der Raum durch einen großen Vorhang in der Mitte geteilt. Wir hielten die Hochzeit in zwei Häusern ab: im Haus meines Bruders und in dem seines Nachbarn. Die Männer feierten beim Nachbarn, die Frauen in unserem Haus. Vor der Hochzeit findet die traditionelle Henna-Nacht statt, in der die Hände der Braut mit Henna verziert werden. Dafür gingen wir in einen Schönheitssalon. Normalerweise genieße ich einen Besuch im Schönheitssalon, doch diesmal heiterte er mich nicht gerade auf. Nichts an dieser Hochzeit – nicht die Qualität der Kleider, ja, nicht einmal die Frisur – war so, wie ich es mir ausgesucht oder gewünscht hatte. Ich hatte mein Bestes getan, doch tief im Innern kam es mir billig und provisorisch vor.

Die Henna-Nacht dauert fast bis zum Morgen. Meist findet sie ein paar Tage vor der Hochzeit statt, damit die Braut sich vor dem großen Tag noch ausruhen kann, doch wir mussten sie am Vorabend der Hochzeit abhalten. Die ganze Nacht ertönte Musik, und die Frauen saßen im Kreis, sangen Lieder und spielten die *daira*, ein mit Ziegenleder bespanntes Tamburin.

Am Morgen war ich völlig erschöpft. Doch auch wenn die Henna-Nacht eine ganze Woche früher stattgefunden hätte, so hätte ich in der Nacht vor der Hochzeit wohl kein Auge zugetan.

Für mich war meine Hochzeit auch Anlass zur Trauer. Meine Mutter war tot, und meine Schwestern, die über das ganze Land verteilt waren, hatten nicht kommen können. Meine Mutter, die sich bei meiner Geburt meinen Tod gewünscht hatte, hatte später alles für meine Zukunft getan. Kurz vor ihrem Tod hatte sie praktisch einen Ehemann für mich erwählt. Dass sie nicht da war, dass ich die Feier ohne sie hatte vorbereiten müssen, dass sie mir nicht die Hand halten und mich aufmuntern konnte, schmerzte wie heiße Nadelstiche.

Um sechs Uhr morgens drehte die Friseuse mir Lockenwickler ins Haar. Sie schimpfte mit mir, weil ich schrecklich aussah und eigentlich dringend Schlaf gebraucht hätte. Tatsächlich nickte ich auch auf dem Stuhl ein und schlief bis gegen halb elf, als die Friseuse mich, noch immer schimpfend, zu schminken begann. Ein Blick in den Spiegel bestätigte mir, dass sie recht hatte: Ich sah wirklich furchtbar aus, hatte dunkle Ringe um die Augen und rote Flecken im Gesicht. Als wir das Haus, in der die Hochzeit stattfinden sollte, betraten, hatte mich bereits eine tiefe Traurigkeit erfasst. Doch dort wartete noch eine weitere

Enttäuschung: Ich hatte mir gewünscht, dass die Hochzeit heimlich mit der Videokamera gefilmt oder von einem Fotografen dokumentiert wurde. Die Taliban hatten zwar Videos untersagt, doch einige Fotografen boten weiter ihre Dienste an, verlangten allerdings wegen des erhöhten Risikos das dreifache Honorar. Doch mein Bruder erlaubte es nicht. Einige alte Freunde meines Bruders arbeiteten mittlerweile auf unterer Regierungsebene für die Taliban, und er fürchtete, sie könnten uns den Behörden melden. Abgesehen von ein paar unscharfen Schnappschüssen, die Freunde mit ihren privaten Fotoapparaten machten, habe ich deswegen von meiner Hochzeit keinerlei Erinnerungen.

Ich kannte nur wenige der Hochzeitsgäste. Die meisten waren Freunde oder Arbeitskollegen meines Bruders und deren Frauen. Ich war ein wenig verärgert und fragte mich, ob sie vielleicht nur gekommen waren, um umsonst zu essen. Ich hatte jedenfalls nicht das Gefühl, dass sie wegen mir dort waren.

Für den religiösen Teil unserer Vermählung, den ein Mullah vornahm, wurden Hamid, ich und unsere beiden Trauzeugen in ein Zimmer gebracht. Das war an jenem Tag das erste, wenn auch nicht das letzte Mal, dass ich weinte. Und natürlich rann dabei das gesamte Make-up, dem ich an jenem Tag mein Aussehen verdankte, die Wangen hinunter. Ich wischte mir die Augen trocken und war völlig außer mir, als ich den Mascara versehentlich auf mein hübsches rosa Kleid schmierte. Zum Glück zog ich nach der Zeremonie das weiße Kleid an, und mit den Spitzenärmeln und dem langen Schleier sah ich, glaube ich, etwas hübscher aus.

Später am Abend bindet nach unserer Tradition der Familienvorstand, Vater oder Bruder, der Braut ein Bündel mit Süßigkeiten und Kleidern ans Handgelenk. Das ist ein Symbol dafür, dass die Braut in das Haus ihres Mannes zieht. Es ist eine sehr bewegende und persönliche Geste. Als mein Bruder das Bündel an meinem Handgelenk befestigte, musste ich wieder weinen. Ihm erging es nicht anders. Wir umarmten einander und weinten uns die Augen aus dem Kopf. Ich glaube, wir erlagen der Macht des Augenblicks. Wir beweinten all die Menschen, die nicht dort waren; meine Mutter, meinen Bruder Mukim, meinen Vater. Wir weinten um die Angehörigen, die wir verloren hatten, um unseren gesellschaftlichen Stand, unser Zuhause, unseren Lebensstil. In jenen vertraulichen Minuten umarmten wir uns und weinten still, weil wir beide die Schwere des Verlustes spürten, den Schmerz der Veränderung und die Freude darüber, dass es weiterging. Schließlich fasste sich mein Bruder, berührte mit einem strengen »Komm jetzt, Fausia dschan« sanft meine Nasenspitze und führte mich lächelnd aus dem Raum.

Liebe Schuhra, liebe Schaharasad,

euer Vater war die Liebe meines Lebens. Er war für das »arme Mädchen« mehr als gut genug. Die Heirat mit ihm war wahrlich ein Glück für mich.

Die Heirat ist ein wichtiger Ritus im Leben einer Frau, doch ich bin davon überzeugt, dass sie sich auch in der Ehe nicht davon abhalten lassen sollte, ihre Träume wahr zu machen. Vielmehr sollten ihre Träume auch die ihres Mannes werden und die ihres Mannes sollten ein Teil von ihr werden. Das neue Paar sollte zusammenstehen und sich sein gemeinsames Leben aufbauen.

Manchmal sehne ich mich danach, eure Hochzeit zu erleben, und dann wieder wünschte ich, dass es nie geschehen möge, weil ich weiß, dass ihr von jenem Tag an nicht mehr meine kleinen Mädchen seid, sondern erwachsene Frauen. Ich möchte, dass das nicht allzu schnell geschieht.

Aber natürlich hoffe ich, dass ihr eines Tages eure Liebe findet. Liebe ist wichtig. Das sieht nicht jeder so. Viele Menschen glauben, Pflichterfüllung, Respekt, Religion und Regeln wären wichtiger als Liebe. Ich glaube nicht, dass man das trennen kann. Liebe kann neben Pflichterfüllung bestehen. Liebe braucht Pflichterfüllung. Und Respekt.

In Liebe,
eure Mutter

13

Ein Ende vor dem Anfang

1997

Mein Hochzeitstag läutete das nächste Kapitel in meinem Leben ein: das als Ehefrau. Doch ich konnte damals nicht ahnen, wie kurz und tragisch dieses Kapitel sein sollte.

Mein Mann wohnte in Makrojan Nr. 4 in einer Vier-Zimmer-Wohnung. Sie war schlicht, solide und zweckmäßig. Er hatte sich wirklich bemüht (ich vermute, mit Hilfe seiner Schwestern), unser Schlafzimmer hübsch zu gestalten, indem er neue rosafarbene Vorhänge, einen rosa Bettüberwurf und sogar ein paar rosa Seidenblumen in einer ebenfalls rosa Vase besorgt hatte. Das war überaus umsichtig von ihm, doch alles sah so unheimlich … rosa aus. Beim Anblick dieses Zimmers musste ich ein Kichern unterdrücken. Als unsere Hochzeitsnacht anbrach, war ich bereits vierundzwanzig Stunden auf den Beinen gewesen. Zum Glück war mein Ehemann nach dem langen Tag ebenfalls völlig erschöpft und stellte keine sexuellen Forderungen an mich. Wir schliefen beide sofort ein.

Als ich am Morgen als Erste erwachte, packte mich einen kurzen Moment die Panik. Ich öffnete die Augen und blickte auf einen rosa Vorhang, durch den matt die Sonne schien. Ich lag in einem fremden Bett, neben mir ein Mann. Den Bruchteil einer Sekunde musste ich mich besinnen, wo ich war, ehe es mir wieder einfiel. Ich war mit Hamid verheiratet, dem Mann, der neben mir schief und leise schnarchte. Ich lächelte und streichelte ihm sanft die Wangen. Es war der erste Tag meines neuen Lebens.

Hamids Schwester und ihre beiden Kinder wohnten ebenfalls bei uns. Sie war erst kurz vorher Witwe geworden und wusste nicht, wohin. Mir machte das nichts aus, sondern ich freute mich im Gegenteil darüber, dass ich weibliche Gesellschaft hatte. Die ehemalige Lehrerin war intelligent und temperamentvoll, und wir kamen unglaublich gut miteinander aus. Endlich war ich zufrieden mit meinem Leben. Hamid war der freundliche und gefühlvolle Mann, für den ich ihn immer gehalten hatte. Wir strahlten in der Gesellschaft des jeweils anderen, lachten und schmiedeten Zukunftspläne. Solch eine Freude hatte ich seit meinem ersten Schultag im Alter von sieben Jahren nicht mehr verspürt. Mein Leben entwickelte sich endlich so, wie ich es mir lange gewünscht hatte.

Eine Woche nach unserer Hochzeit feierten wir eine weitere Zeremonie, das sogenannte Tacht Dschami. Die Braut und der Bräutigam sitzen unter Blumen und bunten Girlanden, während ihnen die Gäste gratulieren und ihnen Geschenke überbringen. In meiner Kindheit hatten mir meine Schwester und meine Mutter vorgeschwärmt, welche Reichtümer ich an meinem Tacht Dschami erhalten würde – ein neues Auto, ein Haus in den Bergen oder eine Tonne Gold.

Unter den Taliban war die Zeremonie jedoch weniger prunkvoll. Die Freunde und Angehörigen, die kamen, brachten uns, was sie entbehren konnten: ein Tischtuch, ein paar neue Teller oder fünfzig Dollar.

Etwa eine Stunde, nachdem wir uns von den letzten Gästen verabschiedet hatten, ging Hamid noch einmal für eine halbe Stunde ins Büro, um nach dem Rechten zu sehen. Seine Schwester und ich wollten uns gerade eine Tasse Tee zubereiten, da klopfte es an der Tür. Als meine Schwägerin öffnete, standen mehrere bärtige Männer mit schwarzem Turban vor ihr. Der Taliban-Anführer Mullah Omar hatte gehört, dass mein Bruder wieder in Kabul sei, und die Männer waren mit einem Haftbefehl gekommen. Sie hatten schon drei Tage nach meinem Bruder gesucht, der mittlerweile untergetaucht war. Die Familie hatte mich nicht darüber informiert, weil sie mir meine Flitterwochen nicht verderben wollte.

Nun standen sie bei mir vor der Tür und polterten in mein junges Eheglück. Ohne zu fragen marschierten sie ins Wohnzimmer, wo ich geschminkt und im vollen Hofstaat unter den Blumen saß. Bei ihrem Anblick wich sämtliche Farbe aus meinem Gesicht. Ich hatte in meinem Leben schon genügend Widrigkeiten erlebt, um zu wissen, dass ihr Kommen das Ende dieses glücklichen Kapitels markierte. Sie brüllten uns an, wir sollten uns nicht von der Stelle rühren, und gingen ins Schlafzimmer. Dort rissen sie die Wäsche vom Bett, in dem nicht einmal eine Woche zuvor Hamid und ich unser gemeinsames Eheleben begonnen hatten.

Es war ein Übergriff in unsere Privatsphäre, ein Affront gegen Anstand und Tradition. Doch diesen Rohlingen war das egal. Sie sahen unter dem Bett nach und zerrten die Wäsche aus den Schränken. Wortlos stellten sie die Wohnung auf den Kopf und betatschten mit ihren ungewaschenen Händen unsere schönen Möbel.

Dann brüllten sie mich an: »Wo ist Mirschakay?«, »Wo ist der Polizeigeneral?« Mein Bruder. Sie wedelten mir mit dem Haftbefehl vor der Nase herum. Erst da begriff ich, wen sie suchten, und mir wurde übel. Gefasst erklärte ich ihnen, ich hätte keine Ahnung, wo er sei. Mittlerweile hatten sie die Wohnung auseinandergenommen, wussten also, dass er nicht da war. Dann blieb mir noch einmal das Herz stehen. Hamid! »Bitte, komm noch nicht aus dem Büro zurück«, flehte ich meinen Mann im Stillen an. »Bleib da, komm noch nicht nach Hause. Bitte. Komm noch nicht nach Hause.«

Als sie gingen, lauschte ich mit angehaltenem Atem, während sie die fünf Stockwerke zur Eingangstür des Wohnblocks hinuntermarschierten. Mit jedem Klacken ihrer Stiefel fiel mir das Atmen leichter – noch vier Stockwerke, noch drei, noch zwei. Dann, als sie im ersten Stock waren, hörte ich, dass sich unten die Haustür öffnete. Entsetzt rang ich nach Luft. »Nein, bitte, lass es nicht Hamid sein.« Sekunden trennten ihn von der Bedrohung. Er kam fröhlich durch die Haustür, in der Hand die Pralinen, die er mir schenken wollte, und lief ihnen direkt in die Arme. Hätte er noch Obst gekauft, mit einem Nachbarn geplaudert oder sich auch nur die Schnürsenkel gebunden, so wäre er ihnen nicht begegnet.

Wütend darüber, dass sie meinen Bruder nicht hatten finden können, verhafteten sie Hamid. Obwohl er nichts verbrochen hatte, nahmen sie ihn einfach mit. Schreiend rannte ich die Treppe hinunter. »Wir sind erst seit sieben Tagen verheiratet, er weiß nichts«, beschwor ich sie. »Das ist die Wohnung meines Mannes, wir sind frisch vermählt, wir sind unschuldig, lassen Sie uns in Ruhe.«

Sie antworteten mit der schlichten Gegenfrage: »Wo ist Mirschakay?« Dann legten sie Hamid Handschellen an. Von ihm kam keine Regung, kein Wort. Er stand wohl unter Schock. Die Pralinen, die er mir mitgebracht hatte, fielen zu Boden. Einige Nachbarn waren aus ihren Wohnungen gekommen und beobachteten das Schauspiel. Niemand sagte etwas. Ich schnappte mir meine Burka und folgte meinem Mann. Hamid kannte mich gut genug, dass er mich erst gar nicht darum bat, zu Hause auf ihn zu warten.

Sie setzten Hamid in einen roten Pickup. Mich schubsten sie zur Seite und lachten, als ich versuchte, mich neben ihn ins Auto zu setzen. Ich winkte ein Taxi herbei. Der Fahrer drehte die Scheibe herunter und sagte: »Entschuldigung, Schwester, aber haben Sie einen Mahram dabei?« Ich fauchte ihn an: »Was? Lassen Sie mich einfach einsteigen. Ich muss dem Auto da folgen.« Er schüttelte den Kopf: »Sie brauchen einen Mahram, Schwester. Die dummen Leute da, die Männer, denen

Sie folgen wollen – wenn die Sie allein mit mir sehen, werfen sie uns alle beide ins Gefängnis.« Dann fuhr er davon.

Ich sah dem Pickup nach. Er fuhr auf die Hauptstraße und bog weiter hinten nach links in Richtung Neustadt ab. Da ich Hamids Spur keinesfalls verlieren wollte, hielt ich in meiner Verzweiflung noch ein Taxi an. Diesmal flehte ich den Fahrer, ehe er etwas sagen konnte, an: »Bruder, lieber Bruder, bitte, bitte, bitte helfen Sie mir. Sie haben meinen Mann mitgenommen. Ich muss ihm folgen. Ich bin allein. Würden Sie mich bitte mitnehmen?«

Er bat mich einzusteigen. Während wir fuhren, schärfte er mir hektisch ein: »Wenn sie unser Auto anhalten, sagen Sie, Sie seien meine Schwester. Ich heiße sowieso, lebe da und da …« Der freundliche Mann, mir völlig fremd, fütterte mich mit allen wichtigen Details aus seinem Leben, für den Fall, dass ich, sein Fahrgast, so tun musste, als sei ich seine Schwester. Es war so absurd. Doch dieser Fahrer rief mir einmal mehr ins Gedächtnis, dass, egal, was die Machthaber den Bürgern meines Landes zumuteten, die afghanischen Werte des Anstandes und der Freundlichkeit die Oberhand behielten.

Sie hatten Hamid zu einem Gebäudekomplex des Geheimdienstes in der Stadtmitte gebracht, nicht weit vom Innenministerium entfernt. Ich weiß nicht mehr, wie viel Geld ich dem Fahrer gab, doch es war ziemlich viel. Ich war einfach so dankbar, dass er ungeachtet der Gefahr für sich selbst bereit gewesen war, einer Frau zu helfen. Ich dachte, wenn ich ihn gut bezahlte, würde er einer anderen Frau unter ähnlichen Umständen vielleicht wieder helfen.

Am Tor verweigerte man mir den Zutritt. Da ging ich ein großes Wagnis ein: Ich log den Wachhabenden an, erklärte ihm, ein anderer Talib habe mir befohlen, herzukommen, doch ich habe nicht mit den Männern in ihrem Auto mitfahren können. Wenn er mich nicht hereinließe, würde er sicher Ärger bekommen. Da erlaubte er mir den Zutritt.

Nachdem ich das Haupttor passiert hatte, fand ich auch gleich das Gefängnisgebäude. Dort stand Hamid in Begleitung zweier Taliban. Hamid reagierte kaum, ich vermute, er stand noch immer unter Schock. Gerade noch war er mit Pralinen für seine frisch vermählte Frau nach Hause geeilt, und nun befand er sich in Haft. Ich rannte zu ihm und packte ihn an der Hand. Durch das Sichtfenster in meiner Burka blickte ich die Taliban direkt an. »Sehen Sie sich meine Hände an«, sagte ich. »Das ist das Henna der Braut. Sie predigen den Islam, aber Sie verhalten sich nicht wie Muslime. Wir sind frisch verheiratet. Wenn Sie ihn ins Gefängnis bringen, habe ich keinen Mahram. Wie soll ich denn allein zurechtkommen? Wie soll ich überleben? Ich habe niemanden, mit dem ich einkaufen gehen kann, keinen, der für mich sorgt. Ich bin doch noch ein junges Mädchen. Ich bin völlig hilflos.«

Ich appellierte an ihr Mitgefühl in der Hoffnung, dass sie ihn ziehen lassen würden. Doch diese Männer ließen sich vom Flehen einer Frau nicht erweichen. Sie ignorierten mich und brachten Hamid zu einem weiteren Tor. Ich folgte ihnen, noch immer Hamids Hand haltend, und flehte sie weiter an. Als sie das Tor öffneten, sank mein Mut, denn dahinter sah ich Hunderte von Gefangenen. Manche trugen Handschellen, manche waren gefesselt. Alle waren sie in einem stinkenden Hof zusammengepfercht.

Einer der Taliban nahm Hamids Hand, doch ich ließ ihn nicht los. Da hatten wir gerade unser neues Leben begonnen, und nun nahmen sie ihn mir weg, rissen uns auseinander. Ich hatte schreckliche Angst, dass sie ihn ohne Verfahren hinrichten würden. Da sie ihn grundlos festgenommen hatten, war das durchaus möglich. Ich klammerte mich weiter an ihn. »Ich komme auch mit«, sagte ich. »Ich kann doch nicht allein hier weg. Ich bin eine Frau, ich darf nicht allein auf die Straße. Sie sind doch Muslime, wie kommen Sie nur dazu, so etwas zu tun?«

Der Talib antwortet mir auf Paschtu. Seine Sprache war grob und hatte den Akzent der ungebildeten Dorfbewohner. »Halt den Mund, Frau, du redest zu viel.« Dann stieß er mich weg, so heftig, dass ich hinfiel. Ich trug noch meine hochhackigen Schuhe und mein schickes Kleid. Nicht einmal eine Stunde zuvor hatten wir noch Gäste empfangen. Ich fiel in eine Pfütze mit stinkendem Wasser. Hamid drehte den Kopf und wollte mir aufhelfen, doch der Talib schubste ihn in die andere Richtung durch das Tor. Während ich mich aufrappelte, erhaschte ich noch einen letzten Blick auf meinen Mann. Dann schloss sich das Tor.

Als Hamid nicht mehr zu sehen war, fiel mir mein Bruder ein. Ihn hatten sie verhaften wollen. War er in Sicherheit? Wo war er untergeschlupft? Da ich kein Geld mehr für ein Taxi hatte, rannte ich, so schnell es meine hochhackigen Schuhe erlaubten, durch die Stadt zur Wohnung meines Bruders. Seine Frau war dort und erzählte mir, dass er sich bei Verwandten versteckte. In den vergangenen drei Tagen hatte er jede Nacht seinen Aufenthaltsort gewechselt, um nicht entdeckt zu werden. Im Moment sei er in Karte Seh, einem Bezirk im Westen Kabuls, der im Bürgerkrieg schlimm verwüstet worden war. Für Hamid konnte ich im Augenblick nichts tun, doch ich konnte versuchen, meinem Bruder zu helfen.

Als ich in dem Haus in Karte Seh ankam, trat ich schnell ein. Ohne die Familie richtig zu begrüßen, machte ich mich auf die Suche nach meinem Bruder. Die Eheleute, denen das Haus gehörte, waren Lehrer. Er arbeitete als Professor an der Wirtschaftsfakultät der Universität Kabul, während seine Frau zu den mutigen afghanischen Frauen zählte, die trotz des Verbotes unter größter Gefahr heimlich eine Schule in ihrer Wohnung betrieben. Die beiden waren kinderlos.

Im Wohnzimmer gab es kein Sofa, sondern Matratzen und Kissen, die an den Wänden lehnten. Mein Bruder Mirschakay lag mit dem Kopf zur Wand auf einer Matratze. Als er mich bemerkte, drehte er sich um und sah mich erschrocken an. Es war das erste Wiedersehen seit meinem Hochzeitstag, als er mich beim Eintritt in meinen neuen Lebensabschnitt weinend umarmt hatte. Nun versanken wir wieder einmal im Chaos.

Rasch erzählte ich ihm, dass er gesucht wurde und Hamid verhaftet worden war. Er war dort nicht mehr sicher, denn die Taliban würden nun die Häuser unserer Verwandten durchsuchen. Wir konnten kein Taxi nehmen, denn überall waren Kontrollpunkte der Taliban, und wenn sie uns anhielten, würden sie meinen Bruder anhand eines Fotos erkennen. Deshalb gingen wir zu Fuß los. Da ich immer noch die vermaledeiten hochhackigen Schuhe anhatte, taten mir mittlerweile die Füße weh.

Es war das erste Mal, dass ich mit der Burka eine so lange Strecke zu Fuß ging. Das Gehen war mir darin noch nie besonders leicht gefallen, doch die hohen Absätze und meine Angst verschlimmerten die Sache noch. Ich hatte das Gefühl, dass ich über jeden einzelnen Stein und in jedes Schlagloch stolperte.

Wir wanderten stadtauswärts. Wir hatten kein Ziel, doch im Grunde war klar, welche Richtung wir nehmen mussten, denn im Stadtzentrum und überall, wo sich viele Menschen aufhielten, befanden sich Kontrollpunkte der Taliban. In den äußeren Vororten gab es weniger Menschen, dafür aber genügend Gebäude, hinter denen wir uns verstecken konnten. Also marschierten wir stadtauswärts.

Unterwegs erkundigte sich mein Bruder nach Hamid und fragte, ob er meinen Erwartungen gerecht werde. Aus vollem Herzen erklärte ich meinem Bruder, dass es die richtige Entscheidung gewesen sei, Hamid zu heiraten.

Ich erzählte ihm, dass Hamid und ich darüber gesprochen hatten, wo wir leben und ob wir Afghanistan verlassen wollten. Hamid hatte vorgeschlagen, in Pakistan ein neues Leben zu beginnen, aber ich hatte ihm erklärt, dass ich nicht aus Kabul weg könne, solange mein Bruder noch dort sei. Wir hatten auch überlegt, ob wir nach Faisabad zurückkehren sollten, in die Provinzhauptstadt von Badachschan, in der ich meine ersten Schuljahre verbracht hatte. Badachschan war nicht in der Hand der Taliban. Meine Schwestern wohnten dort, ebenso wie Hamids Familie, und wir sehnten uns beide nach der Region zurück. Schließlich hatten wir uns für Faisabad entschieden, wo ich unterrichten und Hamid sein Geschäft betreiben konnte.

Meinem Bruder von diesen Plänen zu erzählen, schmerzte mich mehr als die Blasen, die mittlerweile meine Fußsohlen überzogen, denn unsere Träume und Pläne lagen in diesem Moment in Scherben. Nach vier Stunden ziellosen Umherwanderns fanden wir ein Taxi. Mir war eine von Hamids Verwandten eingefallen, eine Frau, die allein mit ihrem Sohn in Kabul lebte. Ich kannte ihre genaue Adresse nicht, wusste aber, dass sie in Makrojan Nr. 4 wohnte, nicht weit von Hamid und mir. Unterwegs kamen wir an einen Kontrollpunkt. Wir saßen im Auto, voller Angst, dass sie uns anhalten und meinen Bruder erkennen würden, doch wir hatten Glück. Sie winkten das Taxi durch, ohne einen Blick ins Innere zu werfen.

Mein Bruder hatte die betreffende Frau kennengelernt, als Hamids Familie um meine Hand angehalten hatte. Sie war ihm nicht besonders sympathisch gewesen. Er fand, sie schminke sich zu stark und trage ihre Nägel zu lang. Mirschakay deutete das als Charakterschwäche, doch nun musste er sich ihrer Gnade ausliefern. Ich fragte herum und erfuhr, wo sie wohnte. Rasch erklärte ich ihr unsere Lage und bat sie, meinen Bruder für eine Nacht aufzunehmen. Sie willigte ein, obwohl sie nicht besonders glücklich darüber war. Ihre Angst war verständlich, denn hätte man sie dabei erwischt, dass sie einem nicht blutsverwandten Mann Unterschlupf gewährte, so hätte man sie verhaftet und ins Ministerium für die Pflege der guten Sitten und Verhütung von Laster gebracht. Ich hatte ein furchtbar schlechtes Gewissen, sie in diese Lage zu bringen, doch mir blieb nichts anderes übrig.

Ich ließ meinen Bruder dort und ging zu Fuß nach Hause. Als ich in die Wohnung kam, brannten meine Füße wie Feuer. Der Schweiß klebte mir in Augen und Ohren, und mein Haar sah aus wie mit dicker Schmiere verklebt. Ich warf die ungeliebte Burka ab und schleppte mich, jammernd vor Trauer und Verzweiflung, ins Badezimmer.

Liebe Schuhra, liebe Schaharasad,

kaum etwas ist schwerer zu ertragen als der Verlust eines geliebten Menschen.

Doch der Verlust derer, die wir lieben, ist Teil unseres Lebens und Teil unserer Entwicklung und bleibt niemandem erspart. Vielleicht lest ihr diesen Brief, weil ich tot bin. Wir wissen, dass das eines Tages geschehen wird, und haben darüber gesprochen. Ich möchte, dass ihr auf dieses unausweichliche Ereignis vorbereitet seid.

Auch der Verlust des Zuhauses, den wir im Laufe des Krieges so oft erlebt haben, ist schrecklich. Für die Kinder ist er am schlimmsten. Millionen armer Kinder in Afghanistan haben das erlebt. Seid euch bewusst, welches Glück ihr habt, ein Haus mit einem warmen Kaminfeuer zu haben, ein schönes weiches Bett zum Schlafen, eine Lampe, unter der ihr lesen, und einen Tisch, an dem ihr eure Hausaufgaben machen könnt. Ich weiß, das klingt nicht so, als wäre es etwas Besonderes, aber viele Kinder haben nicht einmal das.

Doch wohl das Schlimmste, das einer Frau zustoßen kann, ist der Verlust ihrer selbst. Es gibt kaum etwas Traurigeres, als wenn eine Frau vergisst, wer und was sie ist und wovon sie geträumt hat. Solche Verluste sind nicht unausweichlich, sondern werden uns von Menschen aufgezwungen, die nicht wollen, dass wir Träume haben, Erfolge erzielen. Verliert niemals euren Mut zu träumen.

In Liebe,
eure Mutter

14

Dunkelheit senkt sich übers Land

1997

Ich schlief kaum in jener Nacht. Verrückt vor Sorge und Angst zerbrach ich mir den Kopf, wer mir helfen konnte. Als ich am Morgen vor dem Spiegel stand und mir die Zähne putzte, kam mir eine Idee.

Mir fiel eine Freundin ein, die mir erzählt hatte, dass sie der Frau eines Taliban-Beamten das Sticken beigebracht hatte. Rasch warf ich die Burka über und eilte zu ihrem Haus. Sie hörte zu, die Augen vor Entsetzen und Mitgefühl geweitet, als ich ihr erzählte, was mit Hamid geschehen war. Wir wussten nicht, ob es etwas nützen würde, doch sie willigte ein, mich zu dem Beamten nach Hause zu bringen und mich vorzustellen.

Wir gingen gemeinsam durch die gespenstisch stillen Straßen der einst geschäftigen Stadt. Ein paar Autos und Taxis knatterten an uns vorüber, und die Morgensonne tanzte im Staub, der über den leeren Ständen der Straßenhändler und vor den verrammelten Geschäften in der Luft lag. Ich sah eine Frau, die einen niedergedrückten Eindruck machte, mit ihren gebeugten Schultern unter der blauen Burka. Erst erkannte ich sie nicht, doch dann sah ich, dass ich es selbst war: Ich hatte mein Spiegelbild im schmierigen Schaufenster eines leeren Fotostudios gesehen. Die Burka hatte mich dermaßen meiner Identität beraubt, dass ich mich selbst nicht wiedererkannte.

Aufgeschreckt von dieser grotesken Erfahrung warf ich einen Blick in das Atelier. Es war wohl schon länger verlassen. Verblasste Fotografien hingen an den Wänden, junge Männer in Bollywood-Posen mit einem Wasserfall im Hintergrund, Babys mit Luftballons in der Hand, die zahnlos ihre Eltern anlächelten, die wahrscheinlich direkt hinter der Kamera gestanden und den Clown für sie gespielt hatten, kleine Mädchen in Spitzenkleidern und Söckchen, die schüchtern in die Linse lächelten, Bräute mit weißem Schleier, die stolz neben ihrem künftigen Ehemann standen.

Ich starrte die Bilder an und fragte mich, was mit all diesen fröhlichen Menschen passiert war. Bevor die Taliban die Herrschaft in Afghanistan übernommen hatten, war während der Kämpfe fast ein Drittel der achtzehn Millionen Einwohner umgekommen. Ein weiteres Drittel war aus dem Land geflohen. Nur etwa sechs Millionen waren noch da. Waren all diese Menschen, die ich da sah, gestorben? Und wo war der Besitzer des Ladens? Die Fotografie war nach dem Diktat der Taliban verboten. Da er seinen Lebensunterhalt nicht mehr bestreiten konnte, hatte er vielleicht einfach die Türen verriegelt und eine andere Verdienstmöglichkeit gesucht. Oder er tat seine Arbeit im Geheimen und brach damit das Gesetz der Taliban. Vielleicht war er auch im Gefängnis. Mit Hamid.

Der Gedanke, dass der mir unbekannte Eigentümer des Fotostudios neben Hamid in einer Zelle lag, brachte mich in die Realität zurück. Meine Freundin zupfte mich sanft am Arm, und wir gingen weiter, bis wir zu einem mit einem Tor gesicherten Wohnblock kamen. Das Haus des Talib. Ein kleiner Junge spielte draußen auf der Straße. Der Duft gekochten Hammelfleisches wehte durch die Tür.

Der Mann war bei seiner Frau, einer sympathischen Person mit grünen Augen, die das Interesse ihres Mannes an unserem

Anliegen zu teilen schien. Die Eheleute hießen uns in ihrem Haus willkommen und servierten uns grünen Tee. Der Talib war noch jung, vielleicht um die dreißig. Er sagte, er sei nicht sicher, ob er etwas für mich tun könne, versprach aber, dass er es versuchen und Erkundigungen einziehen werde, sobald die Ämter am Morgen öffneten. Ich war ein wenig enttäuscht, aber dankbar. Es überraschte mich, dass ein Talib überhaupt so menschlich sein konnte. Dieser Mann war bereit, mir, einer Fremden, zu helfen. Niemand zwang ihn dazu. Das änderte meine Sicht auf die Taliban. Mir wurde klar, dass nur, weil sie meine Ideale oder politischen Vorstellungen nicht teilten, durchaus nicht alle Taliban Ungeheuer sein mussten.

Viele afghanische Männer schlossen sich den Taliban wegen ihrer gemeinsamen Herkunft und Kultur an, aufgrund einer geografischen Zugehörigkeit oder auch einfach nur aus wirtschaftlicher Notwendigkeit. Das war damals wie heute so. Wenn die Taliban den Menschen in einem Dorf, in dem es keine Arbeit gibt, Geld anbieten, was bleibt den armen Leuten dann anderes übrig, als in ihre Dienste zu treten? Und viele Männer, insbesondere in südafghanischen Städten wie Kandahar oder Laschkar Ga, teilen das extreme Islam-Verständnis der Taliban. Es widerspricht dem, woran ich glaube, natürlich diametral, doch ich hatte immer großen Respekt vor den vielen verschiedenen Anschauungen, Ethnien, Sprachen und Kulturen, aus denen sich Afghanistan zusammensetzt. Kaum jemand weiß, dass in unserem Land mehr als dreißig Sprachen gesprochen werden. In meinen Augen liegt in dieser Vielfalt unsere Stärke, oder zumindest ist das in Friedenszeiten so. In Kriegszeiten sind die Barrieren zwischen den Ethnien unsere größte Schwäche und der Hauptgrund für das sinnlose gegenseitige Abschlachten.

Als wir wieder gingen, brachte der freundliche Talib meine Freundin und mich noch zum Haupteingang des Wohnblocks, wobei er allerdings noch einmal betonte, dass er nicht sicher sei, ob er viel ausrichten könne. Auf dem Nachhauseweg machte ich mich schon auf das Schlimmste gefasst – die Nachricht von Hamids Hinrichtung oder eine lebenslange Haftstrafe, gestützt auf falsche Anschuldigungen. Ich wusste, dass ich mit allem rechnen musste. Die Möglichkeit, dass Hamid womöglich gefesselt auf einen Gefängnishof gezerrt und erschossen wurde, versuchte ich aber ebenso beiseite zu schieben wie die Vorstellung, dass er auf einem dreckigen kalten Zellenboden lag, ausgezehrt und halb verrückt vor Hunger und Kälte. Schon der Gedanke daran machte mich wahnsinnig.

Doch als ich zu Hause ankam, tief in meine düsteren Gedanken versunken, tauchte in der Badezimmertür ein vertrautes Gesicht auf.

Da stand Hamid. Auf seinen hohlen Wangen glitzerte noch das Wasser vom Duschen, die Tropfen hingen ihm im Bart.

Ich dachte, ich träumte oder hätte den Verstand verloren. Da stand mein Mann in der Diele und lächelte mich an, als wäre es das Normalste der Welt. Doch als er auf mich zuging und meinen Namen aussprach, gaben seine Beine unter ihm nach. Ich stürzte zu ihm und fing ihn auf, ehe er fallen konnte. Die Misshandlungen durch die Gefängniswärter hatten ihm jede Kraft geraubt. Die unerwartete Freude über sein plötzliches Erscheinen übermannte uns beide, und wir weinten vor Erleichterung. Hamid, mein Hamid, meine große Liebe, war wieder zu Hause.

Seit seiner Verhaftung waren vierundzwanzig Stunden vergangen. Plötzlich und ohne Vorankündigung hatten sie ihn einfach gehen lassen. Ich machte Hamid ein Frühstück mit Eiern und gesüßtem Tee, und er legte sich noch ein wenig hin. Ich war erschöpft von der Achterbahnfahrt der Gefühle, hatte aber keine Zeit, mich auszuruhen. Nun, da Hamid frei war, würden die Taliban die Suche nach meinem Bruder sicher intensivieren. Wir mussten eine andere Zuflucht für ihn finden. Schnell.

Mir fiel eine Frau ein, eine sehr starke Persönlichkeit, die mit mir den Englischkurs besucht hatte. Sie wohnte in der Nähe, nur wenige Wohnblocks entfernt. Wegen eines kranken Beins war sie gehbehindert, und seit dem Tod ihres Mannes mühte sie sich ab, ihre beiden Töchter allein zu versorgen. Sie war unpolitisch – eine ganz normale Frau, die in dem Hexenkessel, der Kabul nunmehr war, zu überleben versuchte. Niemand würde Mirschakay bei ihr suchen. Ich wusste, dass er sich in ihrem Haus verstecken konnte, bis es uns gelang, ihn außer Landes zu bringen.

Ich warf meine Burka über und lief zu ihr. Sie wohnte in einer einfachen Wohnung, die wegen der Mangelversorgung, die in Kriegszeiten geherrscht hatte, noch bescheidener geworden war. Ein paar fadenscheinige Teppiche lagen auf dem Wohnzimmerboden. Es gab nur wenige Annehmlichkeiten, wahrscheinlich, weil sie das Wenige, das sie besessen hatte, verkauft hatte, um Reis, Öl und Gas zum Kochen zu kaufen. Die Frau humpelte durch ihr Wohnzimmer und wies mir einen Platz zu, während sie ihrer ältesten Tochter auftrug, uns Tee zu kochen. Ich erklärte, dass ich meinen Bruder gern bei ihr unterbringen wolle, dass es jedoch gefährlich für sie werden könne, wenn ihn die Taliban dort aufspürten. Sie reagierte gereizt, allerdings nicht, weil ich in ihr Wohnzimmer spaziert und so eine unverschämte Bitte geäußert hatte, sondern – typisch afghanisch – weil ich es überhaupt für notwendig erachtete, sie zu bitten. Selbstverständlich könne mein Bruder kommen, was für eine dumme Frage!

Ich trank meinen Tee und eilte nach Hause, wo Mirschakay auf mich wartete. Wir packten ein paar Kleider und Nahrung zusammen. Ich wusste, dass es Mirschakays Gastgeberin verletzen würde, wenn ich Lebensmittel mitbrächte, doch sie ging bereits ein großes Risiko ein, indem sie meinen Bruder versteckte – ein zusätzlicher Esser würde ihr schmales Einkommen überstrapazieren. Wir kehrten gemeinsam zu ihr zurück. Es war unerlässlich, dass ich meinen Bruder begleitete, nicht weil er den Weg nicht kannte, sondern weil es Misstrauen erregt hätte, wenn ein fremder Mann das Haus allein betreten hätte. Ein Mann und eine Frau in einer Burka wirkten wie ein Besucherpaar, wohingegen die Leute bei einem einzelnen Mann ein »Moralverbrechen« vermutet und allerlei Gerüchte in die Welt gesetzt hätten. Das wiederum hätte einen Besuch der Taliban nach sich gezogen.

Die Frau und ihre Kinder waren überaus freundlich zu Mirschakay, und ich glaube, er konnte sich ein wenig entspannen. Er blieb zehn Tage bei ihr. Danach kamen wir zu dem Schluss, dass sich die Lage genügend entspannt hatte, um ihn wieder zu uns in die Wohnung zu holen. Allerdings war es für ihn noch immer zu gefährlich, zu seiner Familie zurückzukehren. Schon so schikanierten die Taliban seine Frau, indem sie nahezu täglich unangekündigt bei ihr hereinschneiten und sie mit bedrohlichem Unterton nach dem Aufenthaltsort ihres Mannes fragten.

Am Ende war sie so eingeschüchtert, dass auch sie zu uns in die Wohnung zog. Hamid und ich hätten als frisch Vermählte gern die neue Zweisamkeit genossen, doch ich war so damit beschäftigt, den Haushalt zu führen, dass es uns nicht gelang, mehr als ein paar kurze Augenblicke für uns allein zu haben. Ich vermute, überall auf der Welt haben frisch verheiratete Frauen eine romantische Vorstellung von ihren ersten Ehemonaten, doch mir ging es wie vielen anderen auch: Die Realität des Erwachsenenlebens holte meine mädchenhaften Träume vom Eheglück schnell ein. Zunächst ärgerte ich mich darüber, dass die glücklichste Zeit meines Lebens dermaßen gestört wurde, doch diese Empfindungen waren nur von kurzer Dauer, und bald meldete sich mein Pflichtgefühl wieder. Immerhin ging es hier um meinen Bruder, den ich innig liebte. Wenn ich daran dachte, wie nett er in meiner Kindheit zu mir gewesen war und wie stark er mein Leben beeinflusst hatte, plagten mich wegen meiner egoistischen Gedanken Gewissensbisse. Nun war es an mir, mich um ihn und seine Familie zu kümmern. Ich wusste, dass er dasselbe für mich getan hätte, egal, wie gefährlich oder aufopferungsvoll es gewesen wäre.

Mirschakay war fest entschlossen, Afghanistan zu verlassen. Nur so ließ sich seine Sicherheit garantieren, auch wenn das für ihn bedeutete, dass er ein unstetes Leben als Flüchtling im Ausland führen musste. In den nächsten drei Monaten ließ er sich den Bart lang wachsen. Nach einer Weile erkannten wir ihn kaum wieder. Wir beteten, dass es den Taliban nicht anders ergehen möge.

Mirschakay plante, ein Taxi nach Torcham zu nehmen, einer Stadt an einem viel genutzten Grenzübergang nach Pakistan. Sie liegt in der Nähe des berühmten Khyber-Passes und am Rande der sogenannten Stammesgebiete unter pakistanischer Bundesverwaltung, die von den Stammesältesten verwaltet werden und auf die die Zentralregierung in Islamabad wenig Einfluss hat. Die Grenze zwischen Afghanistan und Pakistan wurde von Afghanistan nie formal anerkannt. Die als Durand-Linie bekannte Grenze löst daher bis heute Spannungen zwischen der pakistanischen und der afghanischen Regierung aus. Ausländische Streitkräfte, die Amerikaner und die NATO, die den Krieg gegen den Terror ausfechten, behaupten, diese ungesicherte Grenzregion biete Tausenden von Al-Qaida-Kämpfern eine Heimat. Pakistan bestreitet das, unternimmt jedoch wenig, um den Fundamentalismus in diesem Gebiet in den Griff zu bekommen.

Der Ehrenkodex, der dort herrscht, ist so stark, dass sich die Dorfbewohner, als amerikanische Flugzeuge die Gegend auf der Suche nach Osama bin Laden und seinen Sympathisanten bombardierten, weigerten, deren Aufenthaltsort zu verraten. Sie würden ihre »geehrten Gäste« auch dann nicht ausliefern, wenn Bomben auf ihre Häuser regneten. Mir ist klar, dass das für Menschen aus dem Westen schwer zu begreifen ist. Wer in die Stammesgebiete geht, begibt sich fünfhundert Jahre in die Vergangenheit. Hat man das erst einmal begriffen, so beginnt man auch diese Region zu verstehen. Wer das, wie einige Regierungen und ausländische Streitkräfte, nicht wahrhaben will, wird immer unterliegen.

Im Jahr 1997, als wir die Flucht meines Bruders planten, brauchten die Afghanen, anders als heute, kein Visum, um über die Grenze nach Pakistan zu gelangen. Mein Bruder hoffte, dass er in dem Gewühl aus Lastwagen, Händlern und Reisenden, die unablässig durch Torcham strömten, die Grenze unbemerkt würde überschreiten können.

Mirschakay hatte ein Taxi bestellt, das ihn früh am Morgen abholen sollte. Ich lief durch die Wohnung, half ihm bei den Vorbereitungen für seine Abreise und bereitete für die Fahrt Nan-Brot und hart gekochte Eier vor, während seine Frau den Koffer packte. Da klopfte es an der Tür. Ohne weiter nachzudenken, öffnete ich sie, weil ich den Taxifahrer erwartete. In der Tür standen zwei Männer mit schwarzem Turban – Taliban. Sie drohten mit ihren Waffen und drängten in die Wohnung. Wir erstarrten. Uns blieb keine Zeit zu reagieren und uns zu verstecken. Wir tauschten resignierte Blicke aus – das war's. Wir saßen in der Falle.

Die beiden Männer packten triumphierend meinen Bruder und drückten ihn zu Boden. Der größere der beiden – sie sahen nicht viel älter aus als zwanzig – stieß Mirschakay das Knie ins Kreuz, sodass er vor Schmerz aufschrie. Der andere packte in einem Akt unverhohlener Bosheit Hamid am Nacken und stieß ihm den Kopf gegen den Wohnzimmerboden. Er schubste ihn herum wie eine Stoffpuppe. Die beiden johlten und lachten meine Schwägerin und mich an, während sie unsere Männer durchs Treppenhaus zerrten und auf ihren Pickup warfen. Mein Bruder schrie mir noch zu, ich solle ihm nicht folgen, sondern zu Hause bleiben. Selbst in einem so düsteren und verzweifelten Moment wie diesem ließ sein männlicher Stolz die Schande nicht zu, dass eine Frau sich ins Gefängnis begab, um ihn frei zu bekommen.

Auf der Polizeistation gelang es meinem Bruder, über einen Wachmann eine Nachricht an seine Familie hinauszuschmuggeln. Darin bat er uns, einen alten Kollegen meines Bruders zu kontaktieren, der während der kommunistischen Herrschaft eine führende Stellung im Verteidigungsministerium innegehabt hatte und dann für die Taliban-Regierung arbeitete. Der Mann, der in kommunistischer Zeit General gewesen war, fungierte nun als leitender Militärberater der Taliban. Mein Bruder hoffte, dass er ein paar Beziehungen spielen lassen konnte, um ihn und Hamid aus dem Gefängnis zu bekommen. Er hatte auch die Adresse dieses Mannes aufgeschrieben, eine Wohnung in der Nähe des Flughafens.

Wieder begann das grausame Warten. Diesmal verließen mich meine Kräfte, und ich lag zwei Tage auf dem Bett, wie betäubt vor Verbitterung und Angst. Wieder war mir Hamid weggenommen worden. Doch diesmal hatte er nicht nur mich zurückgelassen, sondern auch unser ungeborenes Kind.

Drei Tage zuvor hatte ich erfahren, dass ich schwanger war. Wie viele werdende Mütter war ich aufmerksam geworden, als die Übelkeit einsetzte und ich mich morgens übergeben musste. Hamid und ich waren natürlich hocherfreut. Doch diese Freude wurde getrübt von der Unruhe, die unser Leben bestimmte. Kaum etwas ist so beängstigend, wie in Kriegszeiten zum ersten Mal Mutter zu werden. Im Krieg ist das tägliche Überleben schon ein Kampf, und nur die Stärksten schaffen es. War es fair, fragte ich mich, ein hilfloses Kind dieser Hölle auszusetzen? Wohl eher nicht.

Doch ich wusste auch, dass das Leben trotz Kugeln und Bomben weitergeht. Und der Wunsch, das Leben und die Schöpfung zu feiern, ist dem Menschen gewissermaßen angeboren, egal, wie widrig die Umstände sind. Ja, ich hatte Angst, doch ich freute mich auch darauf, mich auf etwas so Wertvolles und Positives konzentrieren zu können wie ein Kind. Dennoch: Mir war von Anfang an klar, dass es keine leichte Schwangerschaft werden würde. Afghanistan hat weltweit eine der höchsten Sterblichkeitsraten bei Mutter und Kind. Es gibt eine kulturell bedingte Unwilligkeit, offen über gynäkologische und pädiatrische Dinge zu sprechen. Aufgrund der schlechten medizinischen Infrastruktur sind Ärzte Mangelware, und von den wenigen, die es gibt, sind viele schlecht ausgebildet. Die Familien nehmen für eine Frau oft erst dann medizinische Hilfe in Anspruch, wenn es absolut keine andere Alternative mehr gibt und sie ohne Hilfe sterben würde. Wer unter diesen Umständen als Arzt arbeiten will, braucht hervorragende Fähigkeiten, Geduld und Hingabe. Einige der besten afghanischen Ärzte sind Frauen. Ich bin mir sicher, dass es Frauen überall auf der Welt lieber ist, in diesem so intimen Bereich von einer Vertreterin ihres eigenen Geschlechts behandelt zu werden. Lange wollte ich selber Ärztin werden und als Gynäkologin arbeiten.

Dass die Taliban jedoch den Frauen das Arbeiten verboten, dünnte das medizinische Personal Afghanistans weiter aus. Doch der grausame Wahnsinn der Taliban ging noch weiter, denn sie verboten männlichen Ärzten auch, Frauen zu behandeln. Ein Arzt durfte einer Frau für ihre Erkältung nicht einmal Aspirin verordnen. Ärztinnen durften also nicht arbeiten, und Ärzte durften Frauen nicht behandeln. Das Ergebnis war, dass unzählige Frauen unter den Taliban starben, an der Grippe, an unbehandelten Infektionen, an Blutvergiftung, Fieber, einem Bruch oder weil sie schwanger waren. Sie starben völlig sinnlos, einfach nur, weil das Leben einer Frau in den Augen der brutalen Männer, die das Land führten, so wertlos war wie das einer Fliege. Diesen Männern, die behaupteten, sie seien Männer Gottes, fehlte jeglicher Bezug zu einer der großartigsten Schöpfungen Gottes: der Frau.

Die morgendliche Übelkeit setzte mir zu. Und sie beschränkte sich nicht auf die ersten Stunden des Tages. Heute kann ich darüber scherzen, doch ich musste wirklich an mich halten, nicht in die Haube meiner Burka zu speien, und das fand ich damals überhaupt nicht witzig. Ich wünsche es keiner werdenden Mutter, dass sie je die Kopfbedeckung ihres Gewandes anheben, den Kopf nach vorn neigen und in die Lücke zwischen ihren Füßen zielen muss – wobei sie dem natürlichen Drang widerstehen muss, auf die Knie zu gehen.

Drei Monate lang erbrach ich fast alles, was ich zu mir nahm. Das war eine Bürde, auf die ich gern verzichtet hätte, auch an dem Tag, an dem ich mich, den Brief meines Bruders in der Hand, auf den Weg zum Haus seines früheren Kollegen machte. Mein Bruder wusste, dass es gewagt war, diesen Mann um Hilfe zu bitten, doch mittlerweile mussten wir jedes Risiko eingehen.

Ich war voller Selbstmitleid, bevor ich dieses Haus betrat. Doch als sich meine Augen an die Dunkelheit gewöhnt hatten, musste ich mir eingestehen, dass ich wahrlich noch dankbar sein konnte. Die meisten Afghanen sind zwar bettelarm, aber unglaublich stolz. Sie sind stolz auf ihr Zuhause, egal wie einfach es ist, und bieten ihren Gästen immer etwas zu essen, Tee und Süßigkeiten an. Vielleicht schockierte mich der schreckliche Zustand des Wohnzimmers deshalb so. Der Boden war offenbar lange nicht gekehrt oder gewischt worden. Am liebsten hätte ich sofort die Teppiche nach draußen gebracht und ausgeklopft. Die Wände hätten eine Reinigung vertragen, und liebend gern hätte ich die Fenster geöffnet, um Licht und frische Luft hereinzulassen und den muffigen Geruch zu vertreiben, der das Haus erfüllte.

Die Frau des Hauses begrüßte mich. Da erst merkte ich, dass sie eine sehr einfache Frau war, die es nie besser gelernt hatte. Alles an ihr wirkte ungelenk und hilflos, bis hin zu der Art, wie sie ihre Gäste willkommen hieß. Als ich mich im Raum umsah, bemerkte ich eine Reihe schmutziger Gesichter, eins schmuddeliger als das andere: Das waren ihre Kinder und weitere Mitglieder der Verwandtschaft. So erklärte sich zumindest der unangenehme Geruch.

Ich fand kein sauberes Plätzchen zum Hinsetzen und hockte mich deshalb in den letzten dreckigen Winkel des Raums. Mir war schrecklich übel. Die Burka behielt ich ausnahmsweise auch im Haus an. Ich stellte mich auf eine lange Wartezeit ein. Mittlerweile hatte ich Erfahrung im Umgang mit den Taliban. Das wichtigste Gebot war Geduld. Man erklärte mir, der Mann werde in zwanzig Minuten mit mir sprechen, doch ich war bereit, wenn nötig, den ganzen Tag zu warten. Es mag im Rückblick seltsam klingen, doch ich machte mir diesmal viel weniger Sorgen um Hamid. Dass er nicht allein, sondern mit meinem Bruder im Gefängnis saß, tröstete mich ungemein. Ich hoffte, dass die beiden einander stützen konnten, egal, was ihnen Schreckliches widerfuhr.

Während ich so dasaß und wartete, beobachtete ich, wie eine Frau ihrem Jungen den grünen Rotz abwischte, der ihm aus der Nase rann. Ich bemühte mich um ein Gespräch, das sich allerdings als schwierig erwies. Es fiel mir schwer, die Höflichkeit zu wahren, während ich in einem verdreckten Zimmer in einem verdreckten Haus saß und auf einen verdreckten Mann wartete, der nun der wichtigste Sicherheitsberater unserer Regierung war. Wie wollten die Leute ein Land gestalten, wenn sogar das eigene Heim schmuddelig war, ihre Frauen und Kinder in völliger Ignoranz gefangen waren?

Welche Hoffnung gab es für Afghanistan, solange diese ungebildeten Menschen an der Macht waren? Da durchzuckte mich eine Erkenntnis, und mich packte das nackte Entsetzen: Wenn es schon im Wohnzimmer eines führenden Taliban-Beraters so schrecklich aussah, wie war es dann erst um die Gefängnisse der Taliban bestellt?

Der Mann, der dann endlich erschien, sah so grob und ungepflegt aus wie seine Familie. Er strahlte nicht die Macht und Autorität aus, die ich erwartet hatte. Ich erklärte ihm, wie Hamid und mein Bruder ins Gefängnis gekommen waren. Der Mann war durchaus freundlich und erklärte mir, dass er sich gut an meinen Bruder erinnerte. Er hörte mir geduldig zu und versicherte mir dann, dass er die beiden freibekommen würde. Er bat mich zu warten, während er ein paar Telefonate führte, und zog sich zurück. Ich machte es mir, so gut es eben ging, auf dem dreckigen Boden bequem und wartete. Der Geruch war mittlerweile nicht mehr so schlimm. Meine Nase hatte sich wohl daran gewöhnt.

Als der Mann endlich zurückkehrte, brachte er keine guten Nachrichten. Seufzend, den Blick auf seine schmutzigen Hände geheftet, erklärte er mir, es werde eine Weile dauern, bis er die beiden frei bekäme. Er versprach, die Angelegenheit im Blick zu behalten und mir mitzuteilen, wenn es etwas Neues gebe. In seiner Stimme schwang der Ton halbherziger Aufrichtigkeit mit, als fühle er sich verpflichtet zu helfen, würde aber keine großen Anstrengungen unternehmen. Das beunruhigte mich. Niedergeschlagen ging ich nach Hause. Hamid war immer noch sehr schwach. Er hatte gerade erst begonnen, sich von seiner ersten Inhaftierung zu erholen. Draußen wurde es immer kälter. Es war Spätherbst, und in den Bergen rund um die Stadt lag schon Schnee. Bald würde es auch in Kabul schneien. Die Temperaturen konnten dann bis auf minus fünfzehn Grad sinken. Ich stellte mir Hamid und meinen Bruder vor, wie sie sich, lediglich die Kleider am Leib, die sie bei ihrer Verhaftung getragen hatten, in dem eiskalten Gefängnishof gegenseitig Wärme spendeten. Ich biss mir auf die Lippen, um die Tränen zu unterdrücken, die in mir aufstiegen bei dem Gedanken, dass Hamids Zehen vor Kälte schon ganz blau waren. Ich wusste nicht, wie viel der empfindliche Körper meines Ehemannes noch aushalten würde. Sein Verstand war stark und klug und konnte jeder Folter widerstehen, der sie ihn aussetzten. Doch jeder Mensch hat eine körperliche Belastbarkeitsgrenze. Ich ahnte, dass diese Grenze in der eisigen Kälte des Nachtwindes, in der sogar das Atmen schmerzt, bei Hamid schnell erreicht war.

Früh am nächsten Morgen hatte ich meine typische Haltung eingenommen – über die Toilettenschüssel gebeugt und mich heftig erbrechend. Doch an diesem Morgen gab es einen zusätzlichen Grund für meine Übelkeit. In der Nacht hatte es geschneit. Als ich aus dem Bett getaumelt und ins Badezimmer gelaufen war, hatte ich durchs Fenster gesehen, dass die Dächer der Stadt unter einer glitzernden frischen Schneedecke lagen. Hatten Hamid und mein Bruder die ganze Nacht im Schnee ausharren müssen? Oder gab es im Gefängnishof zwei weitere Leichen, dicht aneinander gekauert, überzogen mit einer Eisschicht?

Ich kleidete mich an und eilte zum Haus des Talib, diesmal in Begleitung von Hamids Schwester Chadidscha. Wir rutschten und schlitterten über die Straßen, die sich in gefährliche Eisbahnen verwandelt hatten. Meine Burka spendete mir zusätzlich Wärme, verhinderte aber auch, dass ich die vereisten Stellen auf dem Weg rechtzeitig erkannte, und schränkte meine Bewegungsfähigkeit ein, sodass ich jedes Mal, wenn meine Füße unkontrolliert wegrutschten, einen Arm nach vorne werfen musste, um das Gleichgewicht wieder zu erlangen, während ich den anderen um den Bauch legte, um mein ungeborenes Kind zu schützen, falls ich doch fallen sollte.

In dem Haus des Talib hatte sich etwas verändert. Der muffige Geruch war noch da, doch jemand hatte sich die Mühe gemacht, den Boden zu wischen. Die Gesichter der Kinder waren verschmiert, nachdem sie offenbar jemand in dem Versuch, sie zu säubern, abgewischt hatte. Auch der Mann wirkte verändert. Er warf mir ein breites Lächeln zu, das seine schwarzen Zähne entblößte.

»Ich möchte, dass Sie meinen Kindern Englisch beibringen«, sagte er. Es war eine Bitte, kein Befehl. Allerdings keine Bitte, die ich hätte ablehnen können. »Natürlich«, antwortete ich. »Vielleicht können sie zu mir nach Hause kommen. Dort haben sie Platz zum Spielen, und ich kann sie besser unterrichten.« Ich wollte nicht mehr Zeit als absolut nötig in seinem Haus verbringen.

Glücklicherweise schien ihm die Idee zu gefallen. Ich musste ihn bei Laune halten, doch gleichzeitig ermutigte mich der Gedanke: Wenn ich Kindern wie diesen auch nur ein wenig über das Leben jenseits ihres verwahrlosten Zuhauses beibringen konnte, gab es für mein Land vielleicht doch noch Hoffnung. Ich hatte keine Ahnung, was der nächste Tag bringen oder ob ich mein Versprechen, sie zu unterrichten, überhaupt würde halten können, doch mir wurde klar, dass Kinder, alle Kinder, wertvoll sind. Mit der richtigen Unterstützung und Bildung kann jedes Kind zu einem Erwachsenen heranreifen, der das Schicksal einer Nation zum Guten verändern kann.

Ich war zuversichtlich, als ich das Haus verließ. Der Mann hatte die von mir so geliebten Gefangenen kaum erwähnt, doch die Sache mit dem Englischunterricht und die Veränderungen, die im Haus bereits stattgefunden hatten, waren ermutigende Signale, die darauf hindeuteten, dass er uns helfen wollte.

Am selben Abend hämmerte eine Faust gegen unsere Wohnungstür. Vorsichtig öffnete ich sie einen Spalt. Haarige Hände drückten sie mir brutal gegen die Stirn, und ich fiel rückwärts zu Boden. Zwei dunkle Augen unter dichten Augenbrauen und einem schwarzen Turban starrten mich durchdringend an. Doch ich hatte keine Angst, ja, ich nahm kaum Notiz von dem Gesicht des Talib, denn neben ihm standen Hamid und Mirschakay. Er stieß sie beide durch die Tür wie ein verwöhntes Kind, das gezwungen wird, seine Spielsachen mit anderen zu teilen. Bevor ich ihm die Tür vor der Nase schloss, murmelte er noch ein paar leere Drohungen in seinen Bart. Ich warf mich Hamid in die Arme. Meine Schwägerin kam kreischend aus dem Wohnzimmer und stürzte sich auf ihren Ehemann. Der Ex-Kommunist und Talib-Berater hatte tatsächlich Wort gehalten.

Wir vergeudeten keine Zeit und bestellten ein Taxi gleich für den nächsten Morgen. Wir mussten sofort nach Pakistan. Die beiden waren frei, aber wir konnten uns nicht auf die Launen und den guten Willen der Taliban verlassen. Sie konnten jederzeit ihre Meinung ändern und die beiden wieder verhaften. Dieses Risiko wollten wir nicht eingehen.

Am nächsten Morgen quetschten Hamid, mein Bruder, seine Frau, ihr Baby und ich uns in das wartende Auto. Hamid saß außen auf dem Rücksitz, und ich setzte mich in meiner Burka neben ihn. Mein Bruder saß in der Mitte, wo ihn, wie wir hofften, niemand erkennen würde, und seine Frau auf der anderen Außenseite. Ein Freund der Familie hatte auf dem Beifahrersitz Platz genommen. Auch er war ein Ex-General, Paschtune, der uns freundlicherweise seine Hilfe angeboten hatte. Wenn wir irgendwelche Probleme hatten, hofften wir, dass uns sein Rang als General helfen würde. Falls nicht, würde seine ethnische Zugehörigkeit sowohl an den Kontrollpunkten der Taliban als auch an der Grenze von Nutzen sein. Dass er mit uns fuhr, war ein Akt reiner Großzügigkeit. Es verblüfft mich noch heute, wenn ich an all die Freunde und Nachbarn denke, die im Lauf der Jahre ihr Leben riskierten, um uns zu helfen. Auch deshalb verschließe ich meine Tür nie vor denen, die meine Hilfe brauchen. Mein islamischer Glaube lehrt mich, dass wir jede gute Tat, die wir erfahren haben, zurückzahlen müssen, indem wir jemand anderem etwas Gutes tun.

Der Taxifahrer plapperte nervös drauflos und versuchte uns davon zu überzeugen, dass sein Fahrzeug stabil und verlässlich war. Ich war da nicht so sicher, doch Mirschakay hatte darauf bestanden, dass wir diesmal alle mit ihm nach Pakistan fahren sollten. Ich hatte eingewilligt, denn nach all den Spannungen der vorangegangenen Wochen musste ich raus aus der Stadt, und sei es nur für eine Woche. Zudem war es eine gute Gelegenheit, medizinische Hilfe für Hamid zu bekommen. Der zweite Gefängnisaufenthalt hatte ihn weiter geschwächt, und sein Gesundheitszustand verschlechterte sich zusehends. Ich litt noch unter morgendlicher Übelkeit, und den größten Teil der Reise hatte ich eine Schüssel unter der Burka, in die ich spucken konnte.

Es war eine schreckliche Fahrt. Im Auto war es eng und unbequem, und wir waren nervös, denn wir fürchteten jeden Augenblick, an einem Kontrollpunkt angehalten und festgenommen zu werden. Den General dagegen konnte nichts aus der Fassung bringen. Jedes Mal, wenn wir bewaffneten Männern begegneten, scherzte und plauderte er mit ihnen. Die meisten Taliban waren ebenfalls Paschtunen und gaben sich lockerer, wenn sie ihre Muttersprache und den vertrauten Akzent hörten. Die Autorität des Generals nötigte ihnen zudem Respekt ab, und auch die größten Maulhelden unter den jungen Taliban ließen sich von seinem altmodischen soldatischen Gebaren beeindrucken.

»Sie dürfen passieren, Onkel.« Jedes Mal, wenn ich diese Worte hörte, hob sich meine Brust in einem erleichterten Seufzer. Als wir schließlich die Grenze bei Torcham überquert und pakistanischen Boden erreicht hatten, erscholl unser vielstimmiges Gelächter der Erleichterung. Endlich waren wir in Freiheit. Die grässliche Unterdrückung durch die Taliban hatten wir hinter uns gelassen, und uns war eine gewaltige Last von den Schultern genommen.

Um vier Uhr nachmittags erreichten wir die pakistanische Stadt Peschawar. Dort bestiegen wir einen Nachtbus, der uns in die uralte Königsstadt Lahore brachte. Im Haus meines Bruders wurden wir von seiner ersten Frau und ihren Eltern herzlich empfangen. An jenem Abend aßen wir Chapli Kebab, eine herrliche regionale Spezialität mit Hackfleisch, Granatäpfeln und rotem Chili, zu der wir Coca-Cola tranken. Es schmeckte so göttlich wie das beste Festmahl, das ich je genossen hatte, zumal es die erste Mahlzeit seit Monaten war, die nicht von der Angst vor den Taliban überschattet wurde.

Unser Aufenthalt in Lahore war himmlisch. Zum ersten Mal seit unserer Hochzeit konnten Hamid und ich ausgehen und uns wie ein normales jung verheiratetes Paar amüsieren. Lahore ist eine traumhaft schöne Stadt mit jahrhundertealten Moscheen und verwinkelten Basaren. Hamid und ich sahen uns stundenlang einfach nur die Stadt an. In einem herrlichen Park, der Frauen und Familien vorbehalten war, machten wir ein Picknick. Hamid hatte jahrelang darum gekämpft, mich zu heiraten, doch seit unserer Hochzeit hatten wir kaum einen entspannten Moment miteinander verbringen können. Wir hatten keine Gelegenheit gehabt, einfach nur die Zweisamkeit zu genießen.

Die Stadt empfanden wir nach dem Chaos von Kabul als intakt und sauber. Da in meiner Stadt viele ehrwürdige Gebäude im Bürgerkrieg zerstört worden waren, bewunderte ich die historische Architektur von Lahore. Vom sechzehnten bis ins achtzehnte Jahrhundert war die Stadt von den Großmogulen regiert worden, einer islamisch-indischen Kaiserdynastie, die einen Großteil des asiatischen Kontinents beherrschte. Die Moguln waren berühmt für ihre Baukunst. Der Tadsch Mahal im indischen Agra beispielsweise wurde vom Großmogul Schah Dschahan erbaut. In Lahore schufen sie die großartigsten Bauwerke der Stadt, unter anderem die spektakuläre Festung und die Schalimar-Gärten, die heute beide Weltkulturerbestätten der UNESCO sind.

Ich war mittlerweile im vierten Monat schwanger, und es ging mir immer noch nicht besonders gut. Auch Hamid war nach den zwei Gefängnisaufenthalten und der brutalen Behandlung durch die Taliban geschwächt. Ein paar kurze Tage lang jedoch zogen wir aus der Ruhe von Lahore geistige und körperliche Kraft. »Ruhe« ist vielleicht ein merkwürdiges Wort für eine betriebsame pakistanische Stadt mit fast fünf Millionen Einwohnern, doch nach allem, was wir erlebt hatten, empfanden wir es so.

Nach einer Woche in Lahore erfuhren wir, dass sich der afghanische Präsident Rabbani in Peschawar aufhielt. Die Taliban hatten ihn zwar entmachtet, doch für uns und den Rest der Welt war er nach wie vor der legitime Staatschef Afghanistans. Rabbanis UN-Botschafter repräsentierte Afghanistan auch in der Vollversammlung der Vereinten Nationen. Nur Saudi-Arabien, die Vereinigten Arabischen Emirate sowie Pakistan hatten die Taliban offiziell als Regierung anerkannt. Mein Bruder hatte einst im Innenministerium für Rabbani gearbeitet und kannte ihn daher gut. Als er in Peschawar eintraf, nahm er Kontakt mit dem Präsidenten auf und erhielt gemeinsam mit Hamid eine Einladung zu einem Treffen. Die beiden nahmen sie gern an. Sie hofften zu erfahren, wie der Präsident die Macht zurückzuerobern plante.

Burhanuddin Rabbani stammte wie meine Familie aus Badachschan. Er und mein Vater waren Freunde, hin und wieder auch Konkurrenten gewesen, und wir hatten großen Respekt vor ihm. In den fünfziger und sechziger Jahren hatte er die Stimme gegen den Aufstieg des Kommunismus in Afghanistan erhoben, und während der sowjetischen Besatzung hatte er den militärischen und politischen Widerstand von Pakistan aus organisiert.

Als Präsident Nadschibullah nach der Niederschlagung des Kommunismus die Macht verlor, nahm Rabbani seinen Platz ein. Doch die Mudschahedin-Regierung jener Zeit war gespalten. Diese Uneinigkeit zog Kämpfe zwischen Rabbanis und Ahmed Schah Massuds Streitkräften auf der einen und denen der Generäle Dostum und Hekmatjar auf der anderen Seite nach sich. Das war der Beginn des Bürgerkriegs.

Rabbani empfing in Lahore zahlreiche Gäste, und Hamid und Mirschakay kehrten voller Optimismus von dem Treffen zurück. Sie waren überzeugt, dass Rabbani die Schlüsselfigur für eine Stabilisierung Afghanistans war – obwohl nicht einmal Rabbani nun, da die Taliban die Macht fest in den Händen hielten, klar umreißen konnte, wie das zu erreichen war. Doch ihr Optimismus war ansteckend, und in der Ruhe und Sicherheit von Lahore wuchs in mir die Hoffnung, dass in Afghanistan doch noch nicht alles verloren war.

Die Aussicht, dass Rabbani den ihm zustehenden Präsidentenstatus wiedererlangen könnte, stimmte uns so zuversichtlich, dass Hamid und ich vom Fleck weg entschieden, nach Afghanistan zurückzukehren. Neben unserem neu gewonnenen Optimismus war ein weiterer Beweggrund, dass Hamids verwitwete Schwester mit ihren Kindern allein in Kabul war und wir sie dort unterstützen wollten.

Für meinen Bruder war eine Rückkehr zu riskant. Er wollte in seinen Häusern in Peschawar und Lahore bleiben. Es fiel mir furchtbar schwer, meinen Bruder und seine Frauen zurückzulassen, da ich nicht wusste, wann oder ob ich sie je wiedersehen würde. Doch ich war nun eine verheiratete Frau, und mein Platz war an der Seite meines Mannes.

Der Winter hatte das Land fest im Griff, und die Schneefälle wurden immer stärker. Auf unserem Rückweg nach Kabul stellten wir fest, dass die hohen Berge am Khyber-Pass mittlerweile weiß waren, und der Anblick des frischen, unschuldigen Schnees, der die schroffen, mitleidlosen Felsspitzen unter sich begrub, erfüllte mich mit neuer Hoffnung auf einen Neuanfang für Afghanistan.

Hamid und ich kehrten ohne weitere Zwischenfälle nach Afghanistan zurück und waren bald wieder in unserer Wohnung in Kabul. In der Woche, in der wir weg gewesen waren, hatte ich ausreichend Kräfte gesammelt. Ich freute mich, wieder in der Heimat zu sein. Meinen Patriotismus verlor ich nicht einmal unter der Taliban-Herrschaft. Dies waren mein Kabul und mein Afghanistan.

Der Ramadan hatte begonnen, und wie alle gläubigen Muslime fasteten wir zwischen Sonnenaufgang und Sonnenuntergang. Wir waren schon vor der Morgendämmerung auf, um das Sahur zu uns zu nehmen, ein gehaltvolles Frühstück, das uns durch den Tag bringen sollte, bis wir nach Sonnenuntergang wieder essen durften. Meist aßen wir sehr früh und legten uns dann bis zum Morgengebet noch einmal schlafen.

Hamid und ich hatten uns gerade hingelegt, als es an die Tür klopfte. Hamid machte auf, denn wir dachten, es sei ein Nachbar, der uns um einen Gefallen bitten wollte. Ich hörte Stimmen und dann Hamids Schritte. Als er das Schlafzimmer betrat, war sein Gesicht aschgrau, und er sah aus, als müsse er sich gleich übergeben. Er bat mich um seinen Mantel. Die Taliban waren an der Tür. Ihr Auto stand draußen, und Hamid hatte keine andere Wahl, als mitzugehen. Ich wollte mit ihm zur Haustür, sie bitten, ihn in Ruhe zu lassen, uns in Ruhe zu lassen. Wir waren nach Kabul zurückgekehrt in der Hoffnung, ein normales, friedliches Leben zu führen. Doch nun nahmen sie ihn wieder mit.

Hamid war wie immer würdevoll und gefasst. Sanft bat er mich, im Schlafzimmer zu bleiben. Ich hatte mein Nachthemd an und war daher nicht angemessen gekleidet, um fremde Männer um etwas zu bitten, nicht einmal um fünf Uhr morgens an der Haustür meiner eigenen Wohnung. Es war nicht klar, was sie eigentlich von Hamid wollten. Sie brachten keine Anschuldigung vor, sondern teilten ihm lediglich mit, seine Anwesenheit sei erforderlich und er müsse mitgehen. Ich hörte, wie die Tür ins Schloss fiel. Schluchzend fiel ich ins Kissen zurück und presste die Hände auf meinem Bauch mit dem ungeborenen Kind. Wieder einmal fragte ich mich, was aus uns werden sollte.

Ich kannte einen Mann aus meiner Heimatprovinz Badachschan, der mittlerweile für die Taliban arbeitete. In einem alten Notizbuch fand ich seine Adresse. Er arbeitete im Pul-i-Tscharchi-Gefängnis. Die in den 1970er Jahren erbaute Anstalt war berüchtigt für die brutale Folter, der die Insassen in der Zeit der sowjetischen Besatzung ausgesetzt waren. Ich wusste nicht, wo die Taliban Hamid hingebracht hatten, doch mir fielen so langsam keine Menschen mehr ein, die uns hätten helfen können. Man kann jemanden nur einmal um Beistand bitten, weil es sonst für den Betreffenden zu gefährlich wird. Deshalb war es ausgeschlossen, einen derer, die uns schon einmal geholfen hatten, noch einmal anzusprechen.

Ich kannte diesen Mann nicht sehr gut, hoffte aber, dass er sich mein Anliegen anhören würde, weil wir aus derselben Region stammten und er meinen Vater gekannt hatte. Am folgenden Tag wachte ich früh auf, zog meine Burka über und ging hinaus in die kalte Morgenluft, um ihn zu suchen.

Pul-i-Tscharchi liegt etwa zehn Kilometer östlich von Kabul. Ich ging zu Fuß durch die Vororte, die nach und nach kleineren Dörfern wichen, bis nur noch ein paar vereinzelte Lehmhäuser und anschließend nicht mehr als eine staubige Piste zu sehen waren. Das war keine Gegend, durch die man als Frau allein hätte gehen sollen, insbesondere in jenen Tagen. Man meint, der Weg führe ins Nichts, doch dann taucht plötzlich das Gefängnis vor einem auf. Die Bajonette der Wachmänner und der Stacheldraht auf den Mauern glitzerten im Sonnenlicht. Die Mauern muteten mittelalterlich an mit ihren imposanten massiven Wachtürmen und den groben, mit Lehm verputzten Wänden. Das Furcht einflößende Gefängnis wurde auch als Alcatraz von Afghanistan bezeichnet, weil eine Flucht von dort unmöglich ist. Ich betrat das Wachhaus, erklärte mein Anliegen und bat um ein Gespräch mit dem Mann aus Badachschan. Der Wachmann ging, um ihn zu fragen. Als er zurückkehrte, sagte er nur ein Wort: »Nein.«

»Was ist das nur für ein Badachschani?«, fragte ich zurück. Hatte er denn gar keinen *gharor*, Stolz, dass er es nicht einmal einer Ehefrau gestattete, sich nach ihrem vermissten Mann zu erkundigen?

Ich hoffte, mein Vorwurf würde den Mann zum Handeln veranlassen. Da ich eine frisch verheiratete muslimische Frau war, galt es in unserer Kultur als ungehörig, mir die Unterstützung zu verweigern. Der Wachmann wirkte zerknirscht und versprach, seinem Chef meine Nachricht zu überbringen. Doch dieser weigerte sich weiterhin, mich zu empfangen. Ich ahnte schon, warum. Wahrscheinlich empfand er es als Erniedrigung, dass ich ihn vor seinen Männern getadelt hatte. Man bat mich, nach Hause zu gehen und es ein paar Tage später noch einmal zu versuchen.

Ich marschierte also den ganzen Weg wieder nach Hause, durstig, mit leerem Magen, dafür einem kräftig strampelnden Baby im Bauch. Noch immer hatte ich keine Ahnung, wo sie meinen Mann hingebracht hatten.

Als ich gegen Abend nach Hause kam, war ich fix und fertig. Eine von Hamids Verwandten war kurz zuvor in hohem Alter verstorben, und man erwartete von meiner Schwägerin und mir, dass wir unser Beileid überbrachten. Ich wollte eigentlich nicht gehen, aber das Pflicht- und Ehrgefühl gegenüber meiner Familie zwangen mich dazu.

An den Abend kann ich mich nicht mehr recht erinnern, denn mich quälte die Sorge um Hamid. Während ich gedankenverloren auf dem Teppich saß, kam ein älterer Mann zu mir. Die Nachricht von Hamids Verhaftung hatte sich schnell herumgesprochen, obwohl sie erst ein paar Tage zuvor geschehen war. In den Augen des alten Mannes stand Mitgefühl, und sein langer grauer Bart tanzte, als er mir zuflüsterte, er wisse, wo Hamid festgehalten werde. Einem Verwandten zufolge – der alte Mann sagte mir nicht, wer das war und wie er an die Information gelangt war – wurde mein Mann vom Geheimdienst Nummer 3 festgehalten, der gefährlichsten aller Geheimdienstabteilungen. Ihre Aufgabe war es, abweichende politische Stimmen zum Schweigen zu bringen. Ich hatte schreckliche Angst um Hamid, doch zumindest wusste ich nun, wo er war.

Eine Woche lang ging ich jeden Tag zum Büro der Geheimdienstabteilung, und jeden Tag wurde ich von höhnisch grinsenden Wachleuten wieder weggeschickt. Am siebten Tag erlaubte man mir, meinen Mann zu besuchen. Sein von Natur aus schlanker Körper war hager und gebeugt. Man hatte ihn wiederholt geschlagen, und er konnte vor lauter Schmerzen nicht gerade stehen. Seine Haut war unnatürlich weiß, die Augen lagen tief in ihren Höhlen, die Wangenknochen stachen hervor.

Wir saßen an einem groben Holztisch und flüsterten miteinander. Ich wollte ihn umarmen, doch ein Taliban-Gefängnis ist kein Ort für Zärtlichkeiten, nicht einmal zwischen Mann und Frau. Hamid erzählte mir, dass man ihn gezwungen hatte, die ganze Nacht draußen im Schnee zu stehen. Am Tag musste er endlose Verhöre und Prügel über sich ergehen lassen. »Warum haben Sie Rabbani besucht?«, wurde er gefragt und: »Welchen Zweck hatte dieses Treffen? Was verbindet Sie mit Rabbani?«

Präsident Rabbani wurde also von pakistanischen Geheimdienstleuten des ISI – Inter-Services Intelligence – überwacht. Schon lange wurde gemutmaßt, dass der pakistanische Nachrichtendienst mit den Taliban sympathisierte, und hier hatten wir den Beweis. Die pakistanischen Beamten hatten den Taliban offenbar die Namen von Rabbanis Besuchern genannt, darunter auch Hamid und mein Bruder.

Als ich das Gefängnis verlassen wollte, fragte mich ein führender Talib: »Wie viel ist Ihnen die Freilassung Ihres Mannes wert? 2500 Dollar? 5000 Dollar?«

Offenbar wussten sie mittlerweile, dass Hamid kein politischer Aktivist war. Sie konnten ihn Tag und Nacht schlagen und würden doch nichts von ihm erfahren. Er konnte ihnen nichts sagen, weil er nichts wusste. Dennoch konnten sie aus seiner Inhaftierung noch Kapital schlagen. Ich hätte ihnen alles gegeben, was ich hatte, doch ich besaß kein Geld. Wir waren nicht so reich, jedenfalls nicht an Bargeld. Und über meinen Bruder hätte ich zwar Bargeld aus Pakistan beschaffen können, doch die Taliban hatten das Bankwesen nachhaltig zerstört, sodass es mittlerweile unmöglich war, Geld zu überweisen oder sich größere Bargeldbeträge zu leihen. Ich konnte schlichtweg nicht für ihn bezahlen. Das wird mich für alle Zeiten belasten.

Hamid war mittlerweile schwer krank von den Misshandlungen, die er hatte erleiden müssen. Er war halb verhungert und erfroren. Eine Erkältung setzte sich auf die Lunge und wurde immer bedrohlicher. Die tödliche Kombination aus einer geschwächten Immunabwehr, der Nähe zu anderen kranken Häftlingen und dem Mangel an Hygiene führte dazu, dass er sich eine Tuberkulose holte.

Ich setzte einen Brief auf, in dem ich um seine Freilassung bat und den ich der Geheimdienstleitung übergeben wollte. Ich beteuerte darin Hamids Unschuld und erklärte, dass er nun eine ansteckende Krankheit hatte, die der Gesundheit der anderen Häftlinge abträglich sein könnte. Ich übergab den Brief persönlich einem Geheimdienstbeamten. Er war kein Talib, sondern ein normaler Staatsbediensteter mit Brille, der von seinen neuesten Vorgesetzten offenbar ein wenig verwirrt war. Seinem Alter nach hatte er wahrscheinlich schon unter den Russen und den Mudschahedin gedient. Verschiedene Chefs für die verschiedenen Zeitalter Afghanistans.

Er nahm mir den Brief ab, und ich platzte mit meiner Geschichte von Hamid, seiner Krankheit und unserer Hochzeit heraus. Ich wollte sein Mitgefühl wecken, damit er seinen Chefs den Brief mit größerem Nachdruck präsentierte. Ich stand in meiner Burka auf der anderen Seite der Trennwand, und er blinzelte mich durch seine Brille an. Dann sah er den Brief an und sagte: »Schwester, wer hat diesen Brief für Sie geschrieben?« »Ich«, erwiderte ich. »Ich habe Medizin studiert und will meinen kranken Mann aus dem Gefängnis bekommen.«

»Ihr Mann hat Glück«, sagte er. »Er hat eine gebildete Frau, die sich um ihn kümmert. Aber Schwester, was wäre, wenn sie mich ins Gefängnis werfen würden? Wer würde sich um mich kümmern? Meine Frau ist Analphabetin. Wer würde für mich Briefe schreiben?«

Er seufzte tief und dramatisch und legte den Brief unter einen Stapel weiterer Briefe, die zweifellos von anderen verzweifelten Verwandten geschrieben worden waren. »Gehen Sie jetzt, Schwester, ich kann nichts versprechen. Aber ich werde mein Bestes tun, Ihren Brief in die nächste Sitzung zu bringen.«

Tränen standen mir in den Augen, als ich das Büro verließ. Hamids Leben und Freiheit hingen von einem Brief ab, der unter hundert anderen Briefen lag. Die Chance war gering, dass der bebrillte Beamte ihn weiterreichen würde.

Ich ging im Schnee nach Hause. Als ich die Treppe zu unserer Wohnung hinaufstieg, dachte ich, mein Heim wäre ohne meinen Mann so leer wie mein Magen. Kaum hatte ich die Wohnung betreten, empfing mich Hamids Schwester Chadidscha mit der Frage, ob ich Neuigkeiten über seine Freilassung hätte. Leider konnte ich dazu nichts sagen. Ich ging direkt in mein Zimmer, legte mich hin und versuchte die Tränen zurückzuhalten. Ich nickte ein. Stunden später weckte mich der Ruf des Mullah, der Iftar verkündete (das Fastenbrechen am Abend). Ich lauschte im Liegen: *hai alal falah, hai alal falah.*

Da ich hungrig war, stand ich auf und ging ins Nebenzimmer, wo ich Chadidscha und ihre Kinder zu sehen erwartete. Doch sie war so deprimiert wie ich und hatte ebenfalls den Tag verschlafen. Niemand hatte etwas zu essen gemacht. Ich hatte ein schlechtes Gewissen. Dies war Hamids Heim, und ich war seine Frau. In seiner Abwesenheit war es meine Aufgabe, den Haushalt zu führen und mich um seine Familie zu kümmern. Immerhin war meine Familie daran schuld, dass er überhaupt im Gefängnis war.

Ich ging etwas Reis und Fleisch kaufen und kehrte zurück, um eine Mahlzeit zuzubereiten. Chadidscha kam zu mir in die Küche und machte allerlei Aufhebens, weil ich schwanger sei und mich ausruhen müsse. Sie nahm mir das Messer aus der Hand und begann, Zwiebeln zu schneiden. In nachdenklichem Schweigen kochten wir zusammen das Abendessen. Es war eine kalte Winternacht in Kabul. Es fiel reichlich Schnee, und in der Stadt war es still vor Angst und Lethargie.

Mit Tränen in den Augen sah ich Chadidscha an. »Es tut mir so leid, Dschan [Liebe]. Ich habe das Gefühl, ich habe eurer Familie nichts als Unglück gebracht. Ich wünschte, der arme Hamid hätte mich nie geheiratet. Ich habe all diesen Schmerz über ihn gebracht.«

Sie legte das Messer zur Seite, wischte sich eine Zwiebelträne aus dem Auge und nahm meine Hand. »Fausia, er ist ein starker Mann. Und das Gefängnis wird seinen Charakter nur stärken. Es braucht dir nicht leid zu tun. Du solltest stolz auf ihn sein. Er ist ein politischer Gefangener, kein Verbrecher.«

Das war das erste Mal, dass wir über die Gründe für Hamids Inhaftierung sprachen, und ich war erstaunt, dass sie die Lage so ruhig und ausgewogen betrachtete. Sie hatte allen Grund, mir und meiner Familie, die wir für diese Situation verantwortlich waren, böse zu sein. Ich habe Chadidscha für ihre Stärke, Intelligenz und Vernunft stets bewundert. Ihr Ton berührte mich dermaßen, dass ich nicht antworten konnte, weil mir ein Kloß im Hals saß. Ich rührte weiter den Reis und versuchte, ihr meine Dankbarkeit mit einem stummen Blick mitzuteilen.

Sie umarmte mich und befahl mir dann, ins Esszimmer zu gehen und eine Dattel oder anderes Obst zu suchen, mit dem ich das Fasten brechen konnte. Die Gesundheit meines Babys stehe an erster Stelle, erklärte sie.

Ich setzte mich allein ins Esszimmer, und Bilder aus meiner Kindheit schossen mir durch den Kopf. Meine melancholische Stimmung brachte Erinnerungen wieder hoch, die lange vergessen und halb verschüttet gewesen waren. Ich dachte an das Iftar zu Hause im *hooli*, als mein Vater noch am Leben war. Eine traditionelle Decke, groß wie ein Tischtuch, wurde in der Mitte des Raumes auf dem Boden ausgebreitet. Die Frauen des Dorfes hatten das rot und orangefarben gestreifte Tuch eigenhändig gewoben, die kräftigen Farben waren aus Bergpflanzen gewonnen worden. Um das Tuch wurden Matratzen und Kissen drapiert, auf die sich die Familienmitglieder im Schneidersitz setzten, um zu essen.

Auf der Decke standen nahrhafte Leckereien, mit denen das Fasten gebrochen wurde, zum Beispiel Bolani, ein herzhaft mit Gemüse gefülltes Fladenbrot, Manto, gedünstetes Hackfleisch mit Zwiebeln und Joghurt, oder Kabuli Pilaw, Reis mit Rosinen, Linsen und Karotten. Meine älteren Schwestern hatten gekocht und die Speisen meist erst Minuten vorher fertiggestellt. Als das Fasten gebrochen werden durfte, stürzten sich die hungrigen Familienmitglieder gierig auf die dampfenden Teller und Schüsseln.

Bis auf meinen Vater, der entweder gar nicht da war oder mit seinen Gästen tafelte, saß die ganze Familie beisammen. Alle Ehefrauen und ihre Kinder, meine Halbbrüder und Schwestern aßen, redeten und lachten. Ich war damals noch ein kleines Mädchen, doch ich liebte diese Momente. Die Familie war locker und entspannt, und jeder erzählte von den Erlebnissen des Tages.

Mir wurde schwer ums Herz, wenn ich an diese Zeit vor dem Krieg zurückdachte, als unsere Familie noch vereint war. Ich vermisste meine Mutter und meine Geschwister. Ich wäre gern wieder das unschuldige Dorfmädchen gewesen, das nichts anderes zu tun hatte, als Süßigkeiten zu stibitzen oder sich heimlich anderer Leute Holzschuhe anzuziehen.

Ich wurde aus meinen Gedanken gerissen, als Chadidscha mit einer Schale dampfendem Pilaw hereinkam. Ich lächelte sie dankbar an. Sie rief mir in Erinnerung, dass ich nicht allein war: Hamids Familie war auch meine Familie. Chadidschas Kinder stürmten ins Zimmer, und meine Stimmung hob sich deutlich, als wir alle beherzt zulangten.

Ich versuchte, Hamid jeden Tag zu besuchen. Bei den wenigen Gelegenheiten, an denen man mich zu ihm ließ, setzte er eine tapfere Miene auf und gab vor, dass man ihn anständig behandelte. Er wollte nicht, dass ich mir Sorgen machte. Aber mir fiel das unkontrollierte Zittern in seinen Händen auf, und ich sah die Blutergüsse in seinem immer schmaler werdenden Gesicht. Als pflichtgetreue Ehefrau tat ich, als glaubte ich ihm, da ich wusste, dass es ihn noch mehr belastet hätte, wenn ich ihn auf die offensichtlichen Misshandlungen angesprochen hätte. Dass er sein Leid vor seiner jungen schwangeren Frau verbarg, verlieh ihm vielleicht sogar die Kraft, es zu ertragen. Wir verbrachten daher die wenigen wertvollen gemeinsamen Momente mit Gesprächen über alltägliche Dinge aus dem Familienleben, so als wäre er gerade von einem Geschäftstreffen, vom Basar oder einem anderen banalen Gang zurückgekehrt, wie er überall auf der Welt zum Ehealltag gehört. Es war leichter, so zu tun, als befänden wir uns mitten im Alltag, als wäre alles wie gewohnt, als gäbe es keinen Anlass zur Sorge. Es heißt oft, es sei falsch, die Realität zu leugnen. Das mag sein, aber wenn man von den stürmischen Fluten hilfloser Verzweiflung hin und her geworfen wird, gleicht das Leugnen einem winzigen Floß, an das man sich klammern kann. Manchmal ist es das Einzige, was einen über Wasser hält.

Ich beschloss, noch einen Versuch zu unternehmen, den Badachschani, der im Pul-i-Tscharchi-Gefängnis arbeitete, um Hilfe zu bitten. Nach einem langen und erschöpfenden Marsch war ich erleichtert, dass er mich diesmal in sein Büro bat. Ich erzählte ihm, dass sich Hamid keines politischen Verbrechens schuldig gemacht habe, dass er gefoltert werde und wohl bald sterben müsse, wenn er nicht freikomme. Doch wieder war alles umsonst, denn er erklärte, er könne nichts für uns tun. Mir kamen die Tränen. Da stieß er einen langen Seufzer aus und versprach mir widerstrebend, er werde versuchen, mit dem Leiter von Hamids Gefängnis zu reden.

Es war ein Freitagnachmittag, der Tag, an dem ich normalerweise Hamid besuchen durfte. Chadidscha zog ihre blaue Burka über, ich den schwarzen Hidschab im arabischen Stil, und wir gingen gemeinsam zum Gefängnis.

Während wir am Tor warteten, ging der Wachmann hinein, um Hamid zu rufen. Dabei ließ er die Tür offen, und ich konnte einen Blick in das Hauptgebäude werfen. Ich beobachtete einen zweiten jungen Wachmann, wohl noch keine zwanzig, der für das islamische Gebet die rituelle Waschung an Händen und Füßen vornahm. Der erste Wachmann ging auf ihn zu, und der Mann fragte auf Paschtu: »Was gibt's?«

Der Wachmann erwiderte: »Hamids Frau ist da.«

Der junge Mann stellte die Schüssel ab und machte sich auf den Weg zu uns. Ich wandte mich ab, damit sie nicht bemerkten, dass ich sie beobachtet hatte. Ein paar andere Männer kamen vorbei, und ich hörte sie auf Urdu miteinander reden, der verbreitetsten Sprache in Pakistan. Sie waren keine Gefangenen, sondern, so vermute ich, pakistanische Sympathisanten der Taliban, die in unseren Gefängnissen arbeiteten. Ich nahm Chadidschas Hand und lächelte sie an, weil ich hoffte, dass der junge Mann Neuigkeiten über Hamids Freilassung hatte. Er marschierte direkt auf uns zu und fragte: »Wer ist Hamids Frau?« Ich trat einen Schritt vor, wobei ich mir mit der linken Hand den Nikab vors Gesicht hielt. »Ich.«

Ohne ein weiteres Wort bückte sich der Mann, nahm einen Stein vom Boden auf und warf ihn mir an den Kopf. Ich zuckte vor Schmerz zusammen. »Du Frau. Du beschwerst dich bei deinen Badachschani über uns? Wer bist du, dass du so etwas wagst? Geh, verschwinde, Frau.« Ein paar Sekunden lang war ich vor Schreck wie gelähmt. Ich wollte etwas sagen, ihm erklären, dass ich nur versucht hatte, meinen unschuldigen Ehemann freizubekommen. Doch der Mann hob einen zweiten Stein auf und warf auch ihn. Ehe er nur knapp an meinem Kopf vorbeipfiff, hob ich schützend die Hand, sodass der Mann meine lackierten Fingernägel sehen konnte.

Er grinste höhnisch und spuckte aus. »Sieh dir nur deine Nägel an! Du willst eine Muslimin sein, dabei hast du Finger wie eine Hure.«

Mir stieg vor Wut das Blut in die Wangen. Am liebsten hätte ich ihm gesagt, dass es ihm nicht zustehe, über die Frau eines anderen Mannes zu urteilen. Da er nicht mit mir verwandt war, hatte er kein Recht, über mich, eine muslimische Frau, zu reden. Er war der schlechte Muslim, nicht ich.

Der Mann schnappte sich noch einen Stein und warf ihn. »Scher dich weg, Frau.« Chadidscha ahnte meine Gedanken und schritt rechtzeitig ein. Sie packte mich am Arm, und wir gingen eilig zum Tor zurück. Aus sicherer Entfernung drehte ich mich noch einmal um und sagte so laut, dass die Männer es hören konnten: »Das sind keine Muslime, das sind nicht einmal Menschen.« Der Mann drohte mir mit einem weiteren Stein, drehte sich dann um und ging fluchend ins Gebäude, Kraftausdrücke ausstoßend, die keinem anständigen Muslim über die Lippen kämen.

Da erst wurde mir das ganze schreckliche Ausmaß dessen klar, was soeben geschehen war: Man hatte mich beleidigt, und mein Versuch, über den Badachschani im Pul-i-Tscharchi etwas zu bewirken, war nach hinten losgegangen. Für Hamid bedeutete das, dass nun alles noch viel schlimmer wurde.

Ein Weinkrampf schüttelte mich. Ich ließ meinen Tränen unter dem Hidschab freien Lauf. Auch Chadidscha weinte. Zum Glück fanden wir einen Taxifahrer, der bereit war, uns zu befördern. Ich glaube nicht, dass ich noch hätte zu Fuß gehen können, denn ich bebte vor Wut, Angst und Schmach. Zuhause angekommen, warf ich mich auf mein Bett und ließ meinen Tränen freien Lauf.

An diesem Abend gelangten Chadidscha und ich zu dem schrecklichen Entschluss, dass es sicherer war, Hamid eine Weile nicht mehr zu besuchen. Wir fürchteten, dass sich die Haftbedingungen für ihn verschlimmern und die Misshandlungen zunehmen würden. Die Wachen hielten seine Frau für eine unverschämte Hure, weil sie gegen seine Inhaftierung protestiert und Nagellack aufgetragen hatte. Ich war voller Wut auf den Badachschani aus dem Pul-i-Tscharchi-Gefängnis. Ich vermutete, dass er mir nicht nur die Hilfe versagt, sondern uns absichtlich Ärger eingebrockt hatte. Dabei hatte ich mich nicht einmal bei ihm über die Haftbedingungen beschwert. Ich hatte lediglich Hamids Krankheit erwähnt und seine Unschuld beteuert. In jener Nacht begrub ich meine letzten Hoffnungen, dass Hamid freikommen würde.

Ich nahm mir vor, meinen Mann zwei Wochen nicht zu besuchen. Zum einen wollte ich mich nicht von den Wachleuten beleidigen und demütigen lassen. Zum anderen fürchtete ich, sollten sie mich zu ihm vorlassen, in seiner Anwesenheit in Tränen auszubrechen. Das Letzte, was er brauchte, war, dass er sich auch noch Sorgen um mich machen musste. Doch am darauf folgenden Freitag hielt ich es nicht mehr aus. Ich musste meinen Mann einfach sehen. Außerdem wollte ich ihn etwas Wichtiges fragen. Als verheiratete Frau brauchte ich seine Erlaubnis, wenn ich reisen wollte, und ich hatte vor, für die Geburt unseres Kindes zu meinem Bruder nach Pakistan zu fahren. Keinesfalls wollte ich mein erstes Kind in Kabul zur Welt bringen, wo keinerlei medizinische Versorgung gewährleistet war.

Chadidscha bestand darauf, mich zu meiner Sicherheit ins Gefängnis zu begleiten. Als wir das Gefängnistor vor uns sahen, war ich ein nervliches Wrack. Ich machte mir nicht viel Hoffnung, dass sie mich zu ihm lassen würden. Ich blieb ein paar Schritte zurück, während Chadidscha den Wachmann darum bat, Hamid besuchen zu dürfen. Er verschwand und kam dann mit demselben jungen Talib zurück, der mich mit Steinen beworfen hatte. »Wo ist Hamids Frau?« Chadidscha und ich schwiegen, und ich war darauf gefasst, dass mir jeden Moment ein Stein an den Kopf flog. Der Mann sah mich direkt an und befahl: »Komm her, Frau.«

Ich wagte mich Zentimeter für Zentimeter näher und schwor mir, dass er diesmal die Steine, die er nach mir warf, zurückbekommen würde.

»Zeig mir deine linke Hand«, befahl er. Ich sagte nichts, zeigte ihm aber auch nicht meine Hand, sondern verbarg beide Hände unter meinem Hidschab. Der Mann war in meinen Augen ungehobelt und unhöflich. Er lachte, als ich meine Hände versteckte, und sagte: »Ich sag dir, lackier deine Finger nicht mehr. Du bist sonst keine Muslimin.«

Ich starrte ihn durch meine sichere Kopfbedeckung an. Er wagte es zu behaupten, ich sei keine Muslimin, während er sich erlaubte, seine Meinung über das Make-up der Frau eines anderen Mannes zu äußern! »Warum trägst du Nagellack? Sag es mir«, wollte er wissen.

Ich erwiderte so ruhig wie möglich: »Wir sind seit vier Monaten verheiratet. Es ist Sitte und Tradition, dass eine frisch vermählte Braut im ersten Ehejahr Make-up und schöne Kleider trägt. Das müssen Sie als afghanischer Mann doch wissen.«

Er lachte ein spöttisches kehliges Lachen, das seine gelben Zähne zeigte. »Ich verstehe. Du willst also, dass ich deinen Mann freilasse?«

Ich wusste nicht, was ich sagen sollte, denn ich fürchtete, dass er sich über mich lustig machte. »Was hat er verbrochen?«, fragte ich. »Er hat sich keines Vergehens schuldig gemacht.«

Der Wachmann zuckte die Schultern und sagte: »Geh, und komm mit einem männlichen Verwandten wieder. Bring einen Mann, der bereit ist, einen Nachweis über seinen Grund und Boden vorzulegen. Wenn der Mann dafür bürgt, dass dein Mann nicht versuchen wird, Kabul zu verlassen, lasse ich ihn frei.«

Wortlos drehte ich mich um und lief durch das Tor, so schnell mich meine Beine trugen. Chadidscha folgte mir. Wir wussten nicht, ob er es ernst meinte, doch wir mussten es versuchen. Wir sahen einander an, zwei Frauen in einer von Männern beherrschten Welt, in der offenbar alle den Verstand verloren hatten. Wir wussten nicht, wen wir bitten oder was wir als Nächstes tun sollten. Meine Brüder hatten Kabul verlassen, und Hamids Familie lebte überwiegend in Badachschan.

Da fiel mir ein Cousin ein, der ein Geschäft besaß. Wir rannten durch die Straßen. Als wir am Laden ankamen, völlig außer Atem, mussten wir feststellen, dass er geschlossen war. In unserer Aufregung hatten wir vergessen, dass Freitag war, der Tag des Gebets und der Ruhe.

Ich wollte dem Gefängniswärter nicht die Gelegenheit geben, seine Meinung noch einmal zu ändern, und damit die Chance verlieren, Hamid freizubekommen. Wir rannten also zurück ins Gefängnis. Der Wachmann saß auf einem Stuhl und sonnte sich. Mir missfiel, wie entspannt er wirkte.

Ich wollte ihm nicht zu nahe kommen, für den Fall, dass ich ihn erneut gegen mich aufbrachte. Deshalb erklärte ihm Chadidscha die Situation. Er stand auf, ohne ein Wort zu sagen, ging ins Gefängnis und blieb, wie es uns vorkam, eine Ewigkeit dort. In Wahrheit waren es nur ein paar Minuten. Dann tauchte er mit Hamid und einem anderen Wärter, der noch jünger aussah als er, wieder auf. »Hamid kann mit euch gehen«, erklärte er, »und dieser Mann wird euch begleiten. Wenn ihr eine Bürgschaft von einem Nachbarn oder Freund bringt, lasse ich ihn frei.«

Er befahl einem Fahrer, uns mit einem Pickup zu unserer Wohnung zu bringen. Wir setzten uns alle ins Auto. Aus lauter Angst vor dem Wachmann wagte ich es nicht, Hamid direkt anzusehen. Doch von der Seite erkannte ich, dass er totenbleich war und kurz vor einem Zusammenbruch stand.

Der junge Talib, der uns begleitete, erzählte uns, dass er aus der Provinz Wardak kam. Er schien freundlich zu sein, war jedoch sehr jung. Ich bezweifelte, dass er im Gefängnis über Macht oder Einfluss verfügte. Ich hatte schreckliche Angst, dass keiner unserer Nachbarn in der Lage sein würde, uns zu helfen, und dass der Talib Hamid wieder zurück ins Gefängnis bringen würde.

Als wir in Makrojan eintrafen, dämmerte es bereits. Chadidscha fiel wieder ein, dass einer unserer Nachbarn Eigentümer seiner Wohnung war. Sie kannte ihn nicht besonders gut, doch wir hatten keine andere Wahl, als ihn um die Bürgschaft zu bitten. Sie suchte den Mann auf, während Hamid, der junge Talib und ich in unserer Wohnung warteten. Es war eine qualvolle Wartezeit. Obwohl Hamid in seinem eigenen Wohnzimmer saß, konnte ich nicht mit ihm sprechen. Jeden Moment konnte er zurück ins Gefängnis gebracht werden.

Ich trug noch immer meinen Nikab, merkte aber, dass der junge Talib mir ins Gesicht sah und versuchte, in meinen Augen zu lesen. Ich hatte Angst und blickte zu Boden. Ich glaube, er sah, wie traurig und verängstigt ich war. Seine Muttersprache war Paschtu, doch er sprach mich freundlich in gebrochenem Dari an, weil er wusste, dass es Hamids und meine Muttersprache war. »Keine Angst, Schwester. Ich bin auch frisch verheiratet, seit zwanzig Tagen. Ich verstehe Ihren Schmerz. Wenn Sie keinen Bürgen finden, werde ich sie heute hierlassen und morgen wiederkommen, um den Brief abzuholen.«

Mit diesem Angebot riskierte er den Zorn seiner Vorgesetzten. Es war wieder so ein überraschender Akt der Freundlichkeit, die einem zuteilwird, wenn man sie am wenigsten erwartet. Hamid und ich dankten ihm.

Eine Weile saßen wir schweigend da und warteten auf Chadidschas Rückkehr. Da hörte ich Männerstimmen im Flur unserer Wohnung. Ich ging hinaus und sah ein halbes Dutzend Nachbarn. Freundlich erklärten sie, wie glücklich sie seien, dass Hamid freigelassen worden sei. Alle baten mich, mir keine Sorgen zu machen. Sie würden gemeinsam als Hamids Bürgen auftreten. Ich war so dankbar, dass ich nur noch weinen konnte. Im Wohnzimmer umarmte Hamid sie alle. Zwei der Nachbarn, die Wohneigentum besaßen, unterzeichneten die Bürgschaft, in der stand, dass Hamid Kabul nicht verlassen und Vorladungen im Innenministerium wahrnehmen werde, wann immer die Taliban sie für nötig hielten. Ein Verstoß gegen diese Anordnung werde für die beiden Männer den Verlust ihres

Eigentums zur Folge haben. Unsere Nachbarn gingen damit ein gewaltiges Risiko ein. Einmal mehr versetzte mich die Großzügigkeit in Erstaunen, die manche Mitmenschen in Zeiten des Krieges und der Unruhen an den Tag legen.

Ich nahm ein kleines Spitzentaschentuch, das ich erst kürzlich bestickt hatte, und gab es dem jungen Talib als Geschenk für seine junge Frau. Er bedankte sich herzlich. Ich fragte mich, wie dieser freundliche und nette junge Mann dazu gekommen war, sich den Taliban anzuschließen. Er war so anders als die anderen.

Es kam mir vor wie eine Ewigkeit, bis die freundlichen Nachbarn gingen und ich endlich mit meinem Mann allein war. Er sah aus wie ein Schatten seiner selbst. Chadidscha und ich versuchten ihn mit Scherzen aufzuheitern. Doch als er lachte, blieb ihm die Luft weg, und er musste husten. Es war ein schrecklicher, trockener Husten, der nicht mehr aufhören wollte. Chadidscha und ich sahen einander verzweifelt an. Hamid hatte Tuberkulose. Der Husten war ein Vorzeichen für Schlimmeres.

Liebe Schuhra, liebe Schaharasad,

in eurem Leben wird es Zeiten geben, in denen euch alle Hoffnung und Kraft verlassen. Ihr werdet Momente erleben, in denen ihr am liebsten aufgeben und euch von der Welt abwenden würdet.

Aber, meine geliebten Töchter, Aufgeben ist in unserer Familie nicht üblich.

Als euer Vater in den frühen Tagen unserer Ehe verhaftet wurde, wollte ich auch aufgeben. Wenn ich nicht schwanger gewesen wäre und Schaharasads Strampeln in meinem Bauch gespürt hätte, so hätte ich es vielleicht getan. Aber weil ich wusste, dass ich bald neues Leben gebären würde, musste ich noch dringlicher um das Leben kämpfen, das wir hatten. Außerdem dachte ich an meine Mutter, eure Großmutter. Stellt euch vor, sie hätte nach dem Tod meines Vaters aufgegeben. Stellt euch vor, sie hätte es sich leicht gemacht, einen Mann geheiratet, der uns nicht wollte, und uns in ein Waisenhaus gesteckt oder im Stich gelassen. So etwas hätte sie nie getan, denn Aufgeben stand für sie völlig außer Frage.

Stellt euch auch vor, euer Großvater hätte aufgegeben, als die Zentralregierung ihm erklärte, es sei nicht möglich, den Atanga-Pass zu bauen. Denkt nur, wie viele Menschen in den Bergen ihr Leben verloren hätten. Durch sein beharrliches Festhalten an dem Projekt rettete er im Lauf der Jahre zahllose Menschenleben.

Zu meinem Glück fließt ihrer beider Blut in meinen Adern. Ihnen habe ich es zu verdanken, dass auch ich nicht aufgeben kann.

Ihr, meine geliebten Töchter, seid vom selben Blut. Wenn in eurem Leben der Tag kommt, an dem die Angst euch so fest im Griff hat, dass sie eure Kampfbereitschaft lähmt, dann möchte ich, dass ihr euch an diese Worte erinnert. Wir geben nicht auf. Wir kämpfen. Wir leben. Wir überleben.

In Liebe,
eure Mutter

15

Zurück zu den Wurzeln

1998

In den Wochen seiner Haft war Hamid gefesselt, bis zur Bewusstlosigkeit geschlagen, tagelang zur Strafe Wind, Regen und Schnee ausgesetzt worden und hatte sich dabei eine tödliche Krankheit geholt – und das für nichts und wieder nichts. Hamid hatte sich weder eines Vergehens schuldig gemacht, noch wurde ihm eines vorgeworfen. Leider war Hamids Los in der Zeit der Taliban kein Einzelfall. Viele unschuldige Männer und Frauen landeten in den Gefängnissen der Taliban und erlitten ein ähnliches Schicksal.

Es war das Jahr 1998. Der Frühling brach an, und der tiefe Schnee des Winters schmolz an den wärmer werdenden Tagen rasch dahin. Es war eine Erleichterung, die Sonne wieder zu spüren. Auch Hamid tat das gut. Er war immer noch schwer krank und hustete ohne Unterlass.

Mittlerweile war ich im achten Monat schwanger, und mein Baby strampelte und drehte sich munter. Ich konnte nachts schlecht schlafen, da mein ungeborenes Kind seine wachsende Kraft erprobte und Hamid immer wieder furchtbare Hustenanfälle hatte.

Er war zu krank, um zu arbeiten, und die Medikamente, die der Arzt ihm verschrieben hatte, schienen seinen Zustand nicht sonderlich zu verbessern. Trotz des strahlenden Sonnenscheins herrschte in Kabul eine beklemmende Atmosphäre.

Die Taliban herrschten uneingeschränkt über die Hauptstadt. Wir lebten in ständiger Angst, dass sie an unserer Haustür auftauchen und Hamid wieder ins Gefängnis stecken könnten. Die Frage lautete nicht ob, sondern wann das geschehen würde.

Der Gefängnisaufenthalt hatte einen so hohen Tribut von Hamids Gesundheit gefordert, dass eine vierte Verhaftung das sichere Todesurteil für ihn bedeutet hätte. Uns war daher klar, dass wir uns dem Zugriff der Taliban durch Flucht entziehen mussten. Pakistan war keine echte Option. Da Hamid ins Visier der Taliban geraten war, nachdem pakistanische Spione von seinem Besuch bei Präsident Rabbani berichtet hatten, fürchteten wir, dass man ihm auch dorthin folgen würde.

Obwohl wir uns gegenüber den Taliban verpflichtet hatten, in Kabul zu bleiben, beschlossen wir, zu fliehen und in unsere Heimatprovinz Badachschan zurückzukehren. Unsere freundlichen Nachbarn, die Hamids Bürgschaft unterzeichnet hatten, unterstützten uns und rieten uns ebenfalls zur Flucht, solange es noch ging.

Die Streitkräfte von Ahmed Schah Massud und Präsident Rabbani hielten in der nördlichsten Provinz die Stellung gegen die Taliban. Selbst die Macht der sowjetischen Kriegsmaschinerie war nicht in der Lage gewesen, die Mudschahedin dort zu besiegen. Deshalb hatten wir die Hoffnung, dass uns der Norden eine dauerhafte Zuflucht vor den Taliban bieten würde. Die Reise dorthin war allerdings mit hohen Risiken verbunden.

Hamid ließ sich von seinem Arzt Medikamente für sechs Monate verschreiben, und wir machten uns auf den Weg. Die Reise wäre auch unter anderen Umständen, ohne die Bedrohung durch die Taliban, anstrengend gewesen, denn sie führte über schlechte Wege und enge Bergpässe. Hamids schlechter Gesundheitszustand und meine Schwangerschaft taten ein Übriges. Nur unserem verzweifelten Wunsch, Kabul zu entfliehen, war es zuzuschreiben, dass wir die Reise überhaupt in Betracht zogen. Die Stadt, die uns einst so viel Geborgenheit gespendet hatte, kam uns jetzt vor wie ein Gefängnis, in dem sadistische Wärter das Sagen hatten.

Ich packte meine wenigen Besitztümer zusammen, überwiegend Hochzeitsgeschenke und Erinnerungsstücke an meine Familie. Ich überlegte, ein paar geliebte Fotos von meiner Mutter und meinem ermordeten Bruder Mukim ganz unten im Koffer unter der Wäsche zu verstecken, wo sie vielleicht vor den neugierigen Blicken der Taliban sicher waren. Doch wenn man sie gefunden hätte, so hätte man sie zerstört. Daher ging ich das Risiko am Ende lieber doch nicht ein.

Meine Schwägerin Chadidscha wollte mit ihren Kindern in Kabul bleiben. Ich flehte sie an, stritt mit ihr, doch sie gab nicht nach. Sie glaubte wohl, dass sie es ihrem toten Ehemann, Hamids Bruder, schuldig war, in Kabul zu bleiben und ihre Kinder dort aufzuziehen. Sie war mir eine so gute Freundin geworden, dass es mir schwer fiel, sie allein zurückzulassen, doch ich respektierte ihre Entscheidung.

Wenn ich auch nur den Hauch einer Chance gesehen hätte, dass die Taliban uns in Ruhe ließen, wäre ich wahrscheinlich geblieben. Doch Hamid und ich lebten von geborgter Zeit. Früher oder später würde ein Taliban-Beamter die Liste derer, die sie inhaftiert und wieder freigelassen hatten, durchgehen und fanatischere junge Männer schicken, die Hamid auf einen bloßen Verdacht hin abermals verhafteten. Die Taliban folgten offenbar dem Motto: »Er tut ganz sicher etwas Verbotenes. Verhaften und foltern wir ihn, dann wird er schon damit herausrücken.« Natürlich gibt jemand, der lang genug gefoltert wird, alles zu. Und wenn nicht, dann nimmt er nach der Logik der Taliban sein schreckliches Geheimnis mit in den Tod.

Völlig normale Leute wurden wegen der belanglosesten sogenannten Delikte inhaftiert. Als Hamid im Gefängnis war, traf er Taxifahrer, die verhaftet worden waren, weil sie Frauen ohne Mahram mitgenommen hatten. Der Fahrer landete dafür im

Gefängnis, während die fragliche Frau häufig noch viel schwerer bestraft wurde, weil sie den Fahrer »verleitet« hatte. Die Regeln der Taliban und ihre Durchsetzung waren häufig so willkürlich wie der jeweilige Mann, der die Waffe in der Hand hielt. So entstand eine Atmosphäre der Paranoia, in der es am sichersten war, gar nicht mehr aus dem Haus zu gehen, weil man dann nicht riskierte, gegen ein neues Gesetz zu verstoßen.

Die Situation machte den Menschen Angst, versetzte sie aber auch in Wut. Diese Männer dachten, sie regierten unser Land, dabei ruinierten sie es. Und alles, was sie taten, geschah unter dem Deckmantel des Islam, den sie als politisches Totschlagargument benutzten und mit dem sie ihre Kritiker zum Schweigen brachten. Euch gefällt nicht, wie wir Frauen behandeln? Dann seid ihr unislamisch. Ihr wollt Musik hören? Das ist unislamisch. Ihr seid mit unserem Justizsystem nicht einverstanden? Dann seid ihr unislamisch. Ihr behauptet, wir fehlinterpretierten den Koran zu unseren Zwecken? Das ist unislamisch.

Diese ungebildeten Männer hatten eine zweidimensionale Weltsicht, die fest im Mittelalter verankert war. Genau da wollten sie unser Land auch wieder hinführen. So weh es uns auch tat – Hamid und mir blieb gar nichts anderes übrig, als Kabul zu verlassen.

Wir machten uns am frühen Morgen auf den Weg und fuhren im Taxi durch die Straßen der Stadt, während über dem Gebirge die Morgendämmerung anbrach. Die Stoßdämpfer des Taxis ächzten bei jedem Schlagloch. Wir wollten nach Osten fahren, am Fluss Kabul entlang, bis in die Region Surobi. Die Taliban kontrollierten Südafghanistan und die Hauptstadt Kabul, doch nach Norden hin reichte ihr Einfluss nur noch wenige hundert Kilometer, denn weiter nördlich hatte Ahmed Schah Massud sie in Schach halten können. Doch um dorthin zu gelangen, mussten wir einen Weg durch die Kampflinien ausfindig machen, auf dem wir weder Gefahr liefen, getötet zu werden, noch die Aufmerksamkeit der Taliban auf uns zogen, die allen nordwärts Reisenden Spionage unterstellten.

Die Kleinstadt Surobi liegt in einem fruchtbaren Tal, umgeben von Stauseen, deren Wasserkraft seit den 1950er Jahren einen Großteil des Kabuler Strombedarfs abdeckt. Sie ist nur siebzig Kilometer und damit eine relativ kurze Autofahrt von Kabul entfernt, doch weil in dem Tal während des Bürgerkriegs schwerste Kämpfe getobt hatten, war die Straße sogar nach dem Maßstab der anspruchslosen Afghanen in einem desolaten Zustand, voller Schlaglöcher und Einschlagskrater. Deshalb mussten wir den Großteil der Strecke in Schrittgeschwindigkeit zurücklegen, Stoßstange an Stoßstange mit anderen Fahrzeugen. Auf beiden Seiten der Schotterstraße überzog ein tödliches Netz aus Landminen das Gelände. In den vorangegangenen zwanzig Jahren waren in Afghanistan zehn Millionen Landminen ausgebracht worden. Bis zum heutigen Tag verstümmeln und töten diese bösartigen Waffen zahllose Menschen, überwiegend Kinder.

Hin und wieder kamen ungeduldige oder übermüdete Fahrer vom sicheren Weg ab, ohne dass ihnen etwas zustieß. Doch manchmal explodierte auch ein Fahrzeug in einem Geysir aus Rauch und brennendem Metall. Die größten Landminen sind darauf ausgerichtet, sechzig Tonnen schwere Kampfpanzer zu zerstören. Wenn daher jemand mit einer neunhundert Kilogramm leichten Schrottlaube darüberfährt, so ist das, als halte man eine Pusteblume vor das tosende Triebwerk eines Düsenflugzeugs. Die schrecklichsten Szenen ereigneten sich, wenn ein übereifriger Busfahrer abzukürzen versuchte. In der Explosion, die die gesamte Front des Fahrzeugs wegriss, starb der Fahrer meist als Erster. Die verängstigten und geschockten Überlebenden standen, während die Flammen um sie herum immer heftiger wüteten, vor einer schrecklichen Entscheidung: Entweder starben sie in dem brennenden Wrack des Busses, oder sie sprangen durch ein zerbrochenes Fenster und versuchten ihr Glück im Minenfeld. Im Grunde blieb ihnen nichts anderes übrig als zu fliehen, doch es war ein Spiel auf Leben und Tod, das nicht alle gewannen.

Hat man die Hauptstadt verlassen, führt die Straße nach Surobi über trockene und staubige Ebenen, vorbei am Militärflugplatz Bagram. Heute ist Bagram der Hauptstützpunkt der US-Streitkräfte in Afghanistan, doch schon damals war es eine riesenhafte Anlage, die bereits den Sowjets als Basis für ihre Luftwaffenoperationen gedient hatte.

Das weite Flachland ging bald in steile, felsige Berge über, und die Straße führte durch eine enge Schlucht. In Surobi angekommen, bog unser Auto nach Norden in Richtung Tagab ab. Die Straße von Surobi nach Tagab war in noch schlimmerem Zustand. Dieses Gebiet liegt gerade einmal hundertfünfzig Kilometer nordöstlich von Kabul und war in der Sowjetära Schauplatz schwerster Gefechte. Die Straße war stark bombardiert, zum Teil auch von den Mudschahedin gesprengt worden, um ein Vorrücken der Roten Armee zu verhindern. Als wir nach Tagab kamen, war ich entsetzt, wie viele einfache Lehmhäuser noch in Schutt und Asche lagen. Viele Menschen dort lebten zwischen Trümmern und nutzten die Ruinen ihrer Häuser als Unterschlupf.

Hamid und ich fürchteten uns vor dem nächsten Teil der Reise. Bis dahin war es uns gelungen, die Kontrollpunkte der Taliban ohne Probleme zu passieren. Auf der nächsten Etappe würde es schwieriger werden. Tagab markierte in diesem Teil der Berge das Ende der Taliban-Front. Dort lagerte viel militärische Ausrüstung, und die Depots waren offenbar gut gefüllt mit Treibstoff für Panzer und Lastwagen, Munition, Geschossen, Granaten und Raketen. Sichtlich übermüdete junge Männer mit Bart standen Wache, und als wir uns dem Hauptkontrollpunkt näherten, hatte sich schon eine lange Autoschlange gebildet. Hamid und ich waren starr vor Angst. An diesem Punkt entschied sich, ob unsere Flucht gelang. Wir mussten befürchten, dass Hamids Name auf der Fahndungsliste der Taliban stand und sein Erscheinen dort für eine Verhaftung schon ausreichen würde.

Während Autos und Lastwagen auf den Kontrollpunkt zu krochen, beobachtete ich, wie nervösen Männern und ihren in Burkas gekleideten Ehefrauen befohlen wurde, auszusteigen und ihr Gepäck zur Durchsuchung zu öffnen. Eifrige junge Männer mit schwarzem Turban durchwühlten Taschen und Koffer, rissen sorgsam zusammengelegte Kleidung heraus und warfen geschätzte persönliche Wertgegenstände achtlos auf den Boden.

Einer stieß plötzlich einen Schrei der Begeisterung aus, richtete sich auf und hielt ein Video in die Luft wie eine Trophäe. Videos waren verboten. Die Frau, der sie gehörte, griff nach der Kassette, mit der der Talib triumphierend herumwedelte. Sie trug eine Burka, doch ich sah, dass sie noch jung war. Wahrscheinlich war sie frisch verheiratet und hin und her gerissen zwischen Wut über ihren Peiniger und Angst, durch Widerstand schlimmere Konsequenzen zu provozieren. Ihr Mann blieb ein paar Schritte zurück und murmelte seiner Frau zu, sie möge aufhören. Er brachte es wohl nicht über sich, seine junge Frau zurückzuhalten, weil sie ja recht hatte, wollte aber durch sein Verhalten den Talib nicht weiter herausfordern.

Der Bewaffnete stieß die Frau brüsk beiseite, und seine Hand verharrte einen Moment auf ihrer Brust, die sich schwach unter der Burka abzeichnete. Entsetzt zuckte sie zurück, ehe sie sich wieder auf den Talib stürzte, diesmal erbost über den sexuellen Übergriff. Er lachte nur und begrapschte sie noch einmal, ehe er ihr die Schulter unter das Kinn rammte, sodass sie zu Boden stürzte. Einen Augenblick lag sie wie betäubt da. Als sie sich auf Hände und Knie aufrappelte, warf der Talib die schwarze Videokassette direkt vor ihr auf den Boden und zerstampfte die Kunststoffhülle mit dem Absatz. Die Frau sagte keinen Ton, sondern hob den Kopf und betrachtete die sinnlose Grausamkeit, die dem Mann ins Gesicht geschrieben war. Er verbeugte sich, grinste sie breit an, hob dann die Überreste der Videokassette auf und ging rückwärts, wobei er das Band abspulte und die Frau nicht aus den Augen ließ. An einem Baum drehte er sich um und schleuderte die Überreste des aufgewickelten Bandes ins Astwerk, wo es sich zwischen Blättern und Zweigen verfing. Die Frau ließ den Kopf sinken und weinte, während ihr Mann sich bückte, um ihr aufzuhelfen. Die dunklen Augen des Talib leuchteten triumphierend. Er war wohl höchst zufrieden über seinen vermeintlichen moralischen Sieg. Die Zweige des Baums, die über und über behängt waren mit den Innereien Dutzender ähnlicher Videobänder, glitzerten im Mittagslicht. Offensichtlich trieb der Talib dieses Spiel regelmäßig.

Die Entscheidung, die Fotos meiner Familie zu Hause zu lassen, hatte mich zwar geschmerzt, doch nun war ich froh darum. Eilig begann ich unser Gepäck aus dem Auto zu holen, während Hamid ein paar Männer fragte, wo wir ein Pferd und einen Führer mieten konnten. Wir hatten vor, über die engen Bergpässe in nordwestliche Richtung nach Dschabul Saradsch zu gehen, das sich nicht in der Hand der Taliban befand. Anschließend wollten wir einen Bogen nach Westen durch die Berge und um die Kampflinien herum machen, statt den direkten, aber auch gefährlicheren Weg nach Norden zu nehmen.

Ich fürchtete, dass die Taliban unsere Pässe zerreißen würden, doch als wir an den Kontrollpunkt kamen, schenkten uns die bewaffneten Männer keine Beachtung. Das Spiel ihres Freundes mit dem jungen Paar hatte sie in gute Stimmung versetzt, und nach einer flüchtigen Durchsuchung unseres Gepäcks ließen sie uns passieren. Eine Frau, die etwas weiter hinten in der Schlange stand, hatte weniger Glück. Es war offensichtlich, das sie aus einer der Nordprovinzen kam, weil sie die dort übliche weiße Burka trug. Die Taliban gingen auf sie los, weil sie es wagte, ihre Farbe zu tragen, und schlugen sie mit Stöcken und Kabeln.

Ich freute mich wahrlich nicht auf den Ritt, doch nach allem, was wir erlebt hatten, konnten wir es gar nicht erwarten, uns vor diesen Unmenschen ins vergleichsweise sichere Bergland zu flüchten. Für mich, die ich im achten Monat schwanger war, war es ein echter Kampf, das Pferd zu besteigen, das Hamid hatte mieten können. Doch dank seiner Hilfe und meinem festen Willen zu fliehen gelang es mir schließlich. Hamid ging neben dem Tier her.

Mich erfüllte ein merkwürdiges Gefühl, als wir die Taliban hinter uns ließen. Wieder kam es mir vor, als hätte sich mein Leben in ein merkwürdiges Paralleluniversum verlagert, in dem mein Land ein halbes Jahrtausend in die Vergangenheit versetzt worden war. Als Paar repräsentierten Hamid und ich in meinen Augen das künftige Afghanistan: eine gebildete, ehrgeizige junge Frau mit ihrem weltgewandten, intellektuellen, liebevollen Ehemann. Doch da war ich, in eine Burka gehüllt, auf dem Rücken eines Pferdes unterwegs durch die Berge, neben mir mein Mann mit langem Haar und Zottelbart.

Jenseits meiner Angst aber verspürte ich einen ungebrochenen Optimismus. Die Taliban repräsentierten nicht den wahren Geist des afghanischen Volkes, das ich kannte und so sehr liebte. Sie waren eine Anomalie, eine Krankheit, die nach vielen Jahren Krieg und Siechtum Fuß gefasst hatten. Während wir durch die Berge wanderten, Bäche überquerten und schmale Pfade meisterten, spürte ich, wie die Last der Unterdrückung langsam nachließ. Mit jedem Schritt wurde sie ein bisschen leichter, bis wir schließlich nach mehreren anstrengenden Stunden die Linien der Nordallianz erreichten.

Nicht dass wir dort mit großem Trara empfangen worden wären. Als wir in eine Kleinstadt kamen, in der die Menschen wie üblich ihren Geschäften nachgingen, erklärte unser Führer: »Da sind wir.«

Wir beschafften uns wieder ein Auto, das uns nach Dschabul Saradsch bringen sollte. Die Fahrt dauerte nur ein paar Stunden, doch es war, als kämen wir in eine andere Welt. Auf gut besuchten Märkten florierten die Geschäfte. Frauen und Männer unterhielten sich, frei von der strengen Überwachung durch die Taliban, und in den Restaurants saßen die Menschen gesellig beisammen. Hamid und ich nahmen uns ein Hotelzimmer, was in Kabul unmöglich gewesen wäre, hier aber, unglaublich, aber wahr, völlig normal war.

Als ich im Foyer des kleinen Hotels stand, brachen die Ereignisse des vergangenen Jahres schlagartig über mir zusammen. Das Leben unter den Taliban hatte mich in einem Maß verändert, das mir bis dahin gar nicht bewusst gewesen war. Ich war ein grundlegend anderer Mensch geworden. Mein Selbstvertrauen war verflogen, und die alltägliche Angst hatte meine Kraftreserven erschöpft. Ich stand da, schweigend wie eine brave Taliban-Ehefrau. Früher hätte ich mich selbst um das Zimmer gekümmert, es inspiziert und dafür gesorgt, dass der Träger die Taschen brachte. Nun wartete ich untätig, bis mein Mann alles geregelt hatte. Es stimmte mich traurig, wie stark ich mich verändert hatte. Schon als kleines Mädchen war ich gut im Organisieren gewesen. Meine Mutter hatte das oft erwähnt, wenn sie mir Geschichten aus meiner Kindheit erzählte. Die Taliban hatten aus dem selbstbewussten Mädchen und zielstrebigen Teenager eine kleine verängstigte und erschöpfte Frau gemacht, die sich unter einem Tarnumhang versteckte, ihrer Burka.

Ich brachte es nicht über mich, mit dem Geschäftsführer oder Besitzer des Hotels zu sprechen, der mir zur Begrüßung freundlich zuwinkte. Meine Haltung gegenüber Männern hatte sich verändert. In meinen Augen waren sie grausam und hinterhältig, lauerten nur darauf, Frauen bei der erstbesten sich bietenden Gelegenheit auszubeuten. Diese furchtbare Veränderung meiner Sichtweise war im Namen des Islam geschehen, auch wenn es keine Form des Islam war, die ich anerkannte. Die Trennung zwischen den Geschlechtern erwuchs aus Angst und Misstrauen, nicht aus Respekt, wie es mir einst beigebracht worden war.

Obwohl meine Mutter einer erheblich konservativeren Generation entstammte, hatte sie Freiheiten und Rechte genossen, die mir und Hunderttausenden anderen Frauen unter den Taliban verweigert wurden. Sie durfte ihre Familie besuchen, wenn sie es wünschte, führte in der Abwesenheit meines Vaters seine Geschäfte und sorgte dafür, dass seine Rinderherden auf ihrer jährlichen Wanderung zu höher gelegenen Weidegründen kamen. Ja, mein Vater schlug meine Mutter. So falsch uns das heute erscheint, so war es in der dörflichen Kultur damals völlig normal. Trotz allem weiß ich, dass er sie wirklich achtete. Die Taliban übten nicht nur Gewalt gegen Frauen aus, sondern sie hatten auch keinerlei Respekt vor ihnen.

In mir herrschte eine tiefe Stille, die ich bis dahin gar nicht gespürt hatte. Sie hatte sich nach und nach in mir breit gemacht, bedingt durch meine Besuche im Gefängnis, die Misshandlung von Frauen auf der Straße und die öffentliche Hinrichtung junger Frauen.

Unser Zimmer war typisch für ein afghanisches Gästehaus, klein mit einer Matratze auf dem Boden. Hamid war bester Laune. Mit einer jungenhaften Ausgelassenheit, von der ich gedacht hatte, sie wäre in den eiskalten Nächten im Gefängnishof abgetötet worden, tanzte er durch unser kleines Zimmer. Seine Begeisterung war so ansteckend, dass auch ich mich nach und nach entspannte. Ich warf die Burka in eine Ecke des Zimmers und legte mit ihr auch ein Bündel Sorgen ab. Als ich den zerknitterten und schmutzigen Haufen Stoff da liegen sah, hätte ich ihn am liebsten in Grund und Boden gestampft.

»Zieh deinen Schal über, meine liebste Frau«, sagte Hamid. »Wir gehen aus.«

Die Worte klangen so merkwürdig, dass ich einen Augenblick dachte, er wolle mich zu etwas Verbotenem verleiten, wie ein unartiges Kind, das ein anderes zu einem bösen Streich anstiftet.

In diesem Moment brach die Woge der Euphorie über mich herein. Es war möglich. Wir konnten es tun. Wir konnten auf die Straße gehen wie ein ganz normales Paar. Und ich brauchte nur mein Haar zu bedecken, nicht mein Gesicht. Mein schwangerer Bauch war groß, doch bis heute kommt es mir so vor, als hätten meine Füße nicht die Stufen berührt, als wir wie kichernde Teenager nach unten hüpften.

Der Wind auf meinem Gesicht fühlte sich an wie der Kuss der Freiheit. Ein Schal bedeckte mein Haar, und meine Kleider waren gemäß den Lehren des Islam bescheiden, doch ohne meine Burka fühlte ich mich merkwürdig nackt. Wie stark hatten die Taliban den Islam doch beschädigt! Diese Männer handelten angeblich im Namen Allahs, dabei hatten sie keinerlei Respekt vor dem Gott, den sie angeblich repräsentierten. Statt dem Koran zu folgen, stellten sie sich über die Lehren des Heiligen Wortes. Sie glaubten, sie, nicht Gott, hätten das Recht, über Moral zu richten, zu entscheiden, was anständig und was verboten war. Sie hatten den Islam an sich gerissen, korrumpiert und in ein Instrument verwandelt, mit dem sie ihre egoistischen Ziele verfolgten.

Am folgenden Morgen nahmen wir einen Kleinbus nach Pul-i-Kumri, die Hauptstadt der Provinz Baghlan. In afghanischen Bussen herrscht oft ein ziemliches Chaos. Hamid und ich stiegen ein und warteten, bis sich die anderen Passagiere von ihren Freunden und Verwandten verabschiedet, mit dem Fahrer herumgestritten oder versucht hatten, ein zusätzliches Gepäckstück auf dem bereits übervollen Dach zu verstauen. In der Nähe verkaufte ein Straßenhändler Panir-e-Aschava, eine regionale Käse-Spezialität und ein fester Bestandteil vieler afghanischer Picknicks. Wie die meisten schwangeren Frauen hatte ich einen gesegneten Appetit und bat Hamid, mir etwas zu kaufen. Wie es sich für einen guten Ehemann gehört, kam er meiner Bitte bereitwillig nach. Der Bus war schon fast abfahrbereit, als er wieder einstieg, völlig außer Atem, doch mit einem kleinen weißen Käse in der Hand – mild und weich, ähnlich wie Mozzarella. Doch hatte Hamid zwar die Ritterlichkeit besessen, auf die Straße zu stürzen und der Mutter seines ungeborenen Kindes Käse zu kaufen, aber die Rosinen, die traditionell mit dem Käse verspeist werden und sein Aroma erst zur Geltung bringen, hatte er vergessen. Ich wollte nicht undankbar sein, war aber dennoch ein wenig enttäuscht. Da der Bus schon losfuhr, blieb keine Zeit, noch einmal loszugehen. Ich wollte mich schon daranmachen, den Käse ohne Rosinen zu verspeisen, als mich ein lautes Klopfen am Fenster aufschreckte. Ich drehte mich ruckartig um, in der schrecklichen Erwartung, den bedrohlich schwarzen Turban eines Talib vor mir zu sehen. Stattdessen blickten mich die freundlichen Augen des schon betagten Käseverkäufers an.

»Hier, Schwester«, sagte er und reichte mir eine kleine Plastiktüte. »Ihr Mann hat vergessen, Rosinen zu kaufen.«

Unter den Taliban hätten wir als Verbrecher gegolten, doch hier begegnete man uns mit Liebenswürdigkeit, Anstand und Respekt. Es war ein einfacher Akt der Freundlichkeit, nicht mehr und nicht weniger, aber mich berührte er dermaßen, dass mir die Tränen in die Augen stiegen.

Die Begebenheit hob meine Stimmung deutlich. Ich genoss die frühlingshafte Landschaft. Die Berggipfel verloren schon ihre Winterjacken aus Schnee, und weiter unten an den Berghängen reckten sich die frischen Grashalme und Blumen nach den Sonnenstrahlen.

In Pul-i-Kumri wohnten wir im Haus einer Tante von Hamid und ihrem Ehemann. Das Paar war einst zu meinem Bruder gekommen, um Hamids Heiratsantrag mit ihm zu verhandeln. Ich mochte sie sehr, merkte aber, dass ich vielen Erwartungen gerecht werden musste. Die Nachbarn wussten alle, dass Hamids Braut ihn 20 000 Dollar gekostet hatte, eine Unmenge Geld. Sie waren neugierig, mich zu sehen und kennenzulernen. Nach den stressreichen Monaten, der tagelangen Reise und nur wenige Wochen vor der Geburt meines Kindes setzte mich das enorm unter Druck.

Hamids Tante war sehr freundlich. Sie wusste genau, wie es mir ging, und hatte bereits begonnen, ein Bad für mich vorzubereiten – und damit meine ich einen Eimer Wasser, das über dem Kochfeuer erhitzt worden war. Doch wenn man erschöpft und mit einer Schicht Staub und Schweiß überzogen ist, wähnt man sich im luxuriösen Fünf-Sterne-Hotel, wenn man sich mit einem Emailbecher Wasser über den Kopf gießt, das noch wenige Stunden zuvor reiner Schnee aus den Bergen gewesen war.

Mit jedem Schwall Wasser wusch ich ein bisschen von dem Stress, der Anspannung und dem Schmutz des Lebens unter den Taliban weg. Wenige Tage zuvor hatte ich Kabul verlassen, wo ich nicht mehr wert gewesen war als ein Hund. Nun gewann ich mit jedem Tropfen Wasser ein Stückchen Menschlichkeit und Selbstwertgefühl zurück. Alles, worum ich mich nun kümmern musste, waren die prüfenden Blicke der Nachbarn. Zwar hatte die schreckliche Taliban-Herrschaft an meinem Selbstbewusstsein genagt, doch ich hatte eine innere Stärke gewonnen, die ich erst jetzt wahrzunehmen begann. Ich war nicht mehr die junge und naive Braut, die ich noch kurz zuvor gewesen war, sondern eine Ehefrau, die mit fundamentalistischen Tyrannen hatte zurechtkommen müssen, eine werdende Mutter, die durch die Berge gewandert war, und eine idealistische und hoffnungsvolle Frau, die den festen Boden innerer Reife unter ihren Füßen zu spüren begann.

Als ich jedoch aus dem Haus ging, sah ich in den Gesichtern der Nachbarn in aller Deutlichkeit ihren Zweifel daran, dass Hamid für seine 20 000 Dollar den entsprechenden Gegenwert erhalten hatte. Sie bemühten sich nicht sonderlich, die hochgezogenen Augenbrauen und die geschürzten Lippen vor mir zu verbergen. Ich kann nur ahnen, was sie über mich zu sagen hatten, als sie unter sich waren.

Hamid lachte nur darüber. Er küsste mich sanft auf die Stirn und sagte, ich solle mich nicht darum scheren, was die Leute redeten oder dachten. Wir hatten einander, und das allein zählte.

Am nächsten Morgen setzten wir unsere Reise nach Norden fort. In Talokan mussten wir einen Jeep mieten, weil die Fluten des Schmelzwassers Teile der Straße nach Kischam weggespült hatten, wo wir als Nächstes hin wollten. Dort würde uns nichts anderes übrig bleiben, als mit einem Lastwagen nach Faisabad, in die Hauptstadt meiner Heimatprovinz Badachschan, weiterzufahren. Als ich das hörte, war ich ziemlich verstimmt. Die Fahrt auf einem Lastwagen ist in Afghanistan die einfachste Transportform, die den Kutschis vorbehalten ist, den Nomadenstämmen im Lande. Ich bat Hamid, uns ein Auto zu besorgen, doch trotz aller Bemühungen war kein kleineres Kraftfahrzeug aufzutreiben, das nach Faisabad fuhr. Die Frühjahrsschneeschmelze hatte auch dort auf den Straßen schwere Zerstörungen angerichtet.

Ich war entsetzt, als ich den Lastwagen sah. Da stand ich, eine gebildete Städterin aus gutem Hause, vor einem Lastwagen, der normalerweise für den Transport von Ziegen genutzt wurde. An diesem Tag war er bis oben hin mit Reissäcken beladen. Wenn man mir dieses Fahrzeug für die Flucht aus Kabul angeboten hätte, wäre ich wohl ohne zu zögern auf die Ladefläche geklettert, doch nun, da ich in Sicherheit war, kehrte mit meinem Selbstbewusstsein auch mein Stolz zurück. Hamid setzte mir ein Ultimatum: Es war der letzte Lastwagen, der nach Talokan fuhr, und wenn ich nicht mit wollte, saßen wir in Kischam fest. Mir blieb nichts anderes übrig, als meinen Stolz hinunterzuschlucken und auf die Ladefläche zu klettern. Ich musste meine Burka wieder anziehen, da sie mich wärmte und vor dem Staub schützte. Obwohl sie mir zudem ein gewisses Maß an Anonymität sicherte, hatte ich die nächsten vier Stunden den Kopf zwischen den Knien, für den Fall, dass wir an jemandem vorbeikamen, der mich hätte erkennen können. Hin und wieder blickte ich auf, um die Aussicht zu genießen, doch die Schande, auf der Ladefläche eines Ziegenlasters zu sitzen, holte mich immer wieder ein, und ich senkte rasch den Kopf.

Die Straße war unglaublich steil und holprig. Beim Anstieg nach Karakmar, dem gefährlichsten Teil der Strecke, verloren die Räder des Lastwagens die Haftung. Er kam erst zum Stillstand und rollte dann rückwärts. Als der Fahrer bremsen wollte, musste er feststellen, dass die Bremsen auf den steilen Bergabstrecken zu heiß geworden waren und versagten. Der Lastwagen rollte unerbittlich bergab in Richtung Fluss. Das veranlasste mich endlich, aufzublicken, denn mit zunehmender Geschwindigkeit näherten wir uns den eisigen Fluten des reißenden Flusses. Hamid, die anderen Passagiere und ich, die wir auf den Reissäcken saßen, machten uns darauf gefasst, in die Tiefe zu stürzen. Ich sah schon vor meinem inneren Auge, wie meine vom eisigen Wasser durchnässte Burka mich nach unten zog und ich gegen die Felsen im Fluss geschleudert wurde.

Panik erfüllte mich. Ich schloss die Augen und krallte die Finger der einen Hand in den Reissack, als könne er mir Schutz bieten. Die Reifen des Lastwagens rutschten immer weiter, und der Fahrer kämpfte darum, auf dem Schotter Halt zu bekommen, während wir unter dem Schreien und Kreischen der Passagiere und des Fahrers auf der Ladung auf und ab hüpften. Plötzlich, nur wenige Meter vom Ufer entfernt, kamen wir zum Halten. Ich drehte mich zu Hamid um, dessen Hand in meinem vom Adrenalin befeuerten Klammergriff fast zerquetscht worden wäre. Wir sahen einander an und brachen in ein erleichtertes und nervöses Lachen aus. Der Fahrer feierte seinen Sieg mit einem Hupkonzert, während auf der Ladefläche ein vielstimmiges Alhamdulellah erscholl, Allah sei Dank. Mit weichen Knien kletterte ich mit den anderen vom Lastwagen. Ich war froh, wieder festen Boden unter den Füßen zu spüren. Jeder Gedanke daran, dass die Transportart nicht meiner sozialen Stellung entsprach, waren nach der soeben durchlebten Nahtoderfahrung wie weggewischt.

Der Lastwagen konnte wegen der festgegangenen Bremsen nicht weiterfahren. Es war schon spät. Da es nicht mehr weit nach Faisabad war, wollte ich sowieso nicht mehr auf den Lastwagen steigen. Stattdessen ging ich um die Felsen des Flussufers herum und nahm die Landschaft in mich auf. Ich war befreit von den Taliban, befreit von der Androhung von Schlägen, befreit von der Verfolgung Hamids, befreit von der Burka, wenn ich es denn wollte.

An diesem Abend schliefen wir auf der Ladefläche des Lastwagens. Mir war es mittlerweile egal, ob mich jemand sah. Morgen würde ich in Faisabad sein, und schon jetzt schlief ich unter dem Gebirgshimmel meiner Heimatprovinz.

Liebe Schuhra, liebe Schaharasad,

als ich noch ein kleines Dorfmädchen war und unbedingt zur Schule gehen wollte, kam ich mir schmutzig und ungehobelt vor. Ich hatte nur wenige Kleider und trug immer meine Gummistiefel und einen großen roten Schal, den ich hinter mir durch den Schmutz zog. Meist lief mir die Nase.

Heute freue ich mich, wenn ich euch sehe, in euren hübschen Kleidern und mit der modischen Frisur, die euch ständig beschäftigt. Ihr seid in Kabul aufgewachsen, unserer Hauptstadt, und seid elegante Stadtmädchen. Wenn ihr sehen könntet, wie ich in eurem Alter aussah, würdet ihr euch wahrscheinlich vor Entsetzen schütteln.

Wenn ich euch mit nach Badachschan nehme, fällt es euch manchmal schwer, euch einzufügen, weil die Dorfkinder so anders aussehen als ihr.

Aber meine Mädchen, eines will ich auf keinen Fall: Ihr sollt keine Snobs werden, die auf andere hinabblicken. Wir kommen aus einem armen Dorf und sind nichts Besseres als die Dorfkinder in ihren zerrissenen Kleidern. Unter widrigen Umständen kann es euch auch passieren, dass ihr in Armut auf dem Land leben müsst.

Und denkt daran: Der Ort, aus dem ihr kommt, wird euch immer willkommen heißen, falls es nötig sein sollte.

In Liebe,
eure Mutter

16

Eine Tochter für eine Tochter

1998–2001

Hamid und ich lebten uns in Faisabad schnell ein. Ich war entzückt, all meine Verwandten wiederzusehen. Meine leiblichen Schwestern, also die anderen Töchter meiner Mutter, hatten Männer aus der Region geheiratet und wohnten deshalb noch in der Provinz. Viele meiner Halbbrüder und Halbschwestern waren bei Kriegsausbruch ebenfalls dort geblieben. Ich hatte sie jahrelang nicht gesehen und freute mich riesig, wieder mit ihnen vereint zu sein. Meine Schwestern hatten nicht einmal gewusst, dass ich geheiratet hatte und schwanger war.

Faisabad bot mir dieselbe Sicherheit wie schon damals in meiner Kindheit, als wir vor den Mudschahedin dorthin geflohen waren. Ich hatte ganz vergessen, wie schön die Stadt war, mit ihrer Höhenlage und der frischen Luft, dem alten Basar, in dem die Läden noch Lehmboden und ein reiches Angebot hatten, und dem sauberen, türkisfarbenen Fluss, der mitten durchs Stadtzentrum strömte.

Wir mieteten ein kleines Haus mit drei Schlafzimmern, von dem aus Hamid seine Finanzgeschäfte führen konnte. Er unterrichtete auch wieder an der Universität. Ich konnte mich entspannen und auf die Geburt vorbereiten. Ich war so nervös wie jede Erstgebärende, denn über die Wehen wusste ich nicht mehr, als dass sie schmerzhaft sein würden. Da es im Krankenhaus von Faisabad nicht besonders hygienisch zuging, wollte ich mein Kind lieber zu Hause bekommen als auf einer verdreckten Krankenhausstation in einem Metallbett mit papierdünner Matratze.

Meine Tochter kam am 8. Juli 1998 zur Welt. Ich war zum Mittagessen bei Verwandten Hamids eingeladen, doch als ich dort ankam, war mir so schlecht, dass ich mein Essen nicht anrühren konnte. Um drei Uhr ging ich nach Hause, und um zehn Uhr abends wurde mein kleiner Engel geboren.

Die Wehen waren relativ kurz, aber heftig. Ich hatte eine befreundete Ärztin bei mir, die mir allerdings keine Schmerzmittel geben konnte.

In unserer Kultur hofft, ja, erwartet man von einer Frau, dass sie als Erstes einen Jungen zur Welt bringt. Mir war egal, welches Geschlecht mein Baby hatte, solange es nur gesund war. Sobald das Neugeborene entbunden war, wurde es gewaschen und gewickelt. Ob es ein Mädchen oder ein Junge war, hatte man mir gar nicht gesagt.

Dann durfte Hamid eintreten. In den meisten islamischen Gesellschaften sind die Männer bei der Geburt nicht zugegen. Er kam an mein Bett, streichelte mir das Haar und tupfte mir den Schweiß von der Stirn. »Es ist eine Tochter«, sagte er sanft, »wir haben eine Tochter.« Es machte ihm wirklich nichts aus, dass es kein Sohn war. Unser Baby war ein Wonneproppen, viereinhalb Kilo schwer. Wir waren überglücklich. Mit ihrem dichten schwarzen Haar sah sie aus wie Hamid.

In den Tagen nach ihrer Geburt, als ich mich wie alle jungen Mütter damit abmühte, das Stillen zu erlernen, und mit schlaflosen Nächten und Erschöpfung zu kämpfen hatte, wurde ich sehr nachdenklich. Wenn ich das winzige schlafende Bündel betrachtete, betete ich inständig darum, dass meine Tochter in einer besseren Welt, in einem besseren Afghanistan leben würde. Ich wollte nicht, dass ihr die Diskriminierung und der Hass begegneten, den viele Frauen in unserem Land ertragen mussten. Wenn ich sie mir an die Brust legte, hatte ich das Gefühl, dass sie nun meine ganze Welt war. Außer ihr zählte nichts. Meine Kleidung, mein Äußeres, meine unbedeutenden, egoistischen Wünsche – dies alles spielte keine Rolle mehr.

Ich musste mich erst mit meiner Familie auseinandersetzen, ehe sie mir zugestand, dem Neugeborenen gleich die Brust zu geben. In der Tradition Badachschans beginnt die Frau erst drei Tage nach der Geburt mit dem Stillen, weil man glaubt, dass die Milch der ersten Tage nicht gut fürs Kind ist. Da ich an der Universität Medizin studiert hatte, wusste ich, dass genau das Gegenteil zutrifft. Das Kolostrum, die Milch der ersten Tage, ist in seiner speziellen Zusammensetzung für das Immunsystem des Kindes enorm wichtig.

Erhält das Kind in den Stunden nach der Geburt keine Nahrung, wird es schwach und kühlt aus. Und wenn die Frau nicht sofort beginnt, den Milchfluss anzuregen, steigen auch für sie die Gefahr einer Brustdrüsenentzündung und das Risiko, dass später die Milch nicht mehr einschießt. Die Fehlinformationen zum Stillen tragen zur hohen Sterblichkeitsrate von Müttern und Kindern in meiner Heimatprovinz bei.

Meine Schwestern wollten mich mit allen Mitteln vom Stillen abhalten. Sie wetterten, ich schade meinem Kind, wenn ich es so früh schon stillte. Ich versuchte ihnen zu erklären, dass es für die Kleine gut sei, doch sie sahen mich nur anklagend an, als sei ich eine Rabenmutter. In ihren Augen wogen die langjährige Tradition und das, was man ihnen beigebracht hatte, schwerer als alles, was ihre Schwester vielleicht an der Universität gelernt hatte.

Gleichzeitig waren meine Schwestern unglaublich fürsorglich. Sie bestanden darauf, dass ich mich in warme Decken wickelte (obwohl es Juli war und glühend heiß), kochten mir meine Lieblingsgerichte, damit ich zu Kräften kam, und untersagten mir jede Hausarbeit. Die Freude über mein Baby wurde allerdings dadurch getrübt, dass der Schmerz über den Verlust meiner Mutter zurückkehrte. Ich vermisste sie und wünschte mir, sie hätte ihre Enkelin sehen können. Sie hätte gewusst, dass wieder eine von uns das Licht der Welt erblickt hatte: eine starke und entschlossene Frau.

Sechs Tage nach der Geburt gaben Hamid und ich ein großes Fest. Wir luden die halbe Stadt ein, spielten Musik und zeigten Filme – all die Vergnügungen, die man uns bei unserer Hochzeit verboten hatte. Dieses Fest wurde gewissermaßen eine nachgeholte Hochzeitsfeier. Wir feierten unsere Liebe und unsere neue kleine Familie.

Da ich wieder unterrichten wollte, warb ich in einer Anzeige für Englischkurse und mietete ein kleines Haus in der Nähe des Stadtzentrums. Schon nach einem Monat hatte ich dreihundert Schüler – junge Mädchen, aber auch Ärzte, Studenten und Lehrer. Da ich keine richtige Lehrerausbildung genossen hatte, ließ ich mir aus dem Ausland Audio- und Video-Lehrmaterial kommen. Da so etwas in Faisabad noch nie zur Anwendung gekommen war, erwarb sich meine Schule rasch den Ruf einer modernen und professionellen Einrichtung. Ich konnte mein Glück kaum fassen. Mit meinem eigenen kleinen Unternehmen und einer Tätigkeit, die mir Spaß machte, verdiente ich rund sechshundert Dollar im Monat, ein gutes Einkommen. Ich brachte mein Baby in den Unterricht mit, und die Schülerinnen und Schüler liebten die Kleine. Einige wurden gute Freunde. Zum ersten Mal in meinem Leben genoss ich echte Unabhängigkeit.

Noch immer trug ich täglich meine Burka, die mich merkwürdigerweise nicht mehr störte. In Badachschan gab es keine Taliban und kein Gesetz, das mich dazu gezwungen hätte. Trotzdem trugen die meisten Frauen eine Burka, auch meine Studentinnen. Da mir wegen meiner Schule mein Ansehen bei den Leuten wichtig war, tat ich es ihnen gleich. Ich glaube, es machte mir nichts aus, weil es mir nicht von außen aufgezwungen wurde, sondern mein eigener Entschluss war.

Doch diese glückliche Zeit wurde überschattet von der Gesundheit meines Mannes. Er liebte seine Dozententätigkeit an der Universität, doch der Kreidestaub von der Tafel setzte sich ihm auf die Lunge und verschlimmerte den Husten.

Als Schaharasad sechs Monate alt war, nahm unser Leben erneut eine unerwünschte Wendung. Morgens verspürte ich wieder das bekannte Gefühl der Übelkeit – ich war schwanger. Ich war am Boden zerstört, weil ich so bald kein zweites Kind gewollt hatte. Meine Schule lief erfolgreich, ich hatte Freunde und ein eigenes Leben. Ich wollte kein Baby.

Hamid gab mir die Erlaubnis, es abzutreiben. Abtreibung war zwar gesetzlich nicht erlaubt (sie ist es in Afghanistan auch heute nicht), doch damals waren die Ärzte im Krankenhaus bereit, sie durchzuführen. Als ich mir einen Termin geben ließ, zeigte man mir alle möglichen Sauggeräte, mit denen Abtreibungen durchgeführt wurden. Da ich Angst davor hatte, was sie mit meinem Körper anstellen würden, schlug mir der Arzt vor, mir eine Spritze zu geben, die eine Fehlgeburt auslösen würde. Ich weiß nicht, welcher Wirkstoff darin enthalten war, doch ich ließ mir die Spritze in den Arm verabreichen. Kaum war es geschehen, überkam mich die Panik. Ich hatte es mir anders überlegt. Ich sprang auf. »Nein, nein, ich kann das nicht!«, rief ich. »Ich will das Baby haben.«

Ich hatte schreckliche Angst, dass es zu spät sein könnte und die Spritze ihre Wirkung tat. Ich hielt mir den Bauch und sprach mit dem kleinen Embryo darin, beschwor ihn, am Leben zu bleiben, und erklärte ihm, wie leid es mir tue. Wie einst meine Mutter hatte ich mir den Tod eines Kindes gewünscht und fast zu spät gemerkt, dass ich alles dafür geben würde, wenn es lebte.

Hamid war zu Hause geblieben und hatte das Thema mit meinen Schwestern ausgefochten. Sie waren entsetzt über meinen Abtreibungswunsch, warfen uns vor, wir verletzten Gottes Gebote und verstießen gegen den Islam. Und damit hatten sie recht. Rückblickend kann ich meine Entscheidung nur damit rechtfertigen, dass ich damals glaubte, nicht mit einem zweiten Kind zurechtzukommen. Hamid verstand mich und unterstützte mich deshalb.

Ich kehrte aus dem Krankenhaus zurück, ohne dass eine Fehlgeburt ausgelöst worden war. Meine älteste Schwester, die bei Hamid war, war überglücklich, dass ich das Kind nicht abgetrieben hatte, aber auch entrüstet, weil ich es überhaupt erwogen hatte. Sie konnte mir kaum ins Gesicht sehen. Hamid hielt mich nur in den Armen und flüsterte, es werde alles gut werden. Ich war mir da nicht so sicher. Aber ich wusste nun, dass nicht mein ungeborenes Kind an unserer Lage schuld war. Ich war als Mutter gefordert.

Meine jüngere Tochter Schuhra kennt die ganze Geschichte. Meine Schwester erzählte sie ihr, als sie etwa sechs war. Manchmal zieht sie mich damit auf. Wenn ich mit ihr schimpfe oder sie bitte, ihr Zimmer aufzuräumen, stemmt sie die Hände in die Hüften und sieht mich mit einem schelmischen Blitzen in den Augen an. »Mutter, denk dran, du wolltest mich umbringen!« Natürlich weiß sie ganz genau, dass sie mir damit ein schlechtes Gewissen macht und um das Aufräumen herumkommt.

Die Schwangerschaft ging also weiter, war aber sehr anstrengend. Das Stillen von Schaharasad ermüdete mich, und von acht Uhr morgens bis fünf Uhr nachmittags stand ich im Klassenzimmer und unterrichtete. Auch die Taliban rückten näher. Sie nahmen Kischam ein, das an der Grenze zu Badachschan liegt. Wir fürchteten, dass sie bis nach Faisabad vorrücken könnten. Falls das geschah, wollten Hamid und ich in die Berge und in das Dorf meines Vaters im Distrikt Kuf fliehen.

Einmal waren die Taliban bis auf fünfundzwanzig Kilometer vorgedrungen. Ich stand vor meiner Schule, lauschte auf das bekannte Geräusch schweren Artilleriefeuers und beobachtete, wie Männer aus der Stadt auf Lastwagen stiegen, um gemeinsam mit den Mudschahedin, die der Rabbani-Regierung treu ergeben waren, gegen die Taliban zu kämpfen. Obwohl es mir recht gewesen wäre, wenn sich Hamid ihnen angeschlossen hätte, bat ich ihn, nicht zu gehen. Er war Lehrer, kein Soldat – er konnte nicht einmal mit einem Gewehr umgehen. Außerdem war er zu schwach, um zu kämpfen.

Viele der jungen Männer, die an jenem Tag auf die Lastwagen stiegen, kehrten nicht zurück. Doch es gelang, die Taliban von Faisabad fernzuhalten und sie zurückzudrängen.

Mitten in diesem Chaos beschloss Schuhra, dass es Zeit war für ihren großen Auftritt. Drei Tage lang hatte ich schreckliche Wehen. Meine Schwester und eine befreundete Ärztin waren bei mir, Hamid wartete wieder draußen. Diesmal wünschte er sich einen Jungen. Da ich ihm bereits ein Mädchen geschenkt hatte, wurde nun wirklich von mir erwartet, dass ich einen Jungen zur Welt brachte – von seiner Familie, meiner Familie, unseren Nachbarn, unserer gesamten Kultur, in der Jungen mehr zählen als Mädchen.

Doch ich lieferte ihnen nicht den gewünschten Knaben. Stattdessen kam strampelnd und schreiend meine zweite Tochter Schuhra auf die Welt. Sie hatte ein puterrotes Gesicht, war winzig klein und hatte mit zweieinhalb Kilogramm ein gefährlich geringes Gewicht. Als ich sie sah, musste ich daran denken, wie ich wohl bei meiner Geburt ausgesehen hatte – es hieß, ich sei hässlich gewesen wie eine Maus. Dasselbe hätte man von Schuhra sagen können. Sie war runzlig, kahlköpfig und rot im Gesicht, und sie schrie unablässig. Doch als ich sie ansah, erfüllte so viel Liebe mein Herz, dass ich dachte, es würde in tausend Stücke zerspringen. Da war es, das kleine Mädchen, das beinahe nicht zur Welt gekommen wäre, weil ich es schändlicherweise fast umgebracht hätte. Da war meine Tochter und lebte und schrie und sah genauso aus wie ich einst.

Ich war zwar überglücklich, doch das galt nicht für Hamid. Wir leben in Afghanistan, und leider gehen Jahrhunderte unserer Kultur auch an den aufgeklärtesten und modernsten Männern nicht spurlos vorüber. Dieser Kultur zufolge hatte ich in meiner größten Pflicht als Ehefrau versagt, nämlich der, Hamid einen Sohn zu schenken. Diesmal berührte ihn das grausame Geschwätz der Leute. Manch einer scherzte, das 20 000-Dollar-Mädchen sei ihr Geld nicht wert. Vielleicht hatte er im Lauf der Jahre zu oft erlebt, dass jemand auf seine Kosten Witze riss, dass sich in ihm ein Schalter umlegte.

Er wartete fast neun Stunden mit einem Besuch bei mir. Ich lag mit Schuhra in den Armen da, wartete auf ihn und begriff nicht, wo er blieb. Sie war so klein, dass sie fast in ihrer Windel verschwand und ich Schwierigkeiten hatte, sie festzuhalten.

Als er endlich kam, schlief Schuhra in der Krippe neben mir. Er weigerte sich, sie anzusehen. Bei Schaharasads Geburt war er begeistert ins Zimmer gestürmt, hatte mir das Haar und die Wangen gestreichelt und sein Kind bewundert. Diesmal gab es keine zärtliche Berührung, keine aufmunternden Worte für seine Frau. Sein wütender Gesichtsausdruck sprach Bände. Als er dann doch ins Kinderbettchen sah, zwang er sich zumindest zu einem schwachen Lächeln für seine kleine Tochter – wieder so ein »armes Mädchen«.

In den folgenden Wochen konnte ich Hamid nicht verzeihen, wie er mich am Tag ihrer Geburt behandelt hatte. Ich wusste, dass er sich wie zahllose andere afghanische Männer verhielt, im Einklang mit einer Kultur, die Jungen mehr Bedeutung zuschreibt. Aber für mich kam sein Verhalten unerwartet. Bis dahin war er immer auf meiner Seite gewesen, hatte dem Gerede und dem patriarchalischen Denken stolz die Stirn geboten. Vielleicht hatte ich zu viel von ihm erwartet. Doch ich war enttäuscht und fühlte mich im Stich gelassen. Da sein Husten mich und das Baby die ganze Nacht wachhielt, zog er in ein eigenes Zimmer um. Das war das Ende unserer körperlichen Beziehung.

Trotz meines Ärgers war mir bewusst, wie glücklich ich mich schätzen konnte, dass er seinen Mädchen so ein wunderbarer und zärtlicher Vater war. Er zeigte beiden offen seine tiefe Liebe, und wenn er noch wütend war, weil er keinen Sohn hatte, so ließ er es seine Töchter jedenfalls nicht spüren. Dafür zumindest war ich ihm wirklich dankbar.

Mittlerweile hatte er nicht mehr die Kraft zu unterrichten, sodass er die Dozententätigkeit an der Universität auf zwei Tage pro Woche reduzierte. Die restliche Zeit blieb er zu Hause und kümmerte sich um Schaharasad. Sie hat wunderschöne Erinnerungen an einen Vater, der mit ihr sang, spielte und sich verkleidete. Er erlaubte ihr sogar, dass sie ihn als Braut kostümierte und ihm Bänder ins Haar band.

Hamid war alles für mich. Für einen Afghanen war er ein außergewöhnlicher Mann und in mancherlei Hinsicht seiner Zeit weit voraus. Als wir heirateten, liebten wir uns sehr. Doch die wechselvollen gemeinsamen Jahre, die Belastungen und Krisen sowie seine Krankheit führten wohl dazu, dass wir uns auseinanderlebten. Die natürliche Vertrautheit, das gemeinsame Lachen, die Freude daran, gemeinsam in einem Raum zu sein und sich heimlich Blicke zuzuwerfen, waren verflogen. Ich vermute, das geschieht im Lauf der Zeit vielen Ehepaaren in aller Welt, egal, wo und wer sie sind. Man nimmt sich nicht mehr die Zeit, dem Partner richtig zuzuhören, man greift voreilig auf harsche Worte zurück, verliert zu schnell die Geduld und vergisst die kleinen Liebesbezeugungen, die früher üblich waren. Dann wacht man eines Tages auf und merkt, dass Vertrautheit und Liebe dahin sind.

In ihren ersten sechs Lebensmonaten machte ich mir schreckliche Sorgen, dass Schuhra vielleicht nicht überleben würde. Sie war so winzig und zart, dass ich fürchtete, sie würde schon krank werden, wenn ich sie nur wusch. Ich hatte ein schlechtes Gewissen, denn mich quälte die Angst, dass das Medikament, das ich verabreicht bekommen hatte, um sie abzutreiben, ihre Entwicklung beeinträchtigt hatte. Wenn sie gestorben wäre, hätte ich es mir wohl nie verziehen. Wie meine

Mutter vor mir spürte ich, dass nach meiner anfänglichen Ablehnung mein Verantwortungsgefühl ihr gegenüber umso größer war.

Nach und nach gewann sie an Kraft und Gewicht und wurde dabei auch immer lustiger und intelligenter. Heute ist sie das klügste, frechste und manchmal auch ungezogenste kleine Mädchen aller Zeiten. Ich erkenne viele Züge von mir und meinen Eltern in ihr. Sie hat die Weisheit meines Vaters und die Klugheit und Stärke meiner Mutter. Sie interessiert sich für Politik und sagt, sie möchte, wenn sie groß ist, Präsidentin von Afghanistan werden. Zum Glück hat sie wenig mit dem Klischee vom »armen Mädchen« gemein.

Ein paar Wochen nach Schuhras Geburt wurde mir eine Teilzeitstelle als Leiterin eines kleinen Waisenhauses angeboten. Ich wollte eigentlich nicht so schnell wieder arbeiten gehen, doch da Hamid krank war, brauchten wir das Geld. Ich ließ Schaharasad bei ihrem Vater und wickelte die kleine Schuhra in einen großen Schal, den ich mir umband. Sie lag, unter der Burka verborgen, still an meiner Brust. Mit meinem unsichtbaren Baby nahm ich an Besprechungen teil, ohne dass die anderen überhaupt merkten, dass sie da war. Sie weinte nicht und war auch sonst völlig geräuschlos. Ich glaube, sie war einfach nur glücklich, am Leben und so nah bei ihrer Mutter zu sein. So trug ich sie bei mir, bis sie fünf Monate alt war und zu schwer wurde. Ich glaube, das lange Herumtragen ist mit dafür verantwortlich, dass sie heute so ein selbstsicheres und zuversichtliches Kind ist.

Während Schuhra und Schaharasad aufblühten und gediehen, starb Hamid vor meinen Augen. Er verlor fast täglich an Gewicht. Die Haut auf seinem einst so attraktiven Gesicht war dunkel geworden, als wäre sie mit einer durchscheinenden schwarzen Schicht überzogen. Seine Augen waren blutunterlaufen, und er hustete fast unablässig. Der Husten förderte mittlerweile auch Blut hervor.

Als Schuhra drei Monate alt war, bat man mich, für eine Hilfsorganisation als Dolmetscherin an einer medizinischen Untersuchung der Provinz Badachschan teilzunehmen. Ein Team aus sechzig Krankenschwestern, Ärzten und weiterem Personal sollte durch zwölf entlegene Distrikte reisen und ermitteln, was die Menschen an medizinischer Versorgung und Nahrung brauchten. Es war ein fantastisches Angebot und genau die Arbeit im Dienst der Menschen, von der ich immer geträumt hatte, als ich Ärztin werden wollte. Obwohl die Zeit mit dem Neugeborenen und einem todkranken Mann nicht gerade günstig war, konnte ich das Angebot nicht ablehnen. Hamid verstand das und gab mir seinen Segen.

Trotzdem fiel mir die Entscheidung schwer. Die Reise wäre für jeden anstrengend gewesen, erst recht aber für eine Mutter mit ihrem kleinen Baby. Es würde nicht leicht sein, sauberes Wasser und Waschgelegenheiten zu finden, und wir würden über abgelegene und schwer zugängliche Bergpfade fahren.

Die Route würde durch zahlreiche Dörfer der Ismailiten führen, Angehörige der schiitischen Glaubensgemeinschaft. (In Afghanistan sind die meisten Schiiten nahe der tadschikischen Grenze beheimatet.) Zudem würden wir in den Wachan-Korridor fahren, einen schmalen Landstrich, der Afghanistan mit China verbindet. Er entstand im sogenannten Great Game im neunzehnten Jahrhundert, als das russische und das britische Weltreich um die Macht in Zentralasien rangen. Damals diente der Korridor als Puffer zwischen den militärischen Aktionen des britischen Löwen und des russischen Bären.

Trotz meiner Bedenken wusste ich, dass ich es bereuen würde, wenn ich nicht mitging. Eine gute Gelegenheit bietet sich selten im idealen Moment, so ist das nun einmal im Leben. Und ich hatte das Gefühl, dass ich zum Erfolg des Unternehmens etwas beitragen konnte.

Als wir im Konvoi losfuhren, dachte ich an die Wanderung, die meine Mutter jedes Jahr unternommen hatte, wenn sie die

Rinderherde meines Vaters zum Grasen auf die Frühlingsweiden gebracht hatte. In ihrer Burka hatte sie sich, stolz auf ihrem Pferd thronend, mit einer Karawane aus Eseln, Pferden und Dienern aufgemacht zum großen alljährlichen Abenteuer. Ich weiß noch, dass ich vor ihr auf dem Pferd saß und, obwohl ich mir winzig vorkam gegen die riesigen Berge, meinte, Wichtiges zu unserer Mission beisteuern zu können. Als wir nun im Konvoi über holprige Wege ruckelten, war die Situation ähnlich, nur dass diesmal ich das Baby auf dem Schoß hatte.

Diese Reise veränderte mein Leben. Wir besuchten die abgelegensten Orte der Region, Dörfer, die ich seither nie wieder gesehen habe. Angesichts der bitteren Armut, die wir vorfanden, vollzog sich in mir ein für alle Mal mein politisches Erwachen. Ich wusste, dass ich dazu berufen war zu helfen.

Wir begannen im Januar mit der Erhebung. Es war so kalt, dass die Frauen ihre Babys im Schlaf mit frischem Tierdung warm hielten. Die größte Angst der Frauen war, dass die Kinder erfroren, und sie hatten keine Ahnung, dass der Dung Krankheiten und Infektionen übertragen konnte. Hygiene fehlte völlig, die Kinder gingen barfuß durch den Schnee, die meisten von ihnen waren unterernährt.

Abends waren wir zu Gast im Hause des Religionsführers, meist das größte Haus des Dorfes, in dem es fließendes Wasser und ein Plumpsklo gab – ein großes, tiefes Loch im Boden. Diese Häuser ähnelten dem *hooli*, in dem ich aufgewachsen war, und während die Ärzte aus dem Westen, die an unserer Untersuchung mitarbeiteten, schwer mit den Verhältnissen zu kämpfen hatten, waren sie für mich beruhigend vertraut.

Doch abgesehen vom Gemeindevorsteher lebten die Dorfbewohner in einer Armut, wie ich sie noch nie erlebt hatte, nicht einmal als Kind. Häufig bestand das Haus aus einem einzigen Zimmer, in dem die ganze Familie lebte, die Tiere in einer Ecke, die Toilette in der anderen. Und wenn ich Toilette sage, dann meine ich nicht einmal einen Eimer, sondern nur eine Ecke, in der sich die Fäkalien türmten, während Kleinkinder durch das Zimmer krabbelten. Es war schockierend. Ich versuchte den Menschen die Gefahren der mangelnden Hygiene zu erklären. Doch das Ausheben einer Latrine, die sich in sicherer Entfernung vom Haus befand, war – auch wenn sie das Leben der Kinder hätte retten können – leider mehr, als der afghanische Machismo dieser ungebildeten Dorfmänner ertragen konnte. Sie ließen sich nicht dazu herab.

Ich versuchte es mit einem anderen Ansatz. »Verdient es Ihre gute muslimische Ehefrau denn nicht, ihre Würde zu bewahren, wenn sie ihrem Geschäft nachgeht?« Doch schwerer als die Würdelosigkeit, die eine Frau ertragen musste, wenn sie in der Ecke eines Zimmers oder auch draußen vor den Nachbarn ihre Notdurft verrichtete, wog die Würdelosigkeit für den Mann, wenn er eine entsprechende Einrichtung gebaut hätte.

Diese Zustände erklärten mir, warum in der Provinz Badachschan eine der weltweit höchsten Sterblichkeitsraten bei Mutter und Kind herrschte.

In Darwas, einem der ärmsten Distrikte, erzählten mir Frauen, dass sie um vier Uhr morgens in den Schnee hinaus müssen, um die Tiere zu füttern. Der Schnee liegt dort bis zu einem Meter hoch. Niemand hilft ihnen, und wenn sie zurückkommen, müssen sie über dem offenen Feuer Brot backen und das Essen für die Familie kochen. Dieses Leben kann man nur als Schinderei bezeichnen. Es ist allerschwerste Arbeit. Auch die Männer müssen hart arbeiten, um die Feldfrüchte anzubauen, die ihre Familie und die Tiere den Winter über ernähren. Sie kehren erst bei Dunkelheit nach Hause zurück.

Mir machten diese Berichte deutlich, wie arm und benachteiligt diese Menschen sind. Angesichts ihres Leids wuchs in mir das Bewusstsein dafür, wer ich war, woher ich kam und worin meine Lebensaufgabe bestehen würde.

Eines Abends waren wir in Kala Pandscha, einem Ismailiten-Dorf. Der Dorfvorsteher hatte uns eingeladen, bei ihm zu

Abend zu essen und die Nacht in seinem Haus zu verbringen. Obwohl ich ihm noch nie begegnet war, begrüßte er mich wie eine alte Freundin. Es war mir ziemlich peinlich, und meine Kollegen lachten schon über mich, bis der Grund für seine Überschwänglichkeit herauskam. Er hatte meinen Vater gekannt. Als wir zusammensaßen, erzählte er von ihm und beschrieb ihn als fleißigen, engagierten Mann, der alles daransetzte, die Lage der Armen zu verbessern. »Nun, Frau Kufi«, sagte er und lächelte mich an, »jetzt sitzen Sie hier, und wie ich sehe, sind Sie genau wie Ihr Vater.«

Zum ersten Mal verglich mich jemand mit meinem Vater, und ich strahlte vor Stolz. In jenem Dorf, umgeben von Dorfältesten, Ärzten und Dorfbewohnern, lauter Menschen also, die etwas verändern wollten, unternahm ich eine Reise in die Vergangenheit, in eine Zeit, in der meine Mutter über ihre Küche und die Diener geherrscht und meine Brüder in einer Reihe angestanden hatten, um die dampfenden Reisschüsseln in das geheimnisvolle Zimmer zu tragen, in dem mein Vater seine Gäste bewirtete. Als Kind hatte ich mich danach gesehnt, diesen geheimnisvollen Raum einmal zu betreten, mir anzusehen, was dort geschah, den Gesprächen zu lauschen.

Ich musste lächeln, als mir klar wurde, dass sich das Geheimnis nunmehr gelüftet hatte. Jene Zusammenkünfte meines Vaters waren ähnlich gewesen wie die, in der ich mich befand. Auch er hatte mit Delegationen von Hilfsorganisationen, Ärzten, Ingenieuren und Dorfältesten zu Abend gegessen. Wie oft hatte er dort gesessen, Pläne und Projekte besprochen und darüber diskutiert, wie man das Land weiter in seiner Entwicklung voranbringen konnte? Wie viele Mahlzeiten hatte meine Mutter für seine Besucher gekocht?

Ich saß da, um mich herum lebhafte Gespräche, und war tief in Gedanken versunken. Es war eine unglaublich wichtige Erfahrung, dort zu sein und endlich diesen wichtigen Aspekt im Leben meines Vaters zu verstehen.

Als wir am Morgen weiterfuhren, schenkte mir der Mann für Schuhra ein Schaf. Die Schafe in Wachan sind klein und dick und berühmt für ihr zartes Fleisch. Die anderen Afghanen unserer Gruppe waren neidisch und fragten scherzhaft: »Wo bleibt unser Schaf? Warum hast du es Frau Kufi geschenkt?« Doch der Mann lächelte nur und sagte: »Es ist ein Geschenk für Frau Kufis Vater. Ich fühle mich geehrt, dass ich seine Tochter und seine Enkelin in meinem Haus begrüßen durfte. Und dass sich seine Tochter wie er für Gutes einsetzt.« Die Worte trieben mir vor Stolz das Blut ins Gesicht.

Auf unserer Reise durch die Distrikte begegnete ich noch mehr Menschen, die meinen Vater gekannt hatten. Und nach und nach begriff ich, welche politische Rolle meine Familie gespielt hatte. Für das Team war ich als Übersetzerin eingestellt worden, hatte also eine untergeordnete Aufgabe. Doch wenn die Leute meinen Namen hörten, dachten sie, ich sei anstelle meines Vater da, und die Familie Kufi sei nach Badachschan zurückgekehrt, um die Dörfer zu repräsentieren.

Die Dorfbewohner kamen gezielt zu mir und erzählten mir von ihren Problemen. Ich erklärte ihnen, dass ich die Studie nicht organisiert hatte, sondern lediglich mit einer einfachen Aufgabe betraut sei. Doch sie kamen weiter und sprachen Themen an, die mit der Erhebung nichts zu tun hatten, etwa Geldsorgen oder Besitzstreitigkeiten. Ich fühlte mich reichlich überfordert, doch gleichzeitig stärkte es meine Zielstrebigkeit, meine Entschlossenheit und mein Zugehörigkeitsgefühl. In dieser Gegend, wo mir das politische Erbe meines Vaters und die persönlichen Werte meiner Mutter sehr gegenwärtig waren, wurde mir in aller Klarheit bewusst, dass ich Politikerin werden wollte. Ich weiß nicht einmal, ob »wollte« das richtige Wort ist. Eher war es so, dass ich es werden musste. Es war die Rolle, für die ich bestimmt war.

Die Studie dauerte sechs Wochen. Schaharasad war erst achtzehn Monate alt, und ich vermisste sie schrecklich, während ich unterwegs war. Hamid kümmerte sich wirklich gern um sie, denn im Grunde seines Herzens wusste er wohl, dass seine Lebenszeit begrenzt war. Diese Wochen, in denen er allein eine Bindung zu seiner geliebten ältesten Tochter aufbauen konnte, schätzte er sehr.

Nachdem die Erhebung beendet war, kehrte ich auf meine Stelle im Waisenhaus zurück. Diese Arbeit trieb mich weiter an. Im Waisenhaus wohnten hundertzwanzig Kinder: sechzig Jungen und sechzig Mädchen. Jedes Kind hatte seine eigene Geschichte – eine schreckliche Geschichte. Einige hatten beide Eltern verloren, doch nicht alle waren Waisen. Bei manchen hatte die Mutter wieder geheiratet, und der Stiefvater ließ die Kinder nicht ins Haus. Andere hatten die Eltern im Waisenhaus abgegeben, weil sie zu arm waren, sie zu ernähren. Es war herzzerreißend, und ich hätte am liebsten jedes Einzelne bei mir aufgenommen. Die ersten drei Monate verbrachte ich damit, die Kinder zu ihrer Herkunft zu befragen und die Informationen in einer Datenbank festzuhalten.

Obwohl die Geschichten der Kinder so traurig waren, war das Waisenhaus ein durchaus glücklicher Ort. Ich konnte beide Töchter mit zur Arbeit nehmen. Die kleine Schuhra war unsichtbar und still in den Schal gewickelt, während Schaharasad mit den anderen Kindern spielte. Einige dieser Kinder treffe ich bis heute hin und wieder. Viele studieren an der Universität, und ich unterstütze sie, so gut ich kann. Als einige von ihnen zum Studium nach Kabul kamen, mietete ich ein Haus für sie. Da sie keine Eltern haben, muss ihnen jemand anders helfen. Ich habe nicht viel Geld, und die Hilfe fällt mir finanziell nicht leicht, doch ich tue es gern und aus einem echten Bedürfnis heraus.

Eine echte Wende in meinem Leben war es, als wenige Monate später die Vereinten Nationen ein UNICEF-Büro in Faisabad eröffneten. Ich bewarb mich um eine Stelle als Kinderschutz-

Beauftragte, die ich auch bekam. Es war eine kleine Niederlassung, deren stellvertretende Leiterin ich war. Die Arbeit für die UN war für mich ein großer Schritt nach vorn. Und sie war anstrengend. Ich kümmerte mich um Kinder und Binnenflüchtlinge, die während der Kämpfe ihr Zuhause verloren hatten.

Zu meinen Aufgaben gehörte es, mit Jugend- und Bürgergruppen zusammenzuarbeiten. Eine dieser Gruppen war der Freiwillige Frauenbund Badachschan. In meiner Freizeit versuchte ich Gelder für diese Vereinigung aufzutreiben und Mikrokredite für Frauen zu beschaffen, die ein kleines Unternehmen gründen wollten. Außerdem war ich an der Planung für die Feierlichkeiten anlässlich des Internationalen Frauentages am 8. März beteiligt. Der Internationale Frauentag wird nicht überall und ganz sicher nicht in ganz Afghanistan begangen, doch in Badachschan galt er uns als wichtiger Gedenktag. Wir fuhren in die Dörfer, überreichten den Frauen Geschenke und kürten die »Mutter des Jahres«. Damit wollten wir den Frauen in den Dörfern einen gewissen Stolz auf ihre Arbeit vermitteln.

In Faisabad organisierten wir im Jahr 2000 zum Frauentag zahlreiche Veranstaltungen, und dies war auch der Anlass für meine erste öffentliche Rede. Ich sprach über den Umgang mit Frauen und Zivilisten während des Bürgerkriegs in Kabul. Unverblümt und zornig berichtete ich, dass die afghanischen Frauen während der schrecklichen Ereignisse des Bürgerkrieges, als sie erleben mussten, wie ihre Ehemänner und ihre Söhne ermordet und sie selbst vergewaltigt und gefoltert wurden, ihre Kraft und ihren Stolz nicht verloren. Die afghanischen Frauen, erklärte ich, seien nicht aufzuhalten.

Die Taliban hatten zwar den Rest des Landes unter Kontrolle, nicht aber Badachschan. In der Region hatte Rabbanis Regierung das Sagen, und da Rabbani ehemaliger Mudschahedin war, fanden viele, ich sei mit meiner Rede zu weit gegangen, da ich den Mudschahedin Folterungen vorgeworfen hatte. Man kritisierte die Mudschahedin nicht – das ist bis heute so. Da diese Männer uns von den Russen befreit hatten, galt Kritik an ihnen als unpatriotisch, ja fast schon als Verrat.

Ich bewundere die Mudschahedin dafür, dass sie die russischen Invasoren besiegt haben, doch es lässt sich nicht leugnen, dass sie in den darauffolgenden Bürgerkriegsjahren barbarische Taten zu verantworten hatten, die gegen unschuldige Zivilisten, darunter auch Mitglieder meiner eigenen Familie, gerichtet waren.

Während meiner Ansprache gab es in den Reihen der Regierungsvertreter einige wütende Gesichter und schockiertes Schweigen. Hinterher jedoch kamen viele Bürgerinnen und Bürger, Lehrer, Ärzte und freiwillige Helfer auf mich zu und versicherten mir, es sei eine gute Rede gewesen. Ich war auf dem Weg, meine Stimme zu finden. Und ich war auf dem Weg, den mir angemessenen Platz zu finden.

Hamid wurde immer schwächer. In einem verzweifelten Versuch, das Unvermeidliche hinauszuzögern, gab ich den Großteil meines Gehaltes dafür aus, neue Medikamente ausfindig zu machen, die ihm helfen könnten. Meine Schwestern gingen streng mit mir ins Gericht und ermahnten mich, mein Geld nicht zu verschwenden, sondern mich der Tatsache zu stellen, dass er sterben würde. Doch er war der Mann, den ich liebte. So, wie ich nicht die Hände in den Schoß hatte legen können, als er im Gefängnis war, konnte ich jetzt nicht ruhig zusehen, wie er starb. Er unterstützte mich damals in allem, was ich tat, und war so glücklich über den Erfolg seiner Frau, dass ich es ihm schuldete, ihn am Leben zu halten. Nach Schuhras Geburt war unsere körperliche Beziehung zum Erliegen gekommen, doch unsere Liebe kehrte in anderer Form zurück. Ich glaube, er bedauerte sein Verhalten nach der Geburt unserer zweiten Tochter. Deshalb wollte er mir unbedingt beweisen, dass er hundertprozentig hinter meiner Arbeit stand. Wenn ich abends nach Hause kam, fragte er mich, was ich erlebt hatte, und hörte sich meine Sorgen und Nöte geduldig an.

Psychisch ging es ihm alles andere als gut. Nachdem er jahrelang auf mich gewartet und dann endlich meine Brüder überredet und mich geheiratet hatte, folgte nun sein langsamer Abstieg in den Tod. Voller Trauer in den Augen nahm er einmal meine Hand und sagte, ich sei wie ein Gericht, das er seit vielen Jahren hatte kosten wollen, ein Gericht, das zu genießen er sich jeden Tag erträumt, das er in seiner Fantasie geschmeckt und gerochen hatte. Als ihm dieses Gericht endlich serviert wurde, musste er feststellen, dass er nichts hatte, womit er es hätte verspeisen können, weder Löffel noch Gabel. Ihm blieb nichts anderes übrig, als sich mit dem Anblick zu begnügen.

Zu meiner Arbeit gehörte es mittlerweile auch, dass ich im pakistanischen Islamabad an Konferenzen teilnahm. Ich flog nach Dschalalabad in Südafghanistan und überquerte bei Torcham die Grenze. Es war dieselbe Strecke, die Hamid und ich mit meinem Bruder zurückgelegt hatten, vor jener kurzen, glücklichen Woche in Lahore, ehe er nach unserer Rückkehr das dritte, letzte und tödliche Mal verhaftet worden war.

Ich liebte die Reisen nach Pakistan, die es mir auch ermöglichten, Hamid Medikamente zu besorgen. Doch die Ankunft in Dschalalabad, das unter der Kontrolle der Taliban stand, war jedes Mal schrecklich. Ich verabscheute ihren Anblick, wenn ich aus dem Flugzeug stieg und sie mich spöttisch angrinsten, sobald ich ihnen meinen UN-Ausweis zeigte. Ich spürte ihre Blicke, wenn ich an ihnen vorbei zum wartenden UN-Fahrzeug ging. Sie machten mir Angst, obwohl ich wusste, dass ich unter dem Schutz der Vereinten Nationen stand und sie mir nichts anhaben konnten. Gebetsmühlenartig versicherte ich mir, um mich zu beruhigen: »Du gehörst jetzt zu den UN. Du darfst arbeiten. Sie können dich nicht daran hindern.«

Eines Tages wollte ich gerade das Flugzeug nach Dschalalabad besteigen, als ich von afghanischen Sicherheitskräften aufgehalten wurde. Sie erklärten mir, Vertreter der Regierung

Rabbani hätten sie darüber informiert, dass mein Ehemann mutmaßlicher Taliban sei und ich daher ein Sicherheitsrisiko darstelle. Ich sah sie ungläubig und zornig an. »Vielen Dank«, erwiderte ich. »Mein Mann war drei Monate im Gefängnis, weil er Rabbani in Pakistan besucht hat, und nun wollen Sie mir weismachen, er sei ein Verräter?« Später fand ich heraus, dass jemand – ich weiß nicht wer – dem Geheimdienst absichtlich Falschinformationen über uns gegeben hatte. Es war eine Mahnung an uns, dass Feinde überall lauern konnten und üble Nachrede in einem Land wie Afghanistan tödlich sein kann.

Badachschan war die einzige Provinz in Afghanistan, in der Frauen arbeiten konnten, und ich war die einzige afghanische Frau im ganzen Land, die im Dienst der Vereinten Nationen stand. Dass ich damit auch den Blick der Öffentlichkeit auf mich zog, brachte natürlich auch Gefahren mit sich. So gut wie ganz Faisabad wusste mittlerweile, wer ich war und was ich tat. Viele Menschen waren es zufrieden und wussten die UN-Präsenz zu schätzen. Anderen lieferte ich ständig Anlass für Skandale und Klatsch. Nicht einmal mein unmittelbarer Vorgesetzter kam damit zurecht, dass er eine Frau als Stellvertreterin hatte. Wenn er männliche Besucher empfing, bat er mich, die Bürotür zu schließen, damit sie mich nicht sehen konnten.

In der Nähe unserer Wohnung gab es eine Moschee. Eines Freitagnachmittags predigte der Mullah über Frauen, die für internationale Organisationen arbeiteten. Er erklärte, das sei *haram*, verboten, und kein Ehemann dürfe seiner Frau so etwas erlauben. Frauen dürften nicht mit Ungläubigen zusammenarbeiten, und auch eine Frau zu bezahlen, sei *haram*.

Der arme Hamid saß im Hof und spielte mit Schaharasad, als er diese Worte hörte. Er erzählte mir später, dass er gelacht habe und ins Haus gegangen sei, um nicht mehr hören zu müssen. Da seine Frau die einzige Frau in der gesamten Provinz war, die für eine internationale Organisation arbeitete, musste der Mullah mich gemeint haben. Und während ich bei der Arbeit war und Hamid auf unsere Tochter aufpasste, musste er sich anhören, wie wir beide öffentlich an den Pranger gestellt wurden.

Natürlich kommt eine solche Rollenumkehr heute häufiger vor. Nicht nur im Westen, sondern auch in Afghanistan beteiligen sich in der heutigen Generation viele Männer an den Pflichten der Kindererziehung, und in manch einer Ehe arbeiten Mann und Frau, weil es wirtschaftlich erforderlich ist. Damals jedoch waren wir nahezu die Einzigen. Ich war verzweifelt und bestürzt über die Worte des Mullah. Offenbar war es für ihn einfacher, eine gesamte Gemeinde gegen uns aufzubringen, als mit meinem Mann von Angesicht zu Angesicht über das, wie er meinte, fehlgeleitete Verhalten seiner Frau zu reden.

Ironischerweise war es eben dieser Mullah, der mich wenige Jahre später, als ich Parlamentsmitglied war, um Hilfe bat. Man hatte ihn als Religionslehrer entlassen, und er wollte, dass ich mich beim Bildungsministerium für ihn einsetzte. Als er gegen mich predigte, hätte er sich das wohl nicht träumen lassen, doch Jahre später konnte sogar ein Mann wie er akzeptieren, dass Frauen Aufgaben in der Regierung und der Gesellschaft übernehmen. Ich half ihm, und als ich 2010 für die Wiederwahl antrat, unterstützte er meinen Wahlkampf. Damit Menschen wie er nach und nach ihre Ansichten ändern, ist es unerlässlich, dass Frauen Positionen in Staat und Öffentlichkeit bekleiden.

Meine Arbeit für die Vereinten Nationen erfüllte mich und war mir in dieser schwierigen Zeit eine echte Hilfe. Manchmal konnte ich die Kinder und Hamid mit nach Pakistan nehmen. Einmal brachte ich Hamid ins Schafa-Krankenhaus, eines der berühmtesten Einrichtungen in Islamabad, wo er eine neuartige Behandlung erhielt. Die Medikamente waren jedoch mit fünfhundert Dollar im Monat sehr teuer. Sechs Monate lang konnte ich sie bezahlen, danach reichte mein Gehalt einfach nicht mehr aus.

Ich glaube, ich wollte noch immer nicht wahrhaben, dass er starb. Er war einfach noch so jung. Es war Anfang 2001, und er war erst fünfunddreißig Jahre alt.

Die Kämpfe zwischen der Nordallianz und den Taliban waren mittlerweile nahezu zum Erliegen gekommen, und es gab Gerüchte, nach denen der UN-Sicherheitsrat die Taliban als legitime Regierung Afghanistans anerkennen würde. Diese Vorstellung fanden viele Afghanen schrecklich. Es kam uns vor, als wäre die Welt blind für das, was wir sahen, auch für die Gefahren, die von den Taliban ausgingen.

Im Frühjahr 2001 ging Ahmed Schah Massud im Namen der Regierung Rabbani auf eine Europareise. Die damalige EU-Parlamentspräsidentin Nicole Fontaine hatte ihn eingeladen, vor dem Europäischen Parlament in Straßburg zu sprechen (wo ich Jahre später ebenfalls zu Gast sein sollte).

Massud nutzte seine Ansprache, um vor der Bedrohung durch die Taliban und der unmittelbaren Gefahr eines großen Anschlags auf westliche Ziele durch Al-Qaida zu warnen. Während seiner kurzen Europareise besuchte er auch Paris und Brüssel, wo er mit dem EU-Vertreter für Sicherheitspolitik Javier Solana und dem belgischen Außenminister Louis Michel sprach. Mit ihm reisten die Hoffnungen vieler Afghanen. Wir freuten uns, als wir auf BBC Radio hörten, dass sein Besuch positiv aufgenommen wurde. Seine Botschaft war einfach und klar: Die Taliban und die Kämpfer der Al-Qaida, denen sie Unterschlupf boten, stellten eine wachsende Bedrohung dar, nicht nur für Afghanistan, sondern für die ganze Welt. In einer Botschaft an den amerikanischen Präsidenten George W. Bush warnte Massud: »Wenn Sie uns nicht helfen, werden diese Terroristen in den USA und Europa sehr bald großen Schaden anrichten.« Doch leider beherzigten die westlichen Führungspolitiker seine Warnungen damals nicht.

In meinem Freundeskreis machte sich traurige Enttäuschung breit. Es sah wirklich danach aus, als würden die Taliban für alle Zeiten an der Macht bleiben. Dreizehn Jahre lang hatten wir gegen die Sowjets gekämpft, und nun mussten wir uns mit dieser neuen und seltsamen Form des Islam abfinden. Falls die Vereinten Nationen die Taliban als Regierung anerkannten, so war damit auch die Regierung Rabbani, die über Badachschan herrschte, unrechtmäßig. Was für mich persönlich bedeutete, dass ich sehr wahrscheinlich meinen Job verlieren würde.

Zur gleichen Zeit, da General Massud in Europa war, kamen mehrere ausländische Delegationen nach Badachschan, um sich mit Rabbani zu treffen, der aus Pakistan zurückgekehrt war und nun seinen Sitz in Faisabad hatte. Die UN waren offensichtlich bestrebt, zwischen den Taliban und der Regierung Rabbani Frieden und eine Art Abkommen zu vermitteln.

Es war der 9. September 2001, ein sonniger Herbstnachmittag. Ich war in einem UN-Auto unterwegs zu einem Lager für Binnenflüchtlinge, wo ich mich um Freizeitangebote für Kinder kümmern sollte. Das Leben in diesen Lagern war schrecklich, denn die Menschen lebten in Zelten ohne sanitäre Einrichtungen. Dennoch verloren sie nicht den Mut, lachten und machten Scherze. Doch als ich dieses Mal dort eintraf, waren die Menschen in Tränen aufgelöst. Ein junger Mann erzählte mir, warum. Berichten zufolge war Ahmed Schah Massud ermordet worden. Mir schwirrte der Kopf, die Knie zitterten. Es war wie damals, als meine Mutter gestorben war, und ich dachte, die Welt gehe unter. Unser Nationalheld durfte nicht tot sein. Das war unmöglich.

Am Abend erfuhren wir aus der BBC Genaueres, doch die Lage war noch immer verworren, und es war nicht klar, ob Massud tot oder nur schwer verletzt war. Wilde Gerüchte machten die Runde. Doch im Verlauf der folgenden Wochen und Monate klärte sich das Bild. Zwei arabische Extremisten, die sich als Fernsehjournalisten ausgegeben hatten, hatten eine in ihrer Kamera versteckte Bombe gezündet, während sie den für seine Vorsicht bekannten Massud interviewten. Einer von ihnen starb bei der Explosion, der andere wurde von Massuds Männern auf der Flucht erschossen. Massud wurde bei der Explosion schwer verletzt und starb im Hubschrauber auf dem Flug ins Krankenhaus.

In Frankreich und Belgien verhaftete die Polizei später mehrere Nordafrikaner, die mit Al-Qaida in Verbindung standen. Sie wurden verurteilt, weil sie die Mörder mit gefälschten Pässen und Identitäten versorgt hatten. Osama bin Laden hatte durchaus richtig vermutet, dass Washington in der Folge der schrecklichen Anschläge auf die USA zwei Tage später Massud um Hilfe bitten würde, ihn festzusetzen oder umzubringen. Wenn jemand bin Laden hätte dingfest machen können, dann Massud. Die Nordallianz schloss sich tatsächlich dem Kampf gegen Al-Qaida an, allerdings ohne ihren großen Befehlshaber.

Den Tag, an dem Massud starb, kann ich nur mit dem Tag vergleichen, an dem Präsident Kennedy ermordet wurde. Amerikaner jener Generation sagen immer, dass sie sich genau erinnern, wo sie waren, als sie die Nachricht hörten. Dasselbe gilt für uns Afghanen in Bezug auf Massuds Ermordung. Sogar Schaharasad, die noch ein kleines Mädchen von drei Jahren war, erinnert sich an den Tag seiner Ermordung.

Für viele war Massud der Held der Mudschahedin, der Mann, der die Schlacht gegen die Sowjets angeführt hatte. Er war ein hervorragender Stratege und ein erbarmungsloser Kämpfer. Seine Siege brachten ihm den Titel Löwe von Pandschir ein. Doch für viele Menschen der jüngeren Generation, die vom Krieg gezeichnet waren, mich eingeschlossen, wurde er erst zum Helden, als er den Kampf gegen die Taliban aufnahm. Oft war er der einsame Rufer in der Wüste, der vor ihrem Fanatismus warnte. Dafür, dass er auch die Welt vor den Terroristen gewarnt hatte, bezahlte er mit dem Leben.

Bis zum heutigen Tag kann ich nur schwer begreifen, warum der Westen seine Warnung vor dem islamistischen Terrorismus nicht ernst nahm. Wenn der Terrorismus nicht vor Ort in Afghanistan bekämpft würde, so erklärte er den Staatschefs der Welt, würde er bald auf ihre Länder übergreifen. Er versuchte zu erklären, dass er überzeugter Muslim sei, jedoch mit dem Islam, den die Taliban vertraten, nicht einverstanden sei, weil er nicht der Kultur und Geschichte der afghanischen Nation entspreche. Massud hatte fünf Kinder, vier Töchter und einen Sohn. Alle seine Töchter erhielten eine Schulbildung. Er sprach oft über dieses Thema und versuchte den Leuten klarzumachen, dass der Islam einer Frau nicht untersagt, zu lernen oder einer Arbeit nachzugehen. Er wusste, dass die Taliban weltweit ein negatives Bild vom Islam schufen, und versuchte dem entgegenzuwirken.

Für mich war er eine echte Inspiration. Er lehrte mich, dass Freiheit kein Geschenk Gottes ist. Die Menschen müssen sie sich verdienen. Als Massud starb, glaubte ich, dass Afghanistan jede Hoffnung verloren hatte.

Nur achtundvierzig Stunden später wurden Massuds Warnungen zum islamistischen Terror entsetzliche Realität: Es gab Anschläge auf die Zwillingstürme des World Trade Center in New York und das Pentagon in Virginia. Ein viertes Flugzeug stürzte in Pennsylvania in einen Acker und riss neben den vier Entführern vierzig Passagiere und Besatzungsmitglieder in den Tod. Über 3000 Menschen fielen an jenem Tag der Al-Qaida zum Opfer. Die Welt hatte Massuds Warnungen nicht ernst genug genommen.

Viele weitere unschuldige Menschen, überwiegend in Afghanistan und im Irak, verloren im nun folgenden sogenannten Krieg gegen den Terror ebenfalls ihr Leben.

Liebe Schuhra, liebe Schaharasad,

es macht mich traurig, dass so viele Menschen in der Welt ein negatives Bild von unserem Land und unserer Kultur haben. Viele halten die Afghanen für Terroristen oder Fundamentalisten. Sie glauben das, weil unser Land schon so oft im Mittelpunkt strategischer Schlachten stand – Kriege um Energieressourcen, der Kalte Krieg, der Krieg gegen den Terror.

Dabei ist Afghanistan aufgeklärt, ein Land mit einer großartigen Geschichte und Kultur. Unsere Vorfahren errichteten hohe Minarette und herrliche Monumente, in unserem Land wurden Reisende und Andersgläubige willkommen geheißen.

Es ist ein Land hoher Berge und nicht enden wollenden Himmels, smaragdgrüner Wälder und blauer Seen. Es ist ein Land, in dem die Menschen einander mit Gastfreundschaft und Freundlichkeit behandeln. Und es ist eine Nation, in der Ehrgefühl, Glaube, Tradition und Pflichtbewusstsein einen sehr hohen Stellenwert genießen. Afghanistan, meine geliebten Töchter, ist ein Land, auf das wir stolz sein können.

Verleugnet nie eure Herkunft. Entschuldigt euch nicht dafür. Ihr kommt aus Afghanistan – seid stolz darauf. Und macht es euch zur Pflicht, der Welt all das, worauf wir stolz sein können, auch zu zeigen.

Es ist eine große Verpflichtung, die ich euch hier ans Herz lege. Aber es ist eine, für die eure Enkel euch einmal danken werden.

In Liebe,
eure Mutter

17

Der Schleier hebt sich

2001–2003

Am 11. September 2001 saß ich an meinem Schreibtisch, als ein Kollege mit einem Transistorradio unter dem Arm in mein Büro kam. Schockiert hörten wir den Bericht über den Angriff auf die Zwillingstürme.

Bei dem Gedanken an die Menschen, die in den Türmen gefangen waren, liefen mir Tränen übers Gesicht. Da es in Afghanistan keine Wolkenkratzer gab, hatte ich noch nie ein Gebäude gesehen, das bis in den Himmel reicht. Doch ich konnte mir vorstellen, wie schrecklich es sein musste, in den brennenden Gebäuden festzusitzen. Zum ersten Mal spürte ich eine enge Beziehung zwischen dem, was sich in Afghanistan ereignete, und den Geschehnissen auf der anderen Seite der Erdkugel. Für mich glich die ganze Geschichte einem großen Puzzle, dessen Teile sich schon seit Jahren zusammenfügten. Nun hatte jemand das letzte Teil eingesetzt. Und die Welt sah es mit Entsetzen.

Verbittert dachte ich, dass die Staatschefs der Welt nun zumindest Achmed Schah Massuds Worte ernst nehmen würden. Er hatte recht behalten mit seiner Warnung, der Terrorismus werde auch ihre Länder erreichen.

Was ich nicht erwartete, war eine so schnelle Reaktion der westlichen Welt. Vielleicht sind nicht alle Afghanen meiner Meinung, doch ich glaube, dass die USA recht daran taten,

Streitkräfte nach Afghanistan zu schicken, um die Taliban zu stürzen.

Im Büro erreichten uns E-Mails, in denen die internationalen UN-Mitarbeiter aufgefordert wurden, Afghanistan zu verlassen. Die einheimischen Mitarbeiter wurden gebeten, im Büro zu bleiben und keine Reisen zu unternehmen. Mein Chef kam aus einer anderen Provinz und kehrte eilig zu seiner Familie zurück. Deshalb leitete ich das Büro allein.

Das war eine schwierige Zeit, denn wir hatten eine große Impfaktion für die gesamte Provinz geplant und wollten zudem die Bücher für das kommende Schuljahr verteilen. Zwei Monate lang gelang es unserem Büro, ganz auf sich allein gestellt, die Impfung der Kinder durchzuführen und die Schulen geöffnet zu halten. Noch immer war ich das einzige weibliche Mitglied des UNICEF-Stabes in Afghanistan.

Im Zuge der Ermittlungen zu den Terroranschlägen des 11. September 2001 wurden die Flugzeugentführer rasch identifiziert und ihre Aktivitäten zu Al-Qaida und nach Afghanistan zurückverfolgt. In Washington forderte man die Taliban-Regierung auf, Osama bin Laden umgehend auszuliefern. Sie weigerte sich.

Am 7. Oktober 2001, weniger als einen Monat nach den Terroranschlägen auf das World Trade Center, begannen die USA die Operation Enduring Freedom. Amerikanische und britische Kampfflieger sowie Cruise-Missiles trafen Taliban- und Al-Qaida-Ziele in ganz Afghanistan. Gleichzeitig drangen Massuds Nordallianz-Soldaten dank ihrer neu gewonnenen Lufthoheit nach Süden in Richtung Kabul vor, leider ohne ihren wichtigsten General.

Der Westen hoffte auf eine rasche und saubere Niederschlagung der Taliban und den Tod oder die Gefangennahme Osama bin Ladens und seines Stellvertreters Aiman al-Sawahiri.

Der Plan war einfach: Die Luftwaffe der Amerikaner und Briten würde die Taliban-Streitkräfte vernichtend schlagen, während neuartige Bomben ganze Berghänge sprengen sollten, um die Al-Qaida-Kämpfer in ihren Verstecken zu töten. Am Boden sollten die Nordallianz und andere Streitkräfte, wieder vorwiegend aus dem Norden, dort eingreifen, wo die Bomben nicht getroffen hatten.

Einige der Männer machten sich mit einem erschreckenden Eifer an die Arbeit. Gelegentlich hörten wir von Gräueltaten gegen Taliban-Kämpfer. So wurden Gefangene bei lebendigem Leib verbrannt. In einigen Dörfern, die von den Taliban drangsaliert worden waren, nahmen die Menschen all ihren Mut zusammen, warfen mit Steinen nach ihren Peinigern und forderten sie auf zu verschwinden.

Ich weiß, dass nicht alle Taliban bösartig waren. Einige der niederen Dienstgrade waren ganz einfach nur Menschen, die überleben wollten. Und hatten mir nicht einige von ihnen sogar geholfen? Da war zum Beispiel der Talib-Nachbar, der mich nicht einmal kannte, mir aber half, Hamid aus dem Gefängnis zu holen, oder der junge, frisch verheiratete Talib aus Wardak, der bereit gewesen wäre, den Befehl seiner Vorgesetzten zu missachten, damit Hamid zu Hause bleiben konnte. Es machte mich traurig, dass Männer wie diese getötet wurden, doch ich war unglaublich erleichtert, dass das theokratische Regime der Taliban vernichtet wurde und diese dunkle Periode der afghanischen Geschichte zu Ende ging.

Mich störte es nicht, dass die USA und die anderen ausländische Nationen die Kämpfe anführten. Viele Afghanen jedoch missbilligen ihre Unterstützung, weil sie sie als Ungläubige betrachten. Ich sehe das anders. Für mich waren die Taliban nie wahre Afghanen, denn sie wurden immer von anderen Ländern kontrolliert und gesteuert. Als ich in Kabul wohnte, beobachtete ich, wie das gesamte Viertel Wasir Akbar Chan von den »Gästen« der Taliban übernommen wurde: Araber, Tschetschenen und Pakistaner. Wenn ich ihren Akzent hörte und ihre Frauen im schwarzen Hidschab sah, hatte ich den Eindruck, dass sich Kabul nicht mehr unter afghanischer Führung befand, sondern zu einer arabischen Stadt mutiert war wie Riad in Saudi-Arabien oder Doha in Katar.

Auch einige der schlimmsten Gräueltaten, welche die Taliban begangen hatten, standen mit dem Ausland in Verbindung. Als die Taliban die Schomali-Ebene nördlich von Kabul angriffen, geschah das mit einer solchen Grausamkeit, dass die Gegend noch heute als die »brennenden Ebenen« bekannt ist. In einer einzigen Schlacht töteten sie Tausende von Männern, brannten dann gezielt die Bäume und Felder nieder und machten die Überreste dem Erdboden gleich. Damit vernichteten sie die künftige Lebensgrundlage der Bevölkerung. Die Zerstörung von Feldern und andere Taktiken einer Politik der verbrannten Erde bringe ich mehr mit arabischen Ländern als mit Afghanistan in Verbindung. Mit Sicherheit wären die Taliban nicht selbst auf so eine Vorgehensweise gekommen. Nachdem sie alles niedergebrannt hatten, gingen sie von Haus zu Haus und zwangen alle Mädchen und Frauen, herauszukommen. Sie verfrachteten sie auf Lastwagen und in Autos, und danach wurden diese Frauen und Mädchen nie mehr gesehen. Die Einheimischen vermuten, dass man sie nach Pakistan, Saudi-Arabien und Katar brachte, wo sie zur Arbeit in Bordellen gezwungen werden. Keiner der arabischen Kämpfer schloss mit diesen Frauen eine Zwangsehe. Es lässt sich nicht beweisen, ob die Vermutung der Bewohner stimmt, doch für mich ist zu viel in dieser Richtung geschehen, als dass ich Zweifel daran hätte.

Als sich also auch nichtafghanische Streitkräfte an der Niederschlagung der Taliban beteiligten, war ich dankbar für ihre Hilfe und einfach nur erleichtert, dass die Taliban unser geliebtes Land nicht mehr regierten. Die Taliban verloren eine Provinz nach der anderen. In Tora Bora, wo man Osama bin Ladens Versteck vermutete, wüteten die Kämpfe wochenlang. Dann war plötzlich alles vorbei. Die Taliban waren von der Bildfläche verschwunden.

Und so wie die Unmenschen, die meinen Mann gefoltert und unsere Aussicht auf eine glückliche Ehe zerstört hatten, ihre Macht verloren, so verlor mein armer Ehemann Hamid seine letzte Schlacht gegen seine Krankheit.

Als einzige weibliche UN-Mitarbeiterin im Land zog ich ziemlich viel Neugier auf mich. Ständig besuchten Journalisten mein Büro und baten mich um Rat bei der Auswahl der Geschichten, die sie schreiben und filmen könnten. Da ich das Büro immer noch allein leitete, fiel es mir schwer, dafür noch die Zeit zu finden. In einem Projekt brachten wir Tausende von Jungen und Mädchen, die wegen des Krieges oder der Taliban keine Schulbildung genossen hatten und nun dem Schulalter entwachsen waren, wieder auf die Schulbank, damit sie einen Abschluss machen konnten. UNICEF versorgte gemeinsam mit anderen Organisationen die Kinder mit Schulzelten, Lernmaterial und Büchern. Es war eine anstrengende, aber enorm lohnende Aufgabe, den jungen Leuten zu Bildung zu verhelfen.

Zusätzlich zu dieser Kampagne musste ich Helfer für eine Massen-Polio-Impfung organisieren, die die gesamte Provinz abdecken sollte. Aufgrund der hohen Arbeitsbelastung kam ich abends erst spät nach Hause. Das brachte Probleme mit sich. Hamid war sehr krank und brauchte mich. Ich wollte bei ihm sein, doch ich wollte auch die für mein Land wichtigen Aufgaben erfüllen. Hamid hatte mich stets unterstützt. Er hatte es toleriert, wenn ich Überstunden machte. Doch mittlerweile wusste er, dass er nicht mehr viel Zeit hatte, und nahm es mir übel, dass mir meine Arbeit wichtiger war als er. Ich war emotional hin und her gerissen, was den Stress noch steigerte.

Es gab Tage, an denen ich buchstäblich von einem Termin zum anderen rannte und nicht einmal Zeit zum Essen hatte. Damals trug ich noch meine Burka, auch bei Treffen mit ausländischen Helfern. Eines Tages bat mich der Provinzgouverneur, sie abzulegen. Er sagte, das sei völlig in Ordnung, denn meine Gesprächspartner müssten mein Gesicht sehen, um mit mir zu kommunizieren. Danach trug ich die Burka nicht mehr zur Arbeit.

Es war eine harte Zeit, doch ich lernte unglaublich viel. Nicht zuletzt entdeckte ich meine eigenen Führungsqualitäten und mein Organisationstalent. Während ich das Vertrauen sowohl der Leute vor Ort als auch meiner internationalen Kollegen gewann, wuchs mir auch Verantwortung zu. Ich wusste, dass ich meine Berufung gefunden hatte.

In den Wochen und Monaten, die dem Fall der Taliban folgten, war Afghanistan ein völlig verändertes Land. In Kabul konnte man den Optimismus quasi mit Händen greifen. Über Nacht kehrten Hunderte von Flüchtlingen nach Hause zurück. Diejenigen, die Afghanistan in den Jahren zuvor – in der Sowjetära, im blutigen Bürgerkrieg oder unter der brutalen Taliban-Herrschaft – verlassen hatten, fanden die Stadt nun sicher genug für eine Rückkehr. Afghanische Investoren, die im Ausland Geld verdient hatten, kamen in ihre Heimat und planten neue Unternehmen, Hotels, Banken, ja sogar Golfplätze und Skisportorte.

Wirtschaftlich lag das Land natürlich am Boden, und die meisten Menschen lebten in bitterer Armut. In allen größeren Städten war die Energiezufuhr, etwa die Stromversorgung, zerstört worden, und nur wenige Menschen hatten Zugang zu sauberem Wasser und sanitären Einrichtungen. Viele der Rückkehrer fanden ihr Haus zerstört oder von anderen bewohnt vor. Die Arbeitslosigkeit grassierte, Nahrungsmittel waren knapp, und das Land hatte Mühe, zu so etwas wie Normalität zurückzukehren. Es herrschte Chaos, doch zum ersten Mal seit langem war es ein von Optimismus getragenes Chaos.

Das UN-Büro in Faisabad wurde massiv ausgebaut. Gelder aus aller Welt flossen zügig und reichlich, und nun galt es, sie schnellstmöglich dort zu verteilen, wo sie am dringendsten gebraucht wurden.

Da ich mehr Zeit mit Hamid verbringen wollte, nahm ich mir einen Monat frei und fuhr mit ihm nach Kabul. Ich wollte mich wieder an der Universität einschreiben, um mein Medizinstudium fortzusetzen. An der Universität erklärte man mir jedoch, es sei zu viel Zeit vergangen, als dass ich das Studium wiederaufnehmen könnte. Doch in Wahrheit, glaube ich, wollte man mir nicht helfen, weil ich den Fehler beging, Schuhra zu dem Gespräch mitzunehmen. Der Zulassungsbeamte machte deutlich, dass er es nicht gut hieß, wenn Mütter arbeiten gehen. Ich war verärgert, hatte aber größere Sorgen. Hamid hustete nun fast stündlich Blut.

Ich brachte ihn wieder nach Pakistan zu dem Arzt, der schon einmal die teuren Medikamente verschrieben hatte. Er überbrachte uns die niederschmetternde Nachricht, dass Hamids Tuberkulose, weil er das Medikament nicht kontinuierlich eingenommen hatte, eine Resistenz dagegen entwickelt hatte. Der Zustand, in dem er sich nunmehr befand, war so ernst, dass der Arzt sagte, er könne nichts mehr für ihn tun. Er riet uns, es in einem Krankenhaus im Iran zu versuchen, das mit einer neuen Therapie experimentierte. Ich gab Hamid das Geld, und er flog allein hin, während ich zu meiner Arbeit nach Faisabad zurückkehrte. Hamid blieb vier Monate in dem iranischen Krankenhaus. Unser Kontakt beschränkte sich auf ein paar Telefonate, doch bei diesen wenigen Gelegenheiten klang er aufgeräumt und versicherte mir, es gehe ihm schon besser.

In Faisabad änderte die Regierung ihre Politik. Für Frauen sah die Zukunft nun freundlicher aus als in den vorangegangenen Jahren. Hamid Karsai war 2001 zum Interimspräsidenten bestellt worden, bis offizielle Wahlen abgehalten werden konnten. Menschenrechtsaktivisten, die unter den Taliban verfolgt worden waren, konnten nun ungehindert agieren und trugen zur Schaffung einer offeneren Gesellschaft bei.

Aber natürlich war Badachschan längst nicht mehr Regierungssitz. Das Machtzentrum hatte sich wieder zurück nach Kabul verlagert. Ich kam mir plötzlich isoliert und provinziell vor. Da ich mitten im Geschehen sein wollte, bewarb ich mich um eine Stelle als UNICEF-Mitarbeiterin für den Schutz von Frauen und Kindern, die in der Hauptstadt angesiedelt war, und bekam sie auch. Zum Glück besorgte mir die UNICEF einen Platz im Kinderhort, sodass ich die Mädchen mitnehmen konnte.

Normalerweise kümmert sich der Mann um den Umzug seiner Familie in eine andere Stadt. Doch Hamid war zu krank, um überhaupt das Haus zu verlassen. Also musste ich irgendwie die Zeit finden, den Umzug nach Kabul mit meinem kranken Mann und den beiden Kindern zu organisieren. Eine der beiden Frauen meines Bruders Dschamalschah und ihre Kinder wollten mitgehen und bei uns wohnen. Ich nahm mir den Nachmittag frei, ging zum Basar und suchte einen Lastwagen, der unser Hab und Gut nach Kabul transportieren konnte. Die Fahrer sahen mich merkwürdig an. »Schwester, wo ist Ihr Ehemann? Warum haben Sie keinen Mann, der das für Sie erledigt?« Ich fauchte ihn verärgert an: »Brüder, warum glauben Sie, dass eine Frau es nicht einmal schafft, ein Fahrzeug zu mieten? Warum glaubt ihr eigentlich immer, Frauen wären zu nichts nutze?«

In Kabul angekommen, bezogen wir wieder Hamids alte Wohnung in Makrojan. Es war das Jahr 2003. Ich hatte in meinem neuen Job viel zu tun, und das tat mir gut. Ich war in der UN-Mitarbeitervereinigung zuständig für Geschlechterfragen und sollte durch das Land reisen, um die entsprechenden Projekte zu überwachen. Ich erinnere mich noch an eine Reise nach Kandahar, das zum Kerngebiet der Taliban gehört hatte. Als ich dort ankam, wechselten die kommunalen Vertreter, mit denen ich zusammenarbeiten sollte, kaum ein Wort mit mir. Es waren stockkonservative Männer, die die Taliban unterstützt hatten. Innerhalb weniger Monate war die Taliban-Herrschaft abgelöst worden von einer, wie sie es sahen, würdelosen Situation, in der sie sich von einer Frau sagen lassen mussten, was sie zu tun hatten. Nach und nach konnte ich sie jedoch für mich gewinnen, und nach ein paar Tagen arbeiteten wir zusammen, als wäre es nie anders gewesen. Noch heute bin ich mit einigen von ihnen in Kontakt, und sie besuchen mich, wenn sie nach Kabul kommen. Ich bin der festen Überzeugung, dass Menschen ihre Meinung nur aufgrund eigener Erfahrungen ändern. Und auch die konservativsten Männer können ihre Haltung zum anderen Geschlecht revidieren.

Als Hamid aus dem Iran zurückkehrte, war ich zunächst begeistert, wie viel besser es ihm zu gehen schien. Doch nach wenigen Wochen war sein Zustand so schlecht wie eh und je, und er konnte kaum einen Schritt machen, ohne dass er dicke Blutklumpen aushustete. Es war ein herzzerreißender Anblick. Die Krankheit ist ansteckend, und Hamid hatte schreckliche Angst um unsere Töchter. Wenn er zu husten begann, legte er ein Taschentuch über den Mund und bat die Mädchen, das Zimmer zu verlassen. Da unsere Wohnung im fünften Stock des Plattenbaus in Makrojan lag, war Hamid an die Wohnung gefesselt, denn das Treppensteigen war zu anstrengend für ihn.

Zwar waren zwischen uns schon lange keine körperlichen Intimitäten mehr möglich, doch er war ein guter Ehemann. Die Krankheit hatte seinem Intellekt nichts anhaben können, und er besaß eine besonders gute Fähigkeit, Probleme zu lösen. Wenn ich beruflich einen schlechten Tag gehabt hatte oder nicht wusste, wie wir ein neues Projekt umsetzen sollten, hörte er mir stets zu und war mit Ratschlägen zur Stelle. Auch damals war er noch mein Fels in der Brandung.

Nach ein paar Wochen stand eine Untersuchung an, und wir flogen nach Karatschi ins Aga-Khan-Krankenhaus, einem der modernsten Krankenhäuser der Region. Hamid war zu krank, um zu Fuß zu gehen, und ich musste ihn im Rollstuhl durch die Station fahren. Er war mittlerweile so dünn und grauhaarig, dass eine der Krankenschwestern ihn für meinen Vater hielt.

Wir blieben über Nacht im Krankenhaus. Ich schlief an seiner Seite, wie ich es bei meiner Mutter getan hatte in den Tagen vor ihrem Tod. Am nächsten Morgen teilte uns der Arzt das Untersuchungsergebnis mit. Es war nichts mehr zu machen. Seine Lunge hatte mittlerweile nicht mehr die Konsistenz eines funktionierenden Organs, sondern eher die einer Ledersohle. Die Medikamente waren so stark, dass die Nebenwirkungen seinen gesamten Körper beeinträchtigten und ihm ständig übel war. Er sagte, er wolle sie nicht weiter nehmen.

Es war Sommer, und die Sonne schien ihn aufzuheitern. Ohne die Medikamente, die ihm den Appetit geraubt und ihn ständig hatten erbrechen lassen, kehrte sein Hunger zurück. Er aß richtig mit, und seine Wangen bekamen wieder etwas Farbe. Ich hatte eine Woche frei genommen und wollte jeden Moment mit ihm verbringen. Es war ein Mittwoch, und ich hatte eine Hühnersuppe gekocht. Er hatte in der Nacht zuvor nicht gut geschlafen und war müde. Ich versuchte ihn dazu zu bringen, die Suppe zu essen, doch er hatte kaum die Kraft, den Löffel zu halten. An diesem Abend kamen meine und seine Schwester zu Besuch.

Als er mit ihnen plauderte, fiel mir auf, wie attraktiv und frisch er aussah. Es war, als wäre die Krankheit aus seinem Gesicht gewichen, und plötzlich war er wieder der alte Hamid.

»Hamid, mein Liebster, du machst Witze, oder?«, zog ich ihn auf. »Ich glaube, du willst mich veräppeln – du bist gar nicht krank. Warum siehst du sonst so gut aus?« Er lachte, doch in diesem Moment blieb ihm die Luft weg, und er rang nach Atem.

Wir trugen ihn in sein Zimmer. Ich musste das Gesicht abwenden, damit er mich nicht weinen sah. Es war schon spät. Ich legte mich eine Weile mit den anderen Frauen im Nebenzimmer hin, kam aber nicht zur Ruhe. Daher kehrte ich in Hamids Zimmer zurück und legte mich neben ihn. Ich nahm seine Hand, und wir mussten beide weinen. Ich dachte an die erste Woche unserer Ehe zurück, als wir beide so glücklich gewesen waren und unsere Zukunft geplant hatten. Wir hatten wirklich nicht viel verlangt vom Leben, doch bekommen hatten wir nichts als Trauer und Leid.

Die Mädchen kamen herein. Sie hatten sich als Kutschis, Nomaden, verkleidet und sangen ihrem Vater ein Lied vor. Es war der kindliche Versuch, uns aufzuheitern. Es war wunderschön, und es war todtraurig. Sie drehten sich im Kreis, schwenkten Schleier über dem Kopf und sangen: »Ich bin eine kleine Kutschi, sieh mich an, ich tanze.« Nach dem Lied baten sie Hamid um ein Küsschen, doch er wollte nicht, weil er Angst hatte, sie anzustecken. Er wünschte sich so sehr, seinen kleinen Mädchen einen Abschiedskuss zu geben, doch es ging einfach nicht.

Ich versuchte noch immer, ihm etwas Essen einzuflößen. »Bitte, iss die Maulbeere«, flehte ich ihn an, »probier noch einen Löffel Suppe.« Nach diesem fruchtlosen Versuch nickte ich ein. Ich war völlig erschöpft. Meine Schwester kam herein und bat mich, zu gehen und mich auszuruhen. Ich wollte nicht, doch Hamid bestand darauf. »Fausia«, scherzte er, »die Aufseherin hier wird sich um mich kümmern. Sie sorgt dafür, dass ich mein Obst esse und weiter atme. Geh, und ruh dich ein bisschen aus, bitte.«

Ich legte mich zu den Mädchen ins Bett und hielt sie fest im Arm. Wie sollten diese beiden kleinen Wesen ohne die Liebe ihres Vaters leben?, fragte ich mich. Etwa eine Stunde später hörte ich einen Schrei, den ich nie vergessen werde. Es war meine Schwester, die Hamids Namen rief. Ich rannte hinüber und sah gerade noch, wie er seine letzten Atemzüge tat.

»Hamid, nein!«, rief ich entsetzt. »Bitte, geh noch nicht.« Als er mich hörte, öffnete er die Augen und sah mich an. Nur eine Sekunde lang begegneten sich unsere Blicke, der meine angsterfüllt, der seine ruhig und ergeben. Dann schloss er die Augen wieder. Er war tot.

Liebe Schuhra, liebe Schaharasad,

als euer Vater starb, war Schuhra genauso alt wie ich, als ich meinen Vater verlor – eine bittere Ironie, und ich wünschte, das Schicksal hätte sich nicht eine Generation später wiederholt.

In den ersten Tagen nach dem Tod eures Vaters machte ich mir schwere Vorwürfe. Die verwaiste Mutter hatte verwaiste Kinder.

Ich wusste, wie schmerzhaft es ist, vaterlos zu sein, und wie schwierig es für euch in unserer Gesellschaft sein würde. Mir war klar, dass ihr nicht nur darunter leiden würdet, keinen Vater zu haben, sondern auch darunter, keinen Bruder zu haben.

Doch ich musste es meiner Mutter gleichtun, die mir mit der Leidenschaft zweier Elternteile Kraft gespendet und Unterstützung gewährt hatte.

Ihr habt nur noch mich. Aber ihr sollt wissen, dass ich euch mit der Hingabe von hundert Eltern liebe.

Und ihr sollt wissen, dass euer Vater heute unglaublich stolz auf euch wäre, wenn er sehen könnte, zu welch wunderschönen Frauen ihr euch entwickelt.

Wenn ich euch über eure Zukunft reden höre, dann könnte ich platzen vor Freude. Schaharasad will Raketenphysikerin werden und Schuhra Präsidentin von Afghanistan. Diese Woche jedenfalls; nächste Woche ändert ihr wahrscheinlich eure Pläne. Doch etwas wird sich nie ändern: Eure Ziele werden immer hochgesteckt sein. Und damit habt ihr völlig recht, meine Lieblinge. Greift nach den Sternen. Falls ihr fallen solltet, landet ihr weich in den Baumkronen. Wenn ihr euch keine hohen Ziele setzt, bekommt ihr nie mehr als die Unterseite der Zweige zu sehen.

Ich kann euch euren Vater nicht zurückholen. Aber ich kann euch Ehrgeiz, Werte und Selbstvertrauen mit auf den Weg geben. Das sind die kostbarsten Geschenke, die eine Mutter ihren Töchtern machen kann.

In Liebe,
eure Mutter

18

Ein neues Ziel

2003–2005

Hamid starb im Juli 2003, im gleichen Monat, in dem wir geheiratet hatten.

Mein Leben war leer, sämtliche Liebe und alles Lachen waren daraus verschwunden. In den nächsten beiden Jahren funktionierte ich auf meiner Stelle für die Vereinten Nationen wie ein Automat, doch innerlich war ich wie betäubt. Abgesehen von der Erziehung meiner Töchter hatte ich keine Ziele. Ich traf mich nicht mit anderen Menschen. Hochzeiten, Feierlichkeiten, Picknicks – nichts, woran ich früher so gern teilgenommen hatte, interessierte mich noch. Meine Tage folgten immer derselben Routine: aufwachen, zur Arbeit gehen, die Mädchen zum Abendessen mit nach Hause nehmen, mit ihnen spielen, sie baden, sie ins Bett bringen, mich an den Computer setzen und arbeiten bis Mitternacht.

Ich lebte für meine Töchter, doch so sehr ich sie auch liebte, brauchte ich doch mehr – mir fehlte ein Lebenssinn. Eine Wiederverheiratung stand außer Frage. Obwohl meine Familie eine solche vorsichtig vorschlug, hatte ich keinerlei Verlangen danach. Hamid war und bleibt bis heute der einzige Mann, den ich jemals heiraten wollte. Eine zweite Ehe käme für mich einem Verrat an seinem Andenken gleich. Das fühle ich heute so stark wie in den Wochen nach seinem Tod.

Doch die Politik wurde für mich zu einer Art Eheersatz. Politik lag mir im Blut, und ich glaube, sie war mein Schicksal.

Gott wollte, dass ich für ein Ziel lebe, und welches größere Ziel kann es geben, als das Los der Armen zu verbessern und einer vom Krieg zerrissenen Nation wieder zu Stolz und Würde zu verhelfen?

Im Jahr 2004 wurden in Afghanistan die ersten demokratischen Wahlen aller Zeiten durchgeführt. In den siebziger Jahren, als mein Vater Parlamentsmitglied gewesen war, hatte König Sahir Schah versprochen, mehr Demokratie einzuführen, und in vergleichbaren Wahlen waren regionale Parlamentsvertreter gewählt worden. Doch der Demokratisierungsprozess war durch die sowjetische Invasion und den darauf folgenden Krieg unterbrochen worden. Nun, dreißig Jahre später, lief er wieder an, und im Land herrschte Aufbruchsstimmung.

Hamid Karsai war seit dem Sturz der Taliban im Jahr 2001 Interimspräsident gewesen. Da er noch sehr populär war, errang er einen überlegenen Sieg. Es hatte Befürchtungen gegeben, dass der Wahltag von Gewalt überschattet sein würde, doch er verlief relativ friedlich.

Es war ein kühler Herbstnachmittag, und dichter grauer Nebel hing in den Straßen von Kabul. Hunderttausende von Menschen gingen zur Wahl. Vor einigen Wahllokalen stand schon morgens um vier ein Meer aus Frauen in blauen Burkas an. Es war ein außergewöhnlicher Tag für Afghanistan, und trotz meiner Trauer spürte ich seine Tragweite. Ich glaube, das war der erste Tag seit Hamids Tod, an dem ich mir überhaupt Gefühle erlaubte.

Präsident Karsai hatte mehr Rechte für Frauen und eine Zivilgesellschaft versprochen, Dinge also, an die ich fest glaubte. Seit seinem ersten Sieg hat sich seine Haltung geändert, und er macht größere Zugeständnisse an die Hardliner. Doch damals wirkte er wie eine frische Brise. Leider wiederholte sich sein bahnbrechender Wahlerfolg von 2004 fünf Jahre später nicht. Er gewann auch die Wahl 2009, allerdings begleitet von Betrugsvorwürfen auf breiter Front. Dieser Sieg war eine Mahnung, wie sich in meinem Land in nur wenigen Jahren alles zum Schlechten wenden kann.

Im Jahr 2005 wurde verkündet, dass Parlamentswahlen abgehalten würden für die Vertreter der verschiedenen Distrikte und Provinzen Afghanistans. Meine Familie beschloss, dass die Kufis ihre politische Geschichte fortschreiben und einen Vertreter dieser neuen Abgeordnetengeneration stellen sollten. Einer von uns musste kandidieren. Innerhalb der Familie wurde ausgiebig diskutiert, wer das sein sollte. Mein Bruder Nadir Schah, Sohn von Dawlat Bibi, einer der beiden Frauen, von denen mein Vater sich hatte scheiden lassen, wollte antreten. Nadir war ein geachteter Mudschahedin-Kommandeur gewesen. Später war er als Erster von uns Kindern in die Politik gegangen und hatte auf kommunaler Ebene einen wichtigen Posten innegehabt: Distriktverwalter im Distrikt Kuf in Badachschan. Deshalb glaubte er verständlicherweise, er sei am besten geeignet, die Familie zu repräsentieren.

Doch ich war anderer Meinung. Ich meinte, für die Aufgabe die besten Voraussetzungen mitzubringen. Obwohl mir Nadirs Erfahrungen in der Kommunalpolitik abgingen, hatte ich in den Jahren bei den Vereinten Nationen viel gelernt. Ich hatte Verbindungen geknüpft, sowohl im Inland als auch international, hatte Erfahrung darin, Freiwillige zu mobilisieren und anzuleiten sowie vor Ort Strukturen zu schaffen und Projekte umzusetzen. Ich wusste, dass ich eine gute Parlamentarierin sein würde. Doch ich wusste nicht, ob das auch nur einer meiner Brüder in Erwägung ziehen würde.

Zunächst rief ich meinen Bruder Mirschakay an. Als Kind war er einer der Lieblingssöhne meines Vaters gewesen und schon in jungen Jahren zum *arbab* ernannt worden. Mein Vater hatte ihn immer vor sich vor den Sattel gesetzt und ihm erlaubt, mit ihm zu reiten, und Mirschakay hatte vom hohen Ross aus mit einem überheblichen und stolzen Ausdruck im Gesicht auf mich herabgesehen. In solchen Momenten hasste ich ihn und war von Neid zerfressen. Ich wünschte mir so sehr, auch zu meinem Vater aufs Pferd zu dürfen, doch einer Tochter wurde diese Behandlung nicht zuteil. Als wir jedoch älter wurden, half mir Mirschakay in tausenderlei Hinsicht. Unter den Taliban waren wir gemeinsam ständig auf der Flucht gewesen. Er war es auch gewesen, der mir gestattet hatte, Hamid zu heiraten, und der auf meiner Hochzeit mit mir den gefühlsgeladenen Moment teilte, der das Verlassen meiner Familie und meinen Eintritt in das Zuhause meines Ehemannes markierte.

Nachdem er aus Afghanistan nach Pakistan geflohen war, ließ er sich mit einer seiner Frauen in Dänemark nieder. Doch er und ich sind bis zum heutigen Tag eng verbunden und telefonieren mindestens einmal in der Woche miteinander. Als ich mein Anliegen vorbrachte und ihm erklärte, warum ich die beste Kufi im Parlament sein würde, hörte er schweigend zu. Er versprach mir, mit den anderen zu reden.

Die Familie war geteilter Meinung, und wochenlang tobten hitzige Debatten. Es war fast wie eine Vorwahl innerhalb der Familie. Doch zu meiner Überraschung unterstützten mich schließlich die meisten Familienmitglieder, und Nadir wurde von einer Kandidatur abgebracht. Die Familie entschied, dass sich nur eine Person zur Wahl stellen sollte. Es hätte zu viel Disharmonie zwischen uns gegeben, wenn zwei Geschwister gegeneinander angetreten wären.

Ich wünschte, meine Mutter hätte das erlebt. Sie hätte es wahrscheinlich gar nicht glauben können. In meiner Kindheit sprach mein Vater nicht einmal mit uns Töchtern, doch eine Generation später wählten wir eine Frau zur politischen Clan-Chefin.

Ich glaube, dass nicht nur meine Familie den schnellen Wandel akzeptiert. Viele afghanische Familien haben ähnliche Entwicklungen durchlaufen, da immer mehr Frauen schon allein aus wirtschaftlichen Gründen arbeiten gehen mussten. Ähnliches hat sich in vielen anderen Ländern ereignet. Wenn die

Frauen erst einmal eine wirtschaftliche Kraft darstellen, emanzipieren sie sich auch. Ich glaube, diese veränderte Einstellung zu den Geschlechtern lässt sich einem Land nicht von außen verordnen, und wenn es noch so gut gemeint ist. Überall, wo Außenstehende versucht haben, die Menschen zu beeinflussen, haben diese auf stur gestellt. Eine Veränderung kann nur von innen kommen, und sie setzt in den Familien an. Ich bin dafür der lebende Beweis.

Viele meiner Brüder und Halbbrüder bezweifelten, dass ich eine Chance auf den Sieg hatte. Mein Vater hatte bis auf eine alle seine Frauen aus politischen Gründen geheiratet und sich dadurch einen regionalen Machtbereich geschaffen, der auf Allianzen und Beziehungen gründete. Doch meine Brüder meinten, diese alten Netzwerke seien im Krieg und in den Taliban-Jahren zerschlagen worden und niemand werde sich mehr an die Kufis erinnern. Aber ich war im Rahmen meiner UN-Arbeit durch die Dörfer gereist und wusste, dass dem nicht so war. Viele Menschen, denen ich begegnet war, erinnerten sich noch gut an meinen Vater, und der Respekt vor unserer Familie war definitiv noch vorhanden.

Auch was meine eigenen Netzwerke anging, war ich zuversichtlich. In den vier Jahren, die ich mit Hamid in Faisabad gelebt hatte, hatte ich mich für Frauengruppen engagiert, mehr als vierhundert Schülern Englischunterricht gegeben, Flüchtlingslager besucht und Kanalisations- und Schulprojekte umgesetzt. Die Leute kannten mich. Meine Freunde waren führende Vertreter der bürgerlichen Gesellschaft, Lehrer, Ärzte und Menschenrechtsaktivisten. Das war das neue Afghanistan, dem ich mich zugehörig fühlte und das ich repräsentieren konnte. Ich war erst neunundzwanzig, hatte aber bereits die sowjetische Besatzung, den Bürgerkrieg und die Taliban erlebt.

Mein Interesse ging jedoch weit über Geschlechterfragen und Frauenthemen hinaus. Männer leiden ebenso stark unter

Armut und Analphabetentum wie Frauen. Ich wollte für soziale Gerechtigkeit und Bildung für alle eintreten, gegen die Armut vorgehen und ihre Ursachen beseitigen. Afghanistan sollte aus dem Mittelalter geholt werden und seine rechtmäßige Stellung in der Welt erhalten. Mir war es egal, ob diejenigen, die mich in diesem Kampf zu begleiten bereit waren, Männer oder Frauen waren. Ich bin das Kind meiner Mutter, die wie viele afghanische Frauen Leidensfähigkeit und Ausdauer verkörperte. Aber ich bin auch das Kind meines Vaters, der ein engagierter und leidenschaftlicher Politiker war. Meine beiden Eltern haben gleichermaßen Einfluss auf mein Leben genommen. Und sie haben mich beide zu diesem wunderbaren Beruf geführt.

Ich ging nach Badachschan, um den Wahlkampf aufzunehmen, und innerhalb weniger Tage hatte sich die Nachricht meiner Kandidatur herumgesprochen. Ich eröffnete ein Wahlkampfbüro im Zentrum von Faisabad und war begeistert, als Anrufe von Hunderten junger Leute kamen, Mädchen und Jungen, die sich als freiwillige Wahlkampfhelfer anboten. Die Jugend wollte einen Wechsel und sah in mir die Kandidatin, die ihn herbeiführen würde. Mein Büro brummte vor Tatendrang und Optimismus.

Der Wahlkampf war aufreibend. Wir hatten nicht viel Zeit, nur sehr begrenzte Mittel und ein riesiges geografisches Gebiet abzudecken. Der Tag begann für mich um fünf Uhr morgens, meist mit einer fünf oder sechs Stunden langen Fahrt über unbefestigte Wege, die mich in ein entlegenes Dorf oder eine Kleinstadt brachten. Am nächsten Tag ging es zurück nach Faisabad, und am Tag darauf wieder in eine andere Stadt.

Trotz der Anstrengungen war ich voller Entschlossenheit. Der Empfang, den man mir bereitete, ermutigte mich: In einem Dorf begrüßten mich die Frauen mit Gesang, begleitet von der *daira*. Sie sangen, klatschten und warfen Blumen und Süßigkeiten über mich. Mir war klar, dass ich die Stimmen der

Frauen erhalten würde, weil ich die Themen, die sie berührten, ausgiebig behandelte: Müttersterblichkeit, mangelnde Bildungsmöglichkeiten, Gesundheit der Kinder. In einigen Gebieten Badachschans verrichten die Frauen ebenso schwere körperliche Arbeit wie die Männer und sind von Sonnenaufgang bis Sonnenuntergang draußen auf den Feldern. Trotzdem haben sie nicht das Recht auf eigenen Grundbesitz. Wenn ihr Ehemann stirbt, geht das Haus häufig an einen anderen männlichen Verwandten über statt an die Frau. In meinen Augen ist das falsch.

Ich verstand diese Frauen und bewunderte sie. Mein Leben war nun radikal anders als ihres. Ich kleidete mich nach der neuesten Mode und arbeitete mit dem Computer, während sie mich mit abgearbeiteten Händen begrüßten und in ihrem Leben noch kein Buch gelesen hatten. Doch ich war mit ihrer Lebensweise aufgewachsen, meine Mutter hatte Ähnliches erlebt wie sie. Ich konnte ihre tägliche Mühsal nachvollziehen und respektierte sie, ohne sie zu bevormunden. Ich weiß, dass für viele im Westen diese Frauen nichts als namenlose, gesichtslose Opfer sind, doch ich sehe das anders. Sie sind stolz, stark, intelligent und erfinderisch.

Die männlichen Wähler zu überzeugen, insbesondere die älteren, war schon schwieriger. In einem anderen Dorf sollte ich eine Rede in einer Moschee halten, dem größten Gebäude im Ort und dem einzigen, in dem eine größere Zahl von Menschen Platz fand. Doch die Rede hätte fast nicht stattfinden können, weil einige der Dorfältesten nicht wollten, dass ich die Moschee betrat. Ich musste im Auto sitzen bleiben, während die Männer des Dorfes und die männlichen Mitglieder meines Wahlkampfteams die Sache ausdiskutierten. Als sie sich endlich dazu durchgerungen hatten, mich hineinzulassen, war ich so nervös, dass ich vergaß, »Im Namen Allahs« zu sagen, ehe ich meine Rede begann – ein dummer Fehler. Ich erwartete eine negative Reaktion, doch noch während ich sprach, sah ich, dass einige ältere Männer in den hinteren Reihen weinten. Sie waren runzlig und grauhaarig und trugen einen Turban und den traditionellen langen gestreiften Mantel, und die Tränen liefen ihnen über die Wangen. Nach meiner Rede erzählten sie mir, dass sie meinen Vater gekannt hatten. Meine Worte habe sie an die Leidenschaft und Aufrichtigkeit erinnert, die auch seine Auftritte geprägt hatten. Als ich das hörte, musste auch ich weinen.

Wenn ich auf Wahlkampfreise war, trug ich keine Burka, weil ich den Leuten in die Augen sehen wollte, wenn ich mit ihnen sprach. Doch ich legte großen Wert auf respektvolle und bescheidene traditionelle Kleidung: ein langes, sackartiges Kleid über weiten Hosen. Es war die Art Bekleidung, die meinen damals sechsjährigen Bruder Mukim vor seinen Attentätern gerettet hatte.

Im Lauf des Wahlkampfes wuchs die Unterstützung, die mir zuteilwurde. In dem sehr abgelegenen Distrikt Dschurm wartete zu meiner Begeisterung bei unserer Ankunft ein Konvoi aus mehr als siebzig Autos auf uns. Die Dorfältesten und die jungen Männer schwenkten afghanische Flaggen und hielten meine Wahlkampfplakate hoch. Es war keine Gegend, die ich besonders gut kannte oder die mein Vater einst repräsentiert hatte. Die Leute unterstützten mich, weil ihnen die Wahl wirklich wichtig war. Sie wünschten eine Demokratisierung und wollten Gehör finden, indem sie ihren eigenen örtlichen Vertreter wählten.

Kritiker der USA behaupten gern, dass Amerika einer unwilligen afghanischen Bevölkerung die Demokratie aufoktroyiert habe und dass die Demokratisierung in einem so feudal strukturierten Land nicht gelingen könne. Doch die USA unterstützten zwar die Demokratie in Afghanistan, zwangen sie dem Land aber keineswegs auf. Afghanistan hat seit Jahrhunderten demokratische Traditionen, sei es die Wahl von *arbabs* (örtlichen Führern) oder die Abstimmung über kommunale

Themen in einer Loja Dschirga (Gemeindeversammlung) durch die Dorfältesten. Die Wahl einer landesweiten Regierung ist hier lediglich ein erweiterter Schritt. Und ich hatte keinen Zweifel daran, dass die Menschen, denen ich begegnete, auch die Armen ohne Bildung, die Gelegenheit haben wollten, für den Wandel zu wählen. Gibt es wohl jemanden auf dieser Welt, der nicht gern seine eigene Führung bestimmen würde, sofern es gefahrlos möglich ist?

Auf meinen Reisen durch die Provinz war es eine merkwürdige Erfahrung, wenn mich mein eigenes Bild von meinem Wahlkampfposter anstarrte. Das Plakat zierte Autos, Schaufenster und Häuserwände. Insgeheim spürte ich einen Anflug von Panik. Was, wenn ich die Leute enttäuschte? Wenn ich ihrem Glauben an mich nicht gerecht wurde? Wenn ich ihnen nicht die Infrastruktur bereitstellen konnte, die sie dringend brauchten?

Nachts quälten mich Selbstzweifel. Ich hatte Angst, dass ich diesmal gewinnen, dann aber bis zur nächsten Wahl das Vertrauen der Wählerschaft verlieren würde. Ich konnte den Gedanken nicht ertragen, all die freundlichen alten Männer mit ihrem ehrlichen Gesicht und die Frauen, die mich mit schwieligen Händen begrüßten und mir erklärten, mein Kampf sei auch ihr Kampf, zu enttäuschen. Die Leute mochten mich, doch sie mochten mich nur, weil sie jemanden brauchten, der ihnen half. Realistische Versprechen waren das eine, Menschen klar zu machen, dass ich ihnen den Wohlstand nicht herbeizaubern konnte, das andere. So fragte mich eine Frau, ob ich ihr ein Haus in Kabul verschaffen könne, ohne Bezahlung, versteht sich. Sie glaubte wirklich, dass ich das für sie tun könne. Doch ich musste ihr erklären, dass das nicht zu den Aufgaben einer Abgeordneten zählt, vorausgesetzt, sie hat mit Korruption nichts am Hut.

Im Verlauf des Wahlkampfes wuchs meine Aufregung. Die Morgendämmerung setzte um vier Uhr morgens ein, und damit begann auch mein Tag. Meist ging ich nicht vor Mitternacht zu Bett. Ich erhielt bis zu zweihundert Anrufe am Tag von Menschen, die Fragen hatten oder sich als freiwillige Helfer anboten. Meine Kampagne gewann eine gewisse Eigendynamik.

Ich erinnere mich noch an einen Mann, der mich anrief und mir erklärte, dass weder seine Frau noch seine Mutter Wahlkarten besäßen, weil er ihnen verboten hatte, zur Wahl zu gehen. Sie hätten ihn jedoch gedrängt, seine Stimme mir zu geben. Da er keine Ahnung hatte, wofür ich stand, rief er mich an. Er war sehr traditionell eingestellt, ließ seine Frau nicht wählen, respektierte aber ihre Ansicht so weit, dass er sich über die Kandidatin, die ihr zusagte, informierte. Er erinnerte mich ein wenig an meinen Vater. Am Ende des Telefonats versprach er mir seine Stimme. Ich hoffe, dass er in späteren Jahren auch seine Frau wählen ließ.

Einige Anrufe waren auch aggressiv. Mehrere, mir völlig unbekannte Männer beschimpften mich als Hure, weil ich mich zur Wahl stellte. Einige schrien mich einfach nur an und erklärten, ich solle nach Hause gehen und die Politik den Männern überlassen. Andere warfen mir vor, ich sei eine schlechte Muslimin und müsse bestraft werden. Ich versuchte mich von diesen Anrufen nicht aus der Ruhe bringen zu lassen, aber natürlich gelang mir das nicht völlig.

In einer Kleinstadt besuchten wir mehrere Schwestern meiner Mutter, die gemeinsam in einem Haus wohnten. Als Kind war ich gern bei diesen Verwandten gewesen, weil ich die Frauen unglaublich glamourös fand, insbesondere eine Tante, die immer geschminkt war. Ich hatte ihr Haus als lebendig und freundlich empfunden und erinnere mich noch an die Umarmungen, die Küsse und den Parfümduft. Nun war es still dort. Nur zwei ältere Damen lebten noch. Bei ihnen wohnten mehrere Kinder, die ihre Eltern verloren hatten. Es tat einem in der Seele weh: ein Haus voller Witwen und trauriger Kinder.

Ein Junge, der etwa neunjährige Nadschibullah, hatte wunderschöne dunkelbraune Augen, die mich an meinen ermordeten Bruder Mukim erinnerten. Als ich ihn fragte, wer er sei, erklärte er, dass er der Enkel des Lieblingsbruders meiner Mutter war – des Bruders, der einst mit dem Pferd zurück zu unserem Haus galoppiert war, nachdem er von den Misshandlungen durch meinen Vater erfahren hatte, und der sich erboten hatte, meine Mutter mitzunehmen, wenn sie es denn wollte. Er und seine Familie waren im Krieg ums Leben gekommen, und dieser kleine Junge namens Nadschibullah war übrig geblieben. Ich konnte ihn nicht in diesem traurigen Haus lassen und bot daher an, ihn mit zu mir zu nehmen. Heute ist er ein lebhafter Teenager und lebt mit Schaharasad, Schuhra und mir in unserem Haus in Kabul. Er ist ein hervorragender Schüler, freundlich zu den Mädchen und mir eine echte Hilfe im Haus.

Sechsunddreißig Stunden vor der Wahl hatte ich zwei Distrikte noch immer nicht aufgesucht. Sie lagen, in entgegengesetzter Richtung, jeweils fünf Stunden von Faisabad entfernt. Den Vorgaben zufolge musste der Wahlkampf vierundzwanzig Stunden vor Beginn der Wahl beendet sein. Ich weiß nicht, wie ich es schaffte, aber ich fuhr tatsächlich noch in beide Distrikte. In einem stellte ich gerührt fest, dass mein dortiger Wahlkampf von Onkel Risa organisiert wurde, dem Vater von Schahnas, der siebten und letzten Frau meines Vaters und Mutter meines Halbbruders Ennajat. Nach all den Jahren, die vergangen waren, unterstützte er mich tatsächlich. Der arme Mann hatte die meisten seiner Kinder einschließlich Schahnas im Krieg verloren. Trotz seines hohen Alters war er noch rüstig und gesund und bestand darauf, uns überallhin zu begleiten. Wir aßen gemeinsam zu Abend, und ich verbrachte die Nacht in seinem Haus. Auch er rief mir wieder ins Bewusstsein, wie stark die Bande der Großfamilie sein können.

Doch der Distrikt, vor dem ich mich am meisten gefürchtet und nach dem ich mich gleichzeitig besonders gesehnt hatte, war mein Heimatdistrikt Kuf. Ich war nicht mehr dort gewesen seit dem Tag, an dem mich meine Mutter als Vierjährige gepackt und wir mit meinen Geschwistern am Fluss entlang um unser Leben gerannt waren, verfolgt von bewaffneten Mudschahedin. Bei meiner Rückkehr kamen alle Gefühle der Angst und des Verlustes wieder in mir hoch. Als das Auto am Berg entlang über die unbefestigte Piste holperte und das Hochplateau überquerte, auf dem mein Vater von den Mudschahedin ermordet worden war, brach eine Flut des Schmerzes über mich herein. Hier lagen die Wurzeln meiner Familie, und hier war sie auseinandergerissen worden.

Als wir ins Dorf kamen, konnte ich kaum noch atmen. Wir fuhren den Hauptweg entlang, der sich durch das Dorf schlängelte. Denselben Weg hatte mein Vater mit einer großen Prozession zurückgelegt, jedes Mal, wenn er eine neue Frau nahm.

Mir wurde in aller Klarheit das verheerende Ausmaß der Katastrophe bewusst, die der Krieg mit sich gebracht hatte. Die Quelle, an der wir als Kinder gespielt hatten, war fast versiegt. Wo einst frisches Wasser gesprudelt hatte, mit dem wir gespritzt und geplantscht hatten, kamen jetzt nur noch ein paar braune Tropfen. Die Obst- und Gemüsegärten meiner Mutter, ihr ganzer Stolz, waren verschwunden. Damals hatten die Gärten je nach Jahreszeit in unterschiedlichen Farben geleuchtet: frische grüne Blätter im Frühling, rosa Beeren und bunte Blüten im Sommer, dicke orangefarbene Kürbisse und rote Paprika im Herbst, braune Nüsse und lila Blattgemüse im Winter. Nun gab es nichts, abgesehen von den wenigen abgestorbenen Bäumen, die in den Himmel stachen wie verrenkte Skelette.

Der *hooli*, unser Haus, stand noch – gerade noch. Der gesamte Westflügel einschließlich des Gästehauses war zerstört worden. Vom riesigen Pflaumenbaum, der mitten im Hof gestanden hatte, war nur noch ein Stumpf da. Der Baum war im Krieg von einer Rakete getroffen worden. Er hatte so viel gesehen. Dort hatte ich mich vor meiner Mutter versteckt, wenn ich unartig gewesen war, dort hatte mein Vater seine Waffen verborgen, und dort waren meine Schwester und Schwägerin von den Mudschahedin mit Gewehrkolben geschlagen worden, als sie auf der Suche nach diesen Waffen waren.

Die Räume meines Vaters, die sogenannte Paris-Suite, gab es noch. Sogar die fröhlichen Wandgemälde waren noch zu sehen. Hier hatten meine Mutter und mein Vater als Ehemann und Ehefrau beieinander gelegen, hier hatte meine Mutter mich empfangen, hier hatte sie den Leichnam meines Vaters, nachdem ihm der halbe Kopf weggeschossen worden war, gewaschen und für die Beerdigung vorbereitet. Ich berührte die kalten gipsverputzten Wände und fuhr mit den Fingern die Muster auf den Wänden nach. Diese Wandbilder waren der ganze Stolz meines Vaters gewesen. In seinen Augen standen sie denen im französischen Königspalast von Versailles in nichts nach – nein, sie waren noch besser.

Schließlich nahm ich all meinen Mut zusammen und ging zur Küche. Das war der Raum, in dem meine Mutter das Zepter geschwungen hatte. Dort hatten wir auf Matratzen geschlafen, die wir jeden Abend ausrollten, und dort hatte sie mir und den anderen Kindern Geschichten aus fernen Ländern, von Königen und Königinnen erzählt. Zahllose Festessen waren in der Küche zubereitet worden. Durch das Fenster, das hoch oben in die Wand eingelassen war, hatten wir den Regen und den Schnee beobachtet und die Sonne auf- und untergehen sehen. Einstmals hatte ich gedacht, ich könne von diesem Fenster aus die ganze Welt sehen.

Ich atmete einmal tief ein, ehe ich den Raum betrat. Fast hätten meine Knie unter mir nachgegeben. Mir war, als könne ich meine Mutter sehen, wie sie sich über einen Topf Reis beugte, die Schöpfkelle in der Hand. Ich roch das brutzelnde Fleisch und fühlte wieder die Wärme des offenen Feuers aus dem *tanur*, der in der Mitte des Raumes stand. Einen Augenblick war ich wieder vier Jahre alt, und da war meine Mutter. Ich spürte sie. Dann war sie fort, und ich war wieder allein. Nur ich, die erwachsene Fausia, stand in einem Raum, der plötzlich nicht mehr die ganze Welt umfasste. Erst jetzt merkte ich, wie klein er war, eine Küche mit Lehmboden und einem winzigen Fenster, das auf eine Bergkette hinausging. Alles andere als die ganze Welt.

Ich saß lange in der Küche und blickte durch das Fenster, während der Tag der Abenddämmerung wich und inmitten funkelnder Sterne der Halbmond am Himmel erschien. Niemand störte mich. Sie wussten, dass ich das Zwiegespräch mit meiner Mutter brauchte.

Als Nächstes wollte ich meinen Vater spüren. Ich verließ den *hooli* durch die Hintertür und stieg auf den Hügel, auf dem er bestattet worden war. Sein Grab bot die beste Aussicht auf die Berge, einen 360-Grad-Panoramablick auf sein Paradies. Ich kniete mich hin und betete. Dann setzte ich mich und sprach mit ihm. Ich bat meinen Vater um Führung und Weisheit für meinen politischen Weg. Natürlich wisse ich, erklärte ich ihm, wie sehr es ihn schockieren musste, dass nicht ein Sohn, sondern eine seiner Töchter die Familientradition weiterführte, doch ich versprach ihm, dass ich ihn und sein Andenken nicht verraten würde.

Mittlerweile war es kalt und dunkel, und eine Freundin meiner Mutter, die eine unserer Dienerinnen gewesen war, rief mich ins Haus. Sie weinte und schüttelte traurig den Kopf, als sie vor dem Grab meines Vaters stand, und erklärte mir, dass kein Tag verginge, an dem sie nicht an meine Eltern denke. Meine Mutter sei eine gütige Frau gewesen, die keinen Unterschied machte zwischen Reich und Arm, und mein Vater habe ihr zwar oft Angst eingejagt, doch er sei entschlossen gewesen, das Los ihrer Freunde und Nachbarn zu verbessern, egal, welche persönlichen Opfer er dafür bringen musste.

Sie streichelte mir die Wange und sah mir direkt in die Augen: »Fausia dschan, du wirst diese Wahl gewinnen und einen

Sitz im Parlament einnehmen. Du wirst sie für sie gewinnen. Ganz sicher.«

Sie sprach mir damit nicht etwa ihr Vertrauen in meine Fähigkeiten aus. Es war ein Befehl. Die politische Dynastie der Kufi sollte wieder auferstehen.

Liebe Schuhra, liebe Schaharasad,

Politik stand in unserer Familie stets im Mittelpunkt. Im Lauf der Generationen hat sie unser Leben geformt und bestimmt, ja, sie hat sogar Ehen vorgegeben.

Ich hatte immer die Liebe meiner Familie zur Politik geteilt, jedoch nie vermutet, dass ich ebenfalls diese Laufbahn einschlagen würde. Ich wollte Ärztin werden und Menschen heilen.

Da die Politik meinen Vater getötet hatte, wollte ich nie ein Leben in der Politik führen. Doch es scheint, als hätte ich gar keine andere Wahl. Es war immer mein Schicksal. Und die Verhaftung eures Vaters markierte gewissermaßen den Beginn meiner Politisierung. Als er verhaftet wurde, konnte und wollte ich nicht zu Hause sitzen, warten und nichts tun. Ich musste Hilfe suchen, Verbündete finden, das große Ganze im Auge behalten und Schlüsse daraus ziehen. Ich war es müde, dass man mir sagte, ich solle mich still im Hintergrund halten und die Männer nicht entehren. Wohin hat uns das geführt? Nirgendwohin.

Ich hatte eine Schulbildung, ich hatte eine Stimme, und ich war entschlossen, sie zu nutzen, um Hamid zu helfen.

Diese Stimme und mein Wunsch, Menschen in Not zu unterstützen, leiten mich noch heute durch mein politisches Leben.

Dass ich eurem Vater nicht helfen konnte, spornt mich noch mehr an. Für jede Ungerechtigkeit, die ich als Abgeordnete beseitigen kann, mache ich vielleicht ein wenig von dem wieder gut, was ich versäumt habe. Sein Leben zu retten.

In Liebe,
eure Mutter

19

Ein Land im Wandel

2005

Die Stimmung am Wahltag war ausgelassen. Meine Schwestern hatten Wählerinnen mobilisiert und einen kostenlosen Buspendelverkehr zu den Wahllokalen organisiert. Wir wollten nicht nur, dass sie mir ihre Stimme gaben, sondern vor allem, dass Frauen mit gültigen Wahlkarten auch wirklich die Möglichkeit hatten, sie zu benutzen, egal, für welchen Kandidaten sie stimmten. Meine Schwestern trugen ihre Burkas, sodass die Wählerinnen in den Bussen sie nicht erkennen konnten. So konnten sie eine grobe Schätzung vornehmen, für wen die Frauen stimmen wollten. Nachdem die Frauen an den Wahllokalen ausgestiegen waren, kamen meine Schwestern aufgeregt zu mir ins Büro und erzählten mir, dass praktisch alle Frauen im Bus erklärt hatten, sie wollten mir ihre Stimme geben.

Obwohl ich zu diesem Zeitpunkt schon ziemlich sicher war, dass ich es schaffen würde, war ich unglaublich angespannt. Wir sind in Afghanistan, und hier ist alles möglich. Außerdem fürchtete ich mich vor einem Attentat. Es hatte bereits mehrere Drohungen und Zwischenfälle gegeben, unter anderem waren Bomben unter meinem Auto entdeckt worden. Doch noch mehr Sorgen machte mir, wie ich nach meiner Wahl mit den Erwartungen und dem Druck zurande kommen würde.

Die Wahllokale öffneten um sechs Uhr morgens. Eine meiner Schwestern hatte ein Auto mit Fahrer gemietet, um möglichst viele Wahllokale zu besuchen und zu überprüfen, ob betrogen wurde – ein Problem, das so gut wie jede Wahl in Afghanistan überschattet. Schon aus dem ersten Wahllokal rief sie mich an. Sie rief, ja kreischte in den Hörer: »Fausia, hier stimmt etwas nicht. Die Wahlhelfer unterstützen einen Kandidaten, sie sind nicht neutral. Sie sagen den Leuten, wen sie wählen sollen!«

Ich rief einige meiner Kontaktpersonen in der Wahlkommission an und bat sie darum, Wahlbeobachter zu entsenden. Ein westlicher Wahlbeobachter ging sofort in das Wahllokal und gab mir später telefonisch Rückmeldung, es sei alles in Ordnung. Aber natürlich beging vor einem Ausländer niemand offenen Wahlbetrug.

Dann erhielt ich einen Anruf aus einem anderen Distrikt, in dem dasselbe geschah. Einer der Kandidaten war der Bruder eines örtlichen Polizeikommandeurs, und alle Polizisten der Gegend hatten den Befehl, ihn zu wählen. Meine Helfer im Wahlkampfbüro wurden sofort aktiv. Sie riefen Journalisten an, die wir kannten, von der BBC, örtlichen afghanischen Radiostationen und anderen Redaktionen, die uns noch einfielen. Wir mussten den Betrug bekannt machen, denn das war die einzige Möglichkeit, ihm Einhalt zu gebieten.

Mein Halbbruder Nadir, der ebenfalls zur Wahl hatte antreten wollen, hatte meine Kandidatur abgelehnt – nicht, weil er die Familienauswahl nicht gewonnen hatte, sondern weil er die Aufgabe einer Frau nicht zutraute. Hätte ein anderer Bruder kandidieren wollen, so hätte er das eher akzeptieren können. In der Frühphase meines Wahlkampfes machte ihn jedes meiner Wahlkampfplakate fuchsteufelswild, und er riss sogar einige von den Wänden. Doch an diesem Tag gewann seine Loyalität der Familie gegenüber die Oberhand über seinen Zorn. Den ganzen Tag lang fuhr er in die entlegensten Wahllokale, um sie zu überwachen. Wenn die Straßen zu schlecht waren, stieg er aus und wanderte zu Fuß in die Berge. Er hatte meine Kandidatur nicht gewollt, doch nun wollte er nicht zulassen, dass seine kleine Schwester wegen Wahlbetrugs verlor. Ich war ihm sehr dankbar dafür.

Am Wahlabend wurden die Urnen eingesammelt und nach Faisabad gebracht. Über Nacht wurden sie weggeschlossen, und am folgenden Tag begann die Auszählung. Mein freiwilliges Wahlkampfteam hatte solche Angst, dass sich die Wahlhelfer über Nacht an den Urnen zu schaffen machen könnten, dass sie die ganze Nacht ohne Decken in der Kälte vor dem Wahlbüro ausharrten. Ich war gerührt vom Engagement, das diese jungen Freiwilligen, die ihrem Land und dem Demokratisierungsprozess helfen wollten, an den Tag legten. Wenn junge Leute so etwas tun, so ist das besonders beeindruckend.

Die Auszählung dauerte zwei unglaublich lange Wochen, doch schon früh zeichnete sich ab, dass ich trotz der Betrügereien einen Parlamentssitz erlangen würde.

Ich spürte, wie sich die Anspannung löste, und kam endlich ein wenig zur Ruhe. An einem Abend aß ich mit Freunden zu Abend, als mich mein Bruder Mirschakay aus Dänemark anrief. Er weinte und schluchzte völlig aufgelöst. Sein ältester Sohn Nadschib war an jenem Nachmittag ertrunken.

Mein Bruder hatte zwei Frauen. Seine zweite Frau war mit ihm in Dänemark, seine erste hatte in Afghanistan bleiben wollen. Nadschib war der Sohn seiner ersten Frau und das einzige Kind, das sie und mein Bruder zusammen hatten. Er war ein reizender, freundlicher junger Mann und hatte in meinem Wahlkampfteam mitgearbeitet. Am Morgen nach der Wahl hatte er mit Freunden gepicknickt und war anschließend im Fluss schwimmen gegangen, als ihn die Strömung überraschte und mitriss. Ich war fassungslos. Warum musste jedes glückliche Ereignis in meiner Familie mit einer Tragödie oder einem Todesfall enden?

Gegen Mitte der ersten Auszählungswoche war klar, dass einige Mitglieder der Wahlkommission betrogen. Sie hatten

Wahlzettel mit meinem Namen darauf in der Hand gehabt und nicht gezählt. Ein Mann, der mich unterstützte, hatte das mit eigenen Augen gesehen. Wütend schrie er den Wahlhelfer an: »Diese Frau riskiert ihr Leben für die Kandidatur. Warum zählst du ihre Stimme nicht? Wir sind die junge Generation, und wir wollen, dass sie uns vertritt.« Der Streit eskalierte dermaßen, dass die Polizei gerufen wurde. Zum Glück nahm der zuständige Beamte die Anschuldigungen ernst und ordnete die erneute Zählung mehrerer Kisten in seinem Beisein an. Diese ergab allein dreihundert zusätzliche Stimmen in den wenigen Kisten. Es stand somit außer Zweifel, dass Wahlbetrug vorlag.

Am Ende der Auszählung hatte ich 8000 Stimmen. Der nächstplatzierte Kandidat hatte 7000 erhalten. Als Frau galt für mich ein Quotensystem, das sicherstellen sollte, dass mindestens zwei Frauen aus jeder Provinz auf speziell dafür reservierten Sitzen ins Parlament einzogen. Ich hätte nur 1800 Stimmen gebraucht, um diese Quote zu erfüllen, war aber hoch erfreut, dass ich auch ohne Quotenregelung gewonnen hätte.

Quoten sehe ich mit gemischten Gefühlen. Mir erschließt sich die Notwendigkeit von Quoten in Ländern wie Afghanistan, da Frauen in der männlich dominierten Gesellschaft zusätzliche Unterstützung brauchen, wenn sie in die Politik gehen wollen. Gleichzeitig ist mir unwohl dabei, weil ich fürchte, dass die Menschen Frauen dann nicht mehr ernst nehmen. Ich möchte die Stimmen der Leute durch meine Verdienste und in einem Umfeld der Gleichberechtigung erhalten.

Als mein Sieg offiziell bestätigt wurde, dämmerte mir erst so richtig, dass die Politik mein Leben völlig verändert hatte. Mein Privatleben gehörte der Vergangenheit an. Bei mir ging nun ein ständiger Strom an Besuchern ein und aus, die mich in allen Lebensbereichen, vom Arbeitsplatz bis hin zu Gesundheitsfragen, um Rat und Beistand baten. Es war überwältigend.

Ohne Ehemann war es umso schwieriger. Die meisten männlichen Parlamentsmitglieder haben eine Partnerin, die sie im Alltag und bei der Bewirtung der Gäste unterstützt. Weibliche Parlamentsabgeordnete sind dagegen in der Mehrheit unverheiratet oder wie ich verwitwet. Leider ist das kein Zufall, denn kaum ein afghanischer Mann würde es seiner Frau erlauben, eine politische Funktion zu übernehmen, geschweige denn, sie unterstützen.

Ich hatte das Glück gehabt, dass mein Mann immer hinter mir gestanden hatte, und ich weiß, dass Hamid alles ihm Mögliche getan hätte, um mir in dieser neuen Position zu helfen. Doch seit seinem Tod war ich auf mich gestellt und musste mit allem allein zurechtkommen. Die Mädchen waren unglücklich, weil ich sie nicht mehr wie früher jeden Abend ins Bett bringen konnte. Ich hatte ein schlechtes Gewissen, fühlte mich hin und her gerissen und zweifelte, ob ich die richtige Entscheidung getroffen hatte. Wie arbeitende Frauen überall auf der Welt fragte ich mich, ob ich meine Ziele selbstsüchtig über meine Kinder gestellt hatte.

Doch dann dachte ich an meinen Vater. War es für ihn so viel anders gewesen? Hatte er nicht auch ein schlechtes Gewissen gehabt, wenn er seine Frauen und Kinder wegen seiner Arbeit wochenlang nicht sah? Das war der Preis, den wir zahlten, um unserem Volk zu dienen. Und ich tröstete mich auch mit dem Gedanken, dass ich etwas verändern wollte, damit es meine Töchter einmal besser hatten.

Doch die Gerüchte und Verleumdungen, die nun einsetzten, machten unmissverständlich klar, wie schwer es eine Frau in der Männerwelt hat. Meine Gegner, zornig über meinen Sieg, setzten eine endlose Abfolge boshafter Lügen über mich in die Welt – von der Behauptung, mein Liebhaber, ein reicher Geschäftsmann in Dubai, habe meinen Wahlkampf finanziert, bis hin zu dem Vorwurf, dass ich in meinem Lebenslauf falsche Angaben gemacht hätte. Doch am meisten schmerzte mich das

Gerücht, ich hätte mich von Hamid scheiden lassen, um für die Wahl zu kandidieren, und seinen Tod nur erfunden. Dieser besonders gemeinen Lüge zufolge war Hamid noch am Leben und wohnte in einem Bergdorf. Ich trauerte noch so sehr um meinen Mann, dass mich diese Behauptung zur Weißglut trieb. Was fiel den Leuten ein, so einen verletzenden Unsinn zu verbreiten? Es war einfach nur widerlich.

Leider erging es nicht nur mir so. Die meisten Politikerinnen, die ich kenne, mussten solche Verleumdungen über sich ergehen lassen. Und üble Nachrede ist nicht nur ärgerlich, sondern geradezu gefährlich, denn in Afghanistan kann einer Frau der Verlust ihres Ansehens und ihrer Ehre das Leben kosten. Meine politischen Gegner wussten das genau. Es war ihnen egal, ob ihre Lügen meinen Tod besiegelten. Ich konnte nur schwer nachvollziehen, dass sie die Folgen ihres Handelns nicht bedachten. Meiner Ansicht nach ist die Verbreitung von Gerüchten oder Lügen über eine andere Person, die jeder sachlichen Grundlage entbehren, unislamisch und sündhaft, und wer so etwas tut, wird dafür zur Verantwortung gezogen.

In den Wochen nach der Wahl musste ich mein Leben umstellen. An manchen Tagen kamen fünfhundert Menschen zu mir. Bisweilen mussten die Leute in den Fluren sitzen, weil es nicht genug Platz gab. Sie wollten alle wissen, welche politischen Ziele ich verfolgte und was ich für sie tun würde. Ich musste mit jedem einzeln reden, immer wieder dieselben Punkte erklären. Es war klar, dass es so nicht weiterging. Deshalb kümmerte ich mich um eine bessere Organisation und stellte Mitarbeiter ein, die Termine machten.

Im Oktober 2005 wurde nach dreiunddreißig Jahren Krieg und Bürgerkrieg das neue demokratische Parlament eröffnet. Am Tag der Eröffnungszeremonie war ich vor Begeisterung völlig aus dem Häuschen. Die Straßen waren für den Verkehr gesperrt, weil man fürchtete, dass Selbstmordattentäter versuchen würden, die Feierlichkeiten zu vereiteln. Trotzdem strömten die Leute auf die Straßen, schwenkten Fahnen und tanzten den Nationaltanz Attan.

Ein Bus brachte alle weiblichen Abgeordneten ins Parlamentsgebäude, und als ich an den tanzenden Bürgern vorbeifuhr, durchströmte mich eine große Freude. Als wir an einem großen Plakat mit Präsident Karsai und Achmed Schah Massud vorbeikamen, musste ich weinen. Ich spürte, dass ich Teil eines neuen Afghanistan war, eines befriedeten Landes, das die Gewalt endlich hinter sich ließ. Egal, welche persönlichen Opfer ich brachte: Dafür waren sie es wert.

Zum ersten Mal in meinem Leben fühlte ich mich stolz und reif und glaubte, etwas bewegen zu können. Ich verfügte über die Macht und die Stimme, etwas zu verändern. Obwohl ich unglaublich glücklich war, konnte ich nicht aufhören zu weinen. Seit Hamids Tod weine ich nur selten. Ich habe in meinem Leben so viel Schlimmes erlebt – den Mord an meinem Vater, den Mord an meinen Brüdern, den Tod meiner Mutter, den Tod meines Mannes, die Plünderung unseres Hauses. Im Laufe der Jahre habe ich so viele Tränen vergossen, dass keine mehr übrig sind. Doch an jenem denkwürdigen Tag weinte ich, glaube ich, ununterbrochen. Nur, dass es diesmal Freudentränen waren.

Ich war noch nie in einem Parlamentsgebäude gewesen und überwältigt von dem Gedanken, dass ich dort ein Büro beziehen und arbeiten würde. Das für das Nachkriegsafghanistan entwickelte Regierungssystem sah die Nationalversammlung als Legislative vor. Es handelt sich um ein Zweikammersystem mit einem Unterhaus, der Wolesi Dschirga (Haus des Volkes), und einem Oberhaus, der Meschanro Dschirga (Haus der Ältesten). Ich war eine von achtundsechzig Frauen im Unterhaus und dreiundzwanzig Frauen im Oberhaus. Das Unterhaus besteht aus 249 Mitgliedern, die für einen Zeitraum von fünf Jahren direkt vom Volk gewählt werden, proportional zur Bevölkerung jeder Provinz. Eine Quote, die zwei Frauen für jede Provinz fordert, soll sicherstellen, dass auch Frauen ins Parlament einziehen. Im Oberhaus wird ein Drittel der Mitglieder von den Provinzräten für vier Jahre gewählt, ein Drittel wird von den Distrikträten jeder Provinz für drei Jahre gewählt, und ein Drittel wird vom Präsidenten ernannt. Auch hier stellt eine Quote die Vertretung durch Frauen sicher.

Die Stera Mahkama, der Oberste Gerichtshof, ist die höchste Instanz im afghanischen Rechtssystem. Sie besteht aus neun Richtern, deren Ernennung für zehn Jahre durch den Präsidenten vom Parlament gebilligt werden muss. Die Richter müssen parteilos und mindestens vierzig Jahre alt sein sowie einen Universitätsabschluss in Jura oder islamischer Rechtsprechung vorweisen.

Als ich mich im Raum umsah, stellte ich fest, dass einige meiner Abgeordnetenkollegen ehemalige Präsidenten, Minister, Gouverneure und mächtige Mudschahedin-Kommandeure waren. Sie saßen mit Frauen wie mir alle in einem Saal. Der ehemalige König Sahir Schah, der Jahrzehnte zuvor die Demokratisierung in Aussicht gestellt hatte und unter dem mein Vater Abgeordneter gewesen war, war ebenfalls anwesend. Er hatte im Exil in Europa gelebt und war mittlerweile sehr alt, doch für diesen historischen Tag hatte er eine Reise in die Heimat unternommen.

Als die Nationalhymne erklang, erhoben wir uns. Die neugewählten Parlamentsmitglieder spiegelten ganz Afghanistan wider. Da waren Männer im langen Mantel und mit einem großen Turban auf dem Kopf, Intellektuelle im schicken Anzug und mit Krawatte, junge Leute, alte Leute, Frauen, Menschen verschiedener ethnischer Herkunft. Genau das bedeutet für mich Demokratie: Menschen mit verschiedenen Ansichten, kulturellen Überzeugungen und Erfahrungen kommen unter einem Dach zusammen, um Seite an Seite für ein gemeinsames Ziel zu arbeiten. Nach so viel Blutvergießen, so vielen Tränen war es einfach wunderbar, das zu sehen, und noch wunderbarer, ein Teil davon zu sein.

Unter den afghanischen Liedern, die gespielt wurden, war auch eines, dessen Titel grob übersetzt »Dies ist das Land meiner Vorfahren« bedeutet. Es ist eines meiner Lieblingslieder und gibt auch die Gefühle wider, die ich für mein Land hege. Der Text lautet:

Dies ist unser schönes Land.
Dies ist unser geliebtes Land.
Dies Land ist unser Leben.
Dies Afghanistan.

Dies Land ist unser Leben.
Dies Land ist unser Glauben.
Unsere Kinder sagen es, bevor sie laufen.
Dies ist das Land unserer Großväter.
Dies ist das Land unserer Großmütter.

Es ist in unseren Herzen.
Dies Afghanistan.

Ich opfere mich seinen Flüssen.
Ich opfere mich seinen Wüsten.
Ich opfere mich seinen Bächen.

Es ist das uns vertraute Land.
Mein Herz erstrahlt, wenn ich es seh.
Dies Afghanistan.
Mein Herz erstrahlt, wenn ich es seh.
Dies Afghanistan.

Dies ist unser schönes Land.
Dies ist unser geliebtes Land.
Dies Land ist unser Leben.

Dies Afghanistan.

Nach der Musik und der feierlichen Eröffnungszeremonie ging es an die Arbeit. Da ich entschlossen war, mich nicht als Quotenfrau abtun zu lassen, erhob ich vom ersten Tag an meine Stimme und erwarb mir rasch den Ruf einer offenen und fähigen Parlamentarierin. Zudem stellte ich klar, dass ich professionell arbeiten und mit allen kooperieren wollte. Viele Männer im Parlament hatten etwas gegen weibliche Abgeordnete und versuchten uns mit allen Mitteln einzuschüchtern. Wenn wir sprachen, brüllten sie uns nieder oder verließen sogar den Saal. Männliche Abgeordnete, die uns unterstützten, wurden schlecht gemacht. In einer Bildungsdebatte wurde ein Kollege beispielsweise ausgebuht, als er den Diskussionsbeitrag einer Frau bekräftigte. Ein Kollege rief ständig dazwischen und schimpfte ihn einen »Feministen«. In Afghanistan gilt diese Bezeichnung für einen Mann als schwere Beleidigung.

Mittlerweile habe ich mich daran gewöhnt. Im afghanischen Parlament geht es turbulent zu, und oft droht die Stimmung in Gewalt umzuschlagen. Wenn sich jemand am Bart zupft, so ist das die traditionelle Art, einem anderen zu zeigen, dass er ihn beleidigt hat. An manchen Tagen wird allseits heftig am Bart gezupft.

Ich bin zu dem Schluss gekommen, dass ich nichts erreiche, wenn ich in solchen Situationen meinen Unmut bekunde oder zurückschreie. Stattdessen versuche ich, eine Atmosphäre des gegenseitigen Respekts zu schaffen. Ich höre widerstreitenden Ansichten höflich zu und versuche, wo immer es geht, eine gemeinsame Ebene zu finden. In der Demokratie muss man für eine Sache eintreten, aber manchmal muss man eine widerstreitende Ansicht auch einfach anerkennen.

Gleichzeitig schwor ich mir, meine Prinzipien und Werte nie aus den Augen zu verlieren. Wenn man immer nur der Mehrheitsmeinung folgt, ist man verloren und vergisst seine Überzeugungen. Meine wichtigsten Ziele, also das Einstehen für Menschenrechte und die Gleichberechtigung der Geschlechter, die Linderung der Armut und der Ausbau der Bildung, werden sich nie ändern.

Leider ist einigen der weiblichen Abgeordneten die Belastung zu groß. Von manchen habe ich bis zum heutigen Tag im Parlament noch kein einziges Wort gehört. Das macht mich sehr traurig. Andere Parlamentarierinnen wiederum sind zu forsch. Eine junge Abgeordnete, Malalai Dschoja, wurde 2007 für drei Jahre des Parlaments verwiesen, nachdem eine Mehrheit der Abgeordneten dem Vorwurf folgte, sie habe gegen die Parlamentsverfassung verstoßen, indem sie Kollegen beleidigt hatte – in einem landesweit ausgestrahlten Fernsehinterview hatte sie sie mit Tieren verglichen. Ich hatte Malalais Ehrgeiz und Leidenschaft bewundert, und es tat mir aufrichtig leid, dass sie in der Abstimmung unterlag. Ich glaube, den meisten Frauen im Parlament ging es so. Doch vielleicht war sie tatsächlich zu leidenschaftlich. Wichtige Gesetzesvorhaben lassen sich nicht mit lautem Geschrei durchsetzen. Die Politik ist ein zeitaufwändiges Spiel. Und ein kluger Politiker wirkt innerhalb dieses Rahmens. Mit anderen zusammenarbeiten, hin und wieder nachgeben und stets nach Gemeinsamkeiten suchen – häufig lassen sich Gesetze nur so vorantreiben.

Nach der Nationalhymne legten alle Parlamentsmitglieder die Hand auf den Heiligen Koran und gelobten ihre Treue zum Land. Wir versprachen, Afghanistan und dem afghanischen Volk gegenüber aufrichtig zu sein. Als ich die Hand zum Schwur auf den Koran legte, wurde mir erneut das ganze Ausmaß meiner Verantwortung bewusst.

Es tut mir leid, das sagen zu müssen, doch angesichts der ausufernden Korruption, die heute in meinem Land grassiert, nahmen an jenem Tag offenbar nicht alle meine Kollegen ihren Schwur ernst.

Am folgenden Tag begann die Debatte um die Wahl der Führungspositionen: die des Parlamentspräsidenten und seines Stellvertreters sowie die Ministerposten. Ich hatte mich bereits mit anderen Abgeordneten angefreundet, etwa mit Sabrina Sakib, die den stolzen Titel des jüngsten Parlamentsmitglieds trug. Ihr erklärte ich, dass ich die Absicht hatte, für das Amt des Stellvertretenden Parlamentspräsidenten zu kandidieren. Ich hielt das für kein großes Risiko, und wenn ich nicht gewählt wurde, so trug meine Kandidatur immerhin dazu bei, dass die neuen weiblichen Stimmen im Haus auch auf höchster Ebene gehört wurden.

Sabrina stimmte mir zu, dass meine Kandidatur gut für alle Frauen sei. Sie warnte mich allerdings auch, dass ich wahrscheinlich nicht gewählt würde und von einigen der Männer viel Gegenwind erfahren würde. Zudem fürchtete sie, dass ich noch nicht bekannt genug wäre und unter den prominenten Abgeordneten keine Fürsprecher hätte.

Als Nächstes sprach ich mit meiner Familie, die mich ebenfalls zur Vorsicht ermahnte. Mein Bruder Nadir war absolut dagegen. »Fausia dschan«, sagte er, »es war schon mehr als genug, dass du als Frau überhaupt Abgeordnete geworden bist. Mehr Ehrgeiz solltest du wirklich nicht entwickeln. Wenn du als Unterhauspräsidentin kandidierst, wirst du verlieren. Das wäre nicht gut für das politische Ansehen unserer Familie. In der Politik geht es nicht nur um dich, Fausia, sondern um die gesamte Familiendynastie.«

Diese Worte schmerzten mich, doch ich begriff, was er meinte. In Afghanistan wird Politik traditionell als Sieg in einer Schlacht oder unter dem Aspekt des Machtgewinns betrachtet statt als ernst zu nehmendes Mittel, mit dem das gewöhnliche

Volk seinen Willen zum Ausdruck bringt. Wenn in der Vergangenheit eine der politischen Familien in Afghanistan eine Wahl verloren hatte, so hatte das dem Ansehen der gesamten Familie geschadet. Dennoch wollte ich dieses Risiko eingehen. Für mich ging es um erheblich mehr: Ich wollte den Menschen und meinem Land bestmöglich dienen.

Als Letztes sprach ich mit Schuhra und Schaharasad. Ihre Reaktion bestärkte mich am meisten. Schuhra war erst sechs Jahre alt, Schaharasad sieben. Schuhra hatte eine hervorragende Wahlkampfidee und bewies damit bereits ihr politisches Talent. »Ich gebe hundert Kindern in meiner Schule Fähnchen«, sagte sie, »und dann kommen wir ins Parlament und sagen den Abgeordneten, dass sie dich wählen sollen.« Ich dankte ihr mit einem dicken Kuss. Ich fand ihren Vorschlag für eine Sechsjährige sehr klug und war unglaublich stolz darauf, dass sie schon in ihrem Alter nicht kleckerte, sondern klotzte.

Schaharasad ist ein sanftmütiges und nachdenkliches Mädchen, das mich sehr an ihren Vater erinnert. Sie nahm meine Hand und sah mich ernst an. »Mutter«, sagte sie, »eine der Frauen sollte eine hohe Stellung im Parlament haben. Und da ist es besser, wenn du das machst, weil ich weiß, dass du die Beste bist. Ich weiß schon, du wirst dann noch mehr weg sein und viel arbeiten, aber für uns ist das schon in Ordnung.« Mir kamen fast die Tränen. Genau das hätte Hamid auch gesagt.

Ich beschloss zu kandidieren.

Auf den Gängen des Parlamentsgebäudes wurde nur über ein Thema geredet: Wer kandidierte für welchen Posten? Viele Abgeordnete betrachteten meine Kandidatur als Witz, insbesondere diejenigen, die als Kriegsgewinnler und Komplizen Krimineller reich geworden waren. Das stärkte jedoch nur meine Entschlossenheit, das Amt der Stellvertretenden Parlamentspräsidentin zu erringen. Die reicheren Abgeordneten sammelten Stimmen, indem sie in ihren Häusern und in den besten

Restaurants und Hotels Kabuls üppige Abendgesellschaften ausrichteten, zu denen sie die Parlamentarier einluden, deren Stimmen sie brauchten. Ich hatte kein Geld für so etwas übrig, fiel jedoch auf, weil ich als einzige Kandidatin keine Party ausgerichtet hatte.

Am Abend vor der Wahl half mir meine Schwester, in einem sehr günstigen und einfachen Restaurant ein kleines Abendessen zu organisieren. Es war alles andere als ein Luxus-Restaurant, doch mehr konnte ich mir eben nicht leisten. Etwa zwanzig Abgeordnete erschienen. Es war frostig kalt an diesem Abend, und im Restaurant war es so eisig, dass man seinen Atem sah. Ich bat den Geschäftsführer, ein wenig Wärme in den Raum zu bringen. Er schaffte einen billigen alten Ölofen herbei, einen sogenannten *buchari*, der grässlich vor sich hin qualmte. Das Essen war ungenießbar und kalt, und nach einer Weile konnten die Gäste einander vor lauter Ofenrauch kaum noch sehen. Ich war unglaublich nervös, gab mir aber alle Mühe, eine gute Gastgeberin zu sein und die Unannehmlichkeiten zu überspielen.

Doch als ich nach Hause kam, konnte ich nur seufzend den Kopf schütteln. Meiner Schwester erklärte ich, dass ich es vermasselt hatte. Nach so einer katastrophalen Einladung würde mir niemand seine Stimme geben. Die Gastgeberfähigkeiten eines Menschen sind in unserer Kultur unglaublich wichtig. Wenn jemand in diesem Punkt versagt, fällt das Urteil der Menschen sehr harsch aus.

Die Kinder schliefen schon. Ich schlüpfte neben ihnen ins Bett, fand aber keinen Schlaf. Es war der Vorabend der Abstimmung. Alle Kandidaten sollten eine kurze Rede halten. Mitten in der Nacht stand ich auf, um meinen Text zu schreiben. Bis in die frühen Morgenstunden saß ich da, starrte auf das leere Blatt Papier und wusste nicht, womit ich anfangen und was ich sagen sollte. Normalerweise schreibe ich gerne Reden, sie kommen mir direkt aus dem Herzen.

Diesmal war es anders. Ich begann zu schreiben, formulierte diese oder jene Versprechung, doch dann zerriss ich den Zettel wieder, weil es einfach hohl klang.

Alle Kandidaten waren gebeten worden, sich kurz zu fassen. Doch ich wollte etwas schreiben, das etwas über mich und meine Werte aussagte, und das war in ein paar Sätzen nicht möglich. Die Morgendämmerung kroch schon durch die Wolken in mein Schlafzimmer. Mittlerweile saß ich vor meinem dritten oder vierten Entwurf. Ich las ihn durch. So ging das nicht. Ich zerriss das Papier und beschloss, aus dem Stegreif zu sprechen. Wenn ich erst vor meinen Kollegen Abgeordneten stand, würde ich schon wissen, was zu sagen war.

Am nächsten Morgen liefen die Kandidaten und ihre Gefolgsleute durch die Gänge des Parlaments und versuchten in letzter Minute Unterstützung zu gewinnen. Für das Amt des Stellvertretenden Unterhauspräsidenten gab es zehn weitere Kandidaten. Alle bis auf mich waren wohlbekannt, einige sehr mächtig. Gegen zehn Uhr suchte mich ein Mitarbeiter einer meiner Gegner auf und bat mich, die Kandidatur zurückzuziehen. Er bot mir dafür eine erkleckliche Summe an. Ich war entsetzt, aber, so traurig es klingen mag, nicht sonderlich überrascht. Was fiel diesen Leuten ein, eine so wichtige Abstimmung zu kaufen? Und wie konnten sie es wagen, mich für bestechlich zu halten?

Die Plenarsitzung begann. Ich saß still in einer Ecke, versuchte meine Gedanken zu sammeln und beobachtete das Geschehen. Egal, was dabei herauskam – zumindest war es aufregend, an diesem Ereignis teilzunehmen. Dann wurde ich aufgerufen, meine Vorstellungsrede zu halten. Als ich zum Podium ging, taxierten mich einige männliche Abgeordnete mit spöttischem oder auch missbilligendem Blick. Dass mir meine Freundin Sabrina aufmunternd zulächelte, wirkte dagegen beruhigend auf mich.

Es war das erste Mal, dass ich vor den anderen Abgeordneten sprach, und ich hatte Mühe, ein Zittern zu unterdrücken.

Dann plötzlich fiel mir wieder ein, dass ich über 8000 Stimmen erzielt hatte. Ich hatte jedes Recht, dort zu sein.

Als ich mich umsah, wuchs meine Selbstsicherheit. Ich atmete einmal tief ein und stellte mich erst einmal vor. Dann erklärte ich, dass ich für dieses Amt kandidiere, weil ich zeigen wolle, dass Frauen in Afghanistan in der Lage sind, Großes zu leisten und auch Führungspositionen zu übernehmen. Ich würde die Interessen meines Landes stets über meine persönlichen Interessen stellen. Afghanistan sei in jeglicher Hinsicht schwer beschädigt worden und brauche für den Wiederaufbau neue Stimmen und neue Energie. Trotz meiner dreißig Jahre sei ich kein Neuling und hätte bereits viel Berufserfahrung.

Ich erklärte, wie sehr ich Afghanistan und unsere Kultur liebe, und dass ich mich vollständig der Aufgabe widmen wolle, die Lage im Land zu verbessern. Ich sprach schnell, wie immer, wenn mir etwas von Herzen kommt, und war so konzentriert, dass ich den Applaus zunächst fast überhörte. Er wurde immer lauter. Als ich fertig war, spendeten viele Abgeordnete – Männer, Frauen, Traditionalisten, einflussreiche Parlamentarier – lautstark Beifall. Viele kamen zu mir und gratulierten mir zur Aufrichtigkeit meiner Worte. Ein alter Freund meines Vaters, ein Paschtune aus der Provinz Kundus, gab mir einen sanften Kuss auf die Stirn und flüsterte, ich mache meinem Vater alle Ehre. Angesichts dieser positiven Reaktion kam mir zum ersten Mal der Gedanke, dass ich vielleicht sogar gewinnen könnte. Als die Auszählung begann, blieb mir fast die Luft weg.

Ich gewann die Wahl mit einer großen Mehrheit der Stimmen. Es war das erste Mal in der afghanischen Geschichte, dass eine Frau, »ein armes Mädchen«, in so ein hohes politisches Amt gewählt wurde.

Ich konnte es gar nicht fassen. Ich strahlte wie eine Blume in voller Blüte, und einen Augenblick dachte ich, ich würde gleich davonschweben. Plötzlich war ich von Journalisten umringt, die mich mit Fragen bombardierten. Was mir als Frau besonders wichtig sei? Wie ich die Lage im Land verändern wolle? Wie eine Frau mit dem öffentlichen Interesse umgehe, die mit so einem hohen Amt verbunden sei? Ich absolvierte meine erste richtige Pressekonferenz und empfand sie als ziemlich einschüchternd, versuchte aber, die Fragen aufrichtig und klar zu beantworten.

Ich gehöre nicht zu den Abgeordneten, die keine Journalisten mögen. Viele Journalisten in unserem Land leisten meiner Ansicht nach herausragende Arbeit, versorgen die Öffentlichkeit mit Informationen und schauen den Verantwortlichen auf die Finger. Daher war ich immer bestrebt, den Medien den Respekt entgegenzubringen, den sie verdienen.

In den folgenden beiden Tagen war ich ständig von Journalisten belagert. Niemand hatte erwartet, dass eine Frau einen solchen Erfolg feiern würde, und die Situation war daher völlig neuartig. Doch ich war entschlossen, in jedem Interview, das ich gab, zu beweisen, dass ich nicht nur eine Kuriosität war, sondern eine ernstzunehmende Politikerin, die durchaus in der Lage war, die anstehende Aufgabe zu meistern.

Als Nächstes gab Präsident Karsai die Namen seiner Minister bekannt. Das einzige weibliche Kabinettsmitglied war Masuda Dschalal, eine ehemalige Ärztin. Sie war als einzige Frau im Präsidentschaftsrennen gegen Hamid Karsai angetreten. Zwar hatte sie haushoch verloren, doch Karsai ernannte sie zur Ministerin für Frauenfragen.

Bis zum heutigen Tag hat keine Frau einen wichtigen Ministeriumsposten erhalten, was ich sehr enttäuschend finde. Wenn eine Frau Frauenministerin werden kann, warum kann sie dann nicht Wirtschaftsministerin werden? Oder Telekommunikationsministerin? Warum kann sie keinen der anderen wichtigen Posten übernehmen, obwohl sie die entsprechenden Erfahrungen hat? Nur einmal vergab Karsai eine leitende Position an eine Frau, nämlich am 23. März 2005, als er die hoch geschätzte Habiba Sorabi zur Gouverneurin der Provinz Bamian ernannte. Sie ist seither eine bekannte und beliebte Persönlichkeit in der afghanischen Politik.

Als alle Posten verteilt waren, nahm das Parlament seine Arbeit auf. Auch das war ein historisches Ereignis und wurde landesweit im Fernsehen übertragen, nicht nur in Afghanistan, sondern in aller Welt. Da der Parlamentspräsident nicht da war, leitete ich die erste Plenarsitzung. Ich sah mich um, und wieder wurde mir bewusst, dass ich einem Parlament vorstand, in dem ehemalige Präsidenten, Minister und Mudschahedin-Führer saßen. Trotzdem war ich nicht nervös. Da mir kaum etwas so sehr liegt wie Debatten, fand ich es wunderbar, eine so wichtige Sitzung zu leiten. Es war eine umwerfende Erfahrung.

Nachdem die Sitzung glatt verlaufen war, merkten mehrere männliche Kollegen an, sie seien überrascht, dass eine Frau so gut für Ordnung sorgen könne. Auch sie begriffen, welch ein wichtiges Signal das für die afghanischen Frauen und die Nation war.

Doch schon bald setzte der Neid ein. Einige der älteren bestechlichen Abgeordneten verlieren täglich an Macht und Rückhalt in der Bevölkerung, und das wissen sie auch. Diese Politiker alten Stils, deren bevorzugte Kommunikationsmittel Waffen und Einschüchterung waren, vertrugen es nicht, dass eine junge Frau wie ich an politischer Beliebtheit und Einfluss gewann. Wenn ich in den Gängen an ihnen vorbeikam oder vom Rednerpult stieg, hörte ich sie murmeln: »Was? Eine Frau leitet unser Parlament, und wir müssen hier sitzen und zusehen? Der muss man das Handwerk legen.«

Ich bemühte mich, sie zu ignorieren, und konzentrierte mich stattdessen darauf, die Infrastruktur zu schaffen, die sich meine Wähler gewünscht hatten. Die Straße von Kabul nach Faisabad beispielsweise war immer noch eine unasphaltierte Piste. Ich setzte mich für die Finanzierung einer richtigen Straße ein, die zum ersten Mal meine Heimatprovinz Badachschan mit der Hauptstadt verbinden würde.

Auf einem USA-Besuch lernte ich Präsident George W. Bush und seine Frau Laura kennen. Laura war sympathisch und freundlich; ich mochte sie sehr. Sie schien sich aufrichtig für soziale Fragen zu interessieren: Kinderrechte, Bildung für Frauen, Schulausbau, Menschenrechte. Ich hatte das Gefühl, dass sie als Mutter die Notlage von Frauen und Kindern in Entwicklungsländern nachvollziehen konnte. Sie stellte mir viele kluge Fragen zur Lage in meinem Land und hörte aufmerksam zu, als ich ihr erklärte, wie die USA meiner Meinung nach helfen konnten. Ihre Unterstützung ermutigte mich.

Meine Zeit in den USA nutzte ich auch, um breitere Unterstützung für den Bau der geplanten Straße zu erhalten. Der US-Botschafter erklärte mir, er könne mir nichts versprechen, habe mein Anliegen jedoch vermerkt. Vier Monate später erfuhr ich, dass die amerikanische Behörde für Entwicklungszusammenarbeit, USAID, das Budget für die Straße genehmigt hatte. Ich war begeistert.

Heute ist die Straße fertig und erleichtert den Badachschanis das Reisen enorm. Statt drei Tagen dauert die Fahrt nach Kabul nun nicht einmal mehr einen Tag. Die Straße führt durch herrliche Landschaften und ist in meinen Augen die schönste in ganz Afghanistan. Einige Badachschanis haben ihr den Spitznamen »Fausias Straße« gegeben. Jenseits des Atanga-Passes ist sie trotz aller Bemühungen noch nicht fertiggestellt. Ich werde aber nicht ruhen, bis auch dieser Abschnitt gebaut ist. Ich glaube, ich schulde es meinem Vater, den Traum, den er einst so tapfer umzusetzen begann, zu vollenden.

In den vergangenen Jahren habe ich zahlreiche Spitzenpolitiker aus aller Welt kennengelernt, darunter Tony Blair, Gordon Brown und David Cameron, die beiden früheren und den jetzigen Regierungschef Großbritanniens. Hillary Clinton habe ich zweimal getroffen. Ich halte sie für eine unglaublich inspirierende Frau, die eine besondere Ausstrahlung hat und von einer Aura der Macht umgegeben ist. Ich bin auch Steven

Harper begegnet, dem kanadischen Premierminister, und Peter Mackay, dem kanadischen Verteidigungsminister.

Präsident Obama habe ich noch nicht kennengelernt, hoffe aber, dass es noch dazu kommt. Die Afghanen haben seinen Wahlkampf und seinen anschließenden Sieg recht genau verfolgt, und er ist hier sehr beliebt. Sein Weg ins Weiße Haus als erster schwarzer Präsident der USA hatte etwas Beflügelndes. Viele Afghanen schätzen zudem, dass er offenbar Verhandlungen dem Krieg vorzieht und sich in der Außenpolitik und mit globalen Fragen hervorragend auskennt.

Im Lauf der Jahre habe ich weltweit viele gute Freunde und Verbündete gefunden – Diplomaten, Journalisten und Mitarbeiter von Hilfsorganisationen. Wir können alle voneinander lernen, und die internationale Zusammenarbeit ist von unschätzbarem Wert. Afghanistan hat sich zu lange als Schachfigur von mächtigen Spielern hin und her schieben lassen. Ich glaube, dass es eines Tages seine rechtmäßige Rolle im asiatischen Raum wahrnehmen kann und wird. Als Nation müssen wir lernen, strategischer mit unseren Verbündeten zusammenzuarbeiten und uns gegen unsere Feinde zur Wehr zu setzen.

Wir müssen uns nicht damit abfinden, dass der Terrorismus in unserem Land weltweit gefürchtet und die Opfer bedauert werden. Wir sind ein großartiges Volk, und wir können eine großartige Nation sein. Dies für Afghanistan zu erreichen ist mein vorrangiges Ziel.

Ich habe es schon einmal gesagt: Ich weiß noch nicht, was Gott mit mir vorhat, ich weiß nur, dass er etwas mit mir vorhat. Vielleicht soll ich mein Land aus dem Abgrund aus Korruption und Armut führen, vielleicht soll ich auch nur eine fleißige Parlamentsabgeordnete und gute Mutter sein, die zwei funkelnde Sterne, ihre Töchter, erzieht. Was immer die Zukunft für mich und mein Land bereithält: Ich weiß, dass Gott allein es so will.

Brief an meinen Vater

Lieber Vater,

ich war knapp vier Jahre alt, als du einen gewaltsamen Tod fandest. In der kurzen gemeinsam verbrachten Zeit hast du mich nur einmal direkt angesprochen, und das, um mir zu sagen, ich solle verschwinden. Ich weiß nicht, wie du reagieren würdest, wenn du mich in der Position sähest, die ich heute bekleide. Aber ich hoffe, dass du stolz auf das wärst, was das jüngste Kind deiner Lieblingsfrau erreicht hat.

Ich habe dich kaum gekannt, mein Vater, aber ich weiß, dass ich viele deiner guten Eigenschaften geerbt habe. Wenn mir die Leute von dir erzählen, bin ich stolz auf deine Aufrichtigkeit, deine Offenheit und deinen Fleiß. Noch jetzt, so viele Jahre nach deinem Tod, erinnern sich die Menschen an diese Eigenschaften. Mich beflügelt das.

Ich glaube, ein Mensch, der nicht aufrichtig zu sich ist, kann auch nicht aufrichtig zu anderen sein. Deine Offenheit und Ehrlichkeit unterschieden dich von den meisten anderen Parlamentsmitgliedern. Du hast immer an das geglaubt, was du getan hast, und zu deinen Werten und den Entscheidungen, die du für dein Volk getroffen hast, gestanden. Diese Eigenschaften machen dich zu einem großen Mann.

Bei meiner Arbeit als Parlamentarierin, auf der Position, die auch du vor mir ausgefüllt hast, denke ich oft an dich und frage mich in schwierigen Situationen, was du getan hättest.

Die Erinnerung an dich erfüllt mich mit Mut und Entschlossenheit. Mehr als dreißig Jahre nach deinem Tod bist du deiner Familie und mir noch immer ein leuchtendes Vorbild.

Ich habe mehr als deine Werte von dir geerbt, Vater. Du hast mir dein politisches Vermächtnis hinterlassen. Dieses Vermächtnis werde ich nicht verraten, auch wenn ich eines Tages wie du wegen dieser Arbeit getötet werden sollte.

Aber ich will das nicht, Vater. Und vielleicht, so Gott will, wird es nicht dazu kommen. Wenn ich am Leben bleibe, dann werde ich eines Tages vielleicht sogar Präsidentin. Was hältst du davon, Vater? Ich hoffe, du lächelst da oben im Himmel, wenn du daran denkst.

In Liebe,
deine Tochter
Fausia

20

Ein Traum für eine vom Krieg zerrissene Nation

2010

Ich möchte von einer Begegnung erzählen, die sich vor zwei Jahren ereignete.

Damals besuchte ich ein Dorf in Badachschan, um mir die Probleme der Menschen anzuhören und zu erfahren, wie ich ihnen helfen konnte. Die Straßen waren in schlechtem Zustand, und als die Dämmerung hereinbrach, saßen wir im Dorf fest. Uns blieb nichts anderes übrig, als die Nacht dort zu verbringen. Die Familie, bei der wir wohnten, war eine der reichsten im bettelarmen Dorf. Auf dem Weg zu ihrem Haus grüßten uns junge Leute aus dem Dorf, die sich zu beiden Seiten der Straße aufgestellt hatten. Nachdem wir uns eine Weile mit ihnen unterhalten hatten, gingen wir weiter zum Haus unseres Gastgebers.

Eine wunderschöne Frau um die dreißig in zerrissenen Kleidern und im dunkelroten Hidschab kam aus dem Haus und hieß uns willkommen. Als ich sie begrüßte, beugte sie sich hinab und wollte mir die Hände küssen. Da ich noch nichts für die schöne junge Frau oder ihr Dorf getan hatte, gab es dafür keinen Anlass, und ich fühlte mich peinlich berührt. Ich zog deshalb die Hände weg. Die Frau, die unglücklich und verängstigt wirkte, bat uns in ihr Wohnzimmer. Der Raum war klein und dunkel. Erst nach einer Weile, als sich meine Augen an das Dämmerlicht gewöhnt hatten, merkte ich, dass sie hochschwanger war.

Die Frau brachte uns grünen Tee, getrocknete Maulbeeren und Walnüsse. Ich fragte sie, wie viele Kinder sie habe. Sie erwiderte, es seien fünf, alle jünger als sieben, und sie sei wieder im achten Monat schwanger. Ich machte mir Sorgen um sie, denn sie wirkte stark angeschlagen. Sie verließ den Raum und kam mit einer großen Holzschüssel mit süßem afghanischem Reispudding zurück, den sie für uns gekocht hatte. Sie breitete ein Tuch aus und stellte die große Reisschüssel darauf.

Das Abendessen bot eine gute Gelegenheit, sie in ein Gespräch zu verwickeln, um mehr über ihr Leben zu erfahren. Ich begann, über das Wetter zu reden.

»Es ist Sommer«, sagte ich, »aber Ihr Dorf liegt so hoch in den Bergen, dass es immer noch kühl ist. Im Winter muss es bitterkalt hier sein.«

»Ja«, erwiderte die schüchterne Frau, »im Winter haben wir so viel Schnee, dass wir nicht einmal das Haus verlassen können.«

»Wie kommen Sie dann zurecht?«, fragte ich. »Hilft Ihnen jemand bei der Hausarbeit?«

»Mir hilft niemand«, erwiderte sie. »Ich stehe um vier Uhr morgens auf, räume Schnee, bis die Stalltüren frei sind, und dann füttere ich die Kühe und die anderen Tiere. Anschließend mache ich Teig und backe im *tanur* Nan-Brot. Dann putze ich das Haus.«

»Sie sind hochschwanger«, sagte ich. »Machen Sie das auch jetzt alles allein?«

»Ja«, erwiderte sie.

Meine Überraschung war ihr offenbar unverständlich. Ich erklärte ihr, dass sie krank aussehe und ich mir Sorgen um sie mache.

Darauf antwortete sie, dass sie sich auch krank fühle. »Ich arbeite den ganzen Tag, und in der Nacht kann ich mich nicht rühren, weil ich solche Schmerzen habe.« Ich fragte sie, warum sie nicht zum Arzt gehe. Sie erwiderte, das sei nicht möglich, weil das Krankenhaus so weit weg sei. Daraufhin versicherte ich ihr, dass ich mit ihrem Mann sprechen und ihn bitten würde, sie hinzubringen.

»Wenn mein Mann mich ins Krankenhaus bringt«, erwiderte sie, »müssten wir eine Ziege oder ein Schaf verkaufen, um die Behandlung zu bezahlen. Das würde er nie zulassen. Außerdem, wie sollen wir denn hinkommen? Das Krankenhaus ist drei Tagesmärsche entfernt, und wir haben weder Esel noch Pferd.«

Ich wandte ein, ihr Leben sei wichtiger als eine Ziege oder ein Schaf. Wenn sie gesund sei, könne sie für die ganze Familie sorgen, doch wenn sie krank sei, könne sie sich um niemanden kümmern.

Sie schüttelte den Kopf und lächelte traurig, ja, wehmütig. »Wenn ich sterbe, dann heiratet mein Mann eine neue Frau, doch von der Milch der Ziegen und dem Fleisch der Schafe lebt die ganze Familie. Wenn wir eine Ziege oder ein Schaf verlieren, woher soll dann die Nahrung für unsere Familie kommen?«

Ich habe diese arme Frau nie vergessen, und ich bezweifle, dass sie noch am Leben ist. Viele Schwangerschaften, Mangelernährung, Erschöpfung und fehlende medizinische Versorgung – schon einer dieser Faktoren könnte sie umgebracht haben. Und Frauen wie sie gibt es Hunderttausende in Afghanistan. Die durchschnittliche afghanische Frau fürchtet den Tod nicht und will um jeden Preis, dass ihre Familie glücklich und zufrieden ist. Sie ist tapfer und freundlich, stets bereit, sich für andere aufzuopfern. Doch als Gegenleistung bekommt sie sehr wenig. Und häufig ist ihrem Mann eine Ziege oder ein Schaf wichtiger als das Leben seiner Frau.

Wenn ich an diese Frau denke, kommen mir die Tränen, und ich fühle mich mehr denn je verpflichtet, allen anderen Frauen, die wie sie sind, zu helfen.

Ich habe den Traum, dass alle Menschen in Afghanistan eines Tages gleichberechtigt sind. Afghanische Mädchen haben Potenziale, Talente und Fertigkeiten. Sie sollten lesen und schreiben lernen, um an der politischen und sozialen Zukunft unseres Landes teilzuhaben.

Außerdem träume ich davon, dass die scharfe Abgrenzung zwischen den Ethnien, die unserer Nation so geschadet hat, eines Tages aufgehoben sein wird. Ich hoffe auch, dass die islamischen Werte, die unsere Geschichte und Kultur geprägt haben, vor falschen und abwegigen Interpretationen bewahrt werden. Die Afghanen sind die Hauptopfer des internationalen Terrorismus, trotzdem gilt Afghanistan als das Land, aus dem weltweit die meisten Terroristen hervorgehen. Ich hoffe, dass wir mittels aktiver Diplomatie und positiver Außendarstellung in der Lage sein werden, diese Sicht zu ändern.

Afghanistan ist traditionell ein armes Land, dabei haben wir große Ressourcen. Wir besitzen Kupfer, Gold, Smaragde, Öl. Ich hoffe, dass der noch unerschlossene Mineralreichtum dazu genutzt werden kann, die Armut zu bekämpfen und unserem Land eine größere Bedeutung zu verschaffen.

Afghanistan hat schwere Kämpfe erlebt. Wir haben weder Invasionen noch Kolonisierung oder Eroberung einfach hingenommen. Als sich die Briten im Ersten Anglo-Afghanischen Krieg aus Afghanistan zurückzogen, stimmten die Angehörigen der örtlichen Stämme ein Kriegslied an. Ein Vers lautet: »Falls ihr unsere Leidenschaft noch nicht kennt, dann lernt ihr sie kennen, wenn ihr zum Schlachtfeld kommt.«

Das trifft durchaus den Kern. Wir Afghanen sind von Natur aus stolze und wilde Krieger. Wir werden uns immer verteidigen, wenn es nötig ist. Aber man muss auch wissen, dass wir den Krieg nicht suchen.

Die Türen der Globalisierung und ihrer Chancen, die so vielen anderen Ländern in der Welt offen stehen, sollten Afghanistan nicht länger verschlossen sein. Ich träume davon, dass

Afghanistan eines Tages eine Nation sein wird, die frei ist von den Fesseln der Armut. Ich träume davon, dass es für Frauen und Kinder nicht mehr das gefährlichste Land der Welt sein wird. Etwa jedes dritte afghanische Kind stirbt vor seinem fünften Geburtstag. Wir verlieren unsere künftigen Generationen an Armut, Krankheit und Krieg. Ich träume davon, dass dies bald ein Ende hat.

Seit dem Jahr 2001 und dem Sturz der Taliban wurden in Afghanistan Milliarden von Dollar an Hilfen ausgegeben. Ich bin dankbar für jeden Cent, doch leider wurde viel davon verschwendet oder fehlgeleitet, oder es verschwand in den Taschen korrupter Kommunalpolitiker oder betrügerischer Bauunternehmer, die große Gewinne machen, indem sie schlechte Straßen bauen oder neue Krankenhäuser ohne die notwendigen Installationen errichten.

Einige Entscheidungen der Vereinten Nationen und der internationalen Politik haben sich, obwohl in bester Absicht getroffen, als wenig zielführend erwiesen. Auf einer Konferenz in Genf wurde im Jahr 2002 entschieden, dass die USA die neu gegründete afghanische Armee ausbilden, Deutschland den Aufbau der Polizei und Italien den des Justizsystems übernehmen, Großbritannien für die Rauschgiftbekämpfung und Japan für die Entwaffnung paramilitärischer Gruppen verantwortlich sein solle. Anlass für dieses sogenannte Fünf-Säulen-Konzept war die Sorge um die Sicherheitslage, doch zehn Jahre nach Beginn der Operation Enduring Freedom ist Afghanistan noch immer alles andere als stabil.

Das Problem besteht vor allem darin, dass die afghanischen Herrscher viel zu lange so getan haben, als gehörte das Land ihnen und als könnten sie nach Belieben schalten und walten. Sie vergessen die Menschen in Afghanistan, wichtige Menschen, gute Menschen, die Familie und Kinder haben, ein Geschäft und Zukunftsträume. Stattdessen wurde Afghanistan geführt wie das persönliche Lehen einiger weniger mächtiger Männer.

Die Ziele dieser Männer waren fast ausschließlich eigennützig. Die Sowjets, die begehrlich auf Pakistans Warmwasserhäfen schielten, nutzten Afghanistan als Sprungbrett für ihre Großmachtpläne. Afghanistan lag auf dem Weg und war daher nicht mehr als ein lästiges Hindernis, das, um ein politisches Ziel zu erreichen, unterworfen werden musste.

Dann hängten sich die Mudschahedin das Deckmäntelchen des Nationalismus um. Sie waren die Helden der Befreiung, und alle Afghanen waren stolz auf ihren langen, zähen und siegreichen Kampf gegen die Sowjets. Doch ihr persönliches Machtstreben mündete in einen Bürgerkrieg und zerstörte fast das Land. Ihre internen Kämpfe und das folgende Chaos öffneten den Taliban Tür und Tor. Die Taliban vollzogen eine Rolle rückwärts und stürzten Afghanistan ins Mittelalter eines konservativen Islam und einer Moralvorstellung, die in der Geschichte des Islam oder gar der Welt Ihresgleichen sucht.

Kaum jemand verschwendete einen Gedanken an die Ziele, Hoffnungen und Bedürfnisse der einfachen Afghanen. Paradoxerweise waren es vielleicht die Sowjets, die dem am nächsten kamen, denn sie bauten Krankenhäuser und Bildungseinrichtungen, um den Lebensstandard der Menschen zu heben. Doch auch dies diente nicht etwa dem Wohl der vielfältigen Völker, die Afghanistan ihr Zuhause nennen, sondern stand stets im Dienst eines größeren strategischen Ziels.

Die normalen Afghanen, seien es Paschtunen, Tadschiken, Hasara, Usbeken, Aimak, Turkmenen oder Belutschen, hegen ihre eigenen Hoffnungen für dieses Land. Leider hatten sie allzu lange Anführer, die ausschließlich daran interessiert waren, sich zu bereichern, und in mancherlei Hinsicht gilt das noch heute. Der afghanische Durchschnittspolitiker vertritt die Haltung, dass sein Amt und seine Autorität, wenn er einmal an der Macht ist, sein persönliches Instrument sind, mit dessen Hilfe er Bestechungsgelder annehmen, Diebstahl begehen und einflussreiche Jobs an Freunde und Verwandte vergeben kann, die für die Posten überhaupt nicht qualifiziert sind. Das Letzte, was ihn interessiert, sind das Wohlergehen und das Glück der Menschen, die er eigentlich repräsentieren sollte.

Vetternwirtschaft ist im politischen System Afghanistans weit verbreitet. Familie und Freunde sind in meinem Land, wie in vielen anderen auch, unglaublich wichtig. Doch unsere Politiker müssen erst noch lernen, dass ein öffentliches Amt dem Wohl der Bevölkerung dient und nicht dazu gedacht ist, engen Wegbegleitern Schlüsselpositionen in der Regierung zuzuschieben – auch wenn es gut gemeint ist, nach dem Motto: »Ich brauche jemanden, dem ich vertrauen kann. Wer ist da besser geeignet als mein Cousin/Neffe/alter Freund?«

Doch so kann man keine gut funktionierende Regierung führen, und die Korruption breitet sich ungehemmt aus. Die ernannte Person wird oft nicht von dem Wunsch beseelt, ihrem Land zu dienen, sondern ihre Loyalität gilt der Person, die sie angestellt hat. Entscheidungen werden nicht etwa danach getroffen, was für das Volk am besten ist, sondern nach dem persönlichen Vorteil. Verantwortlichkeit und Transparenz gehen verloren, und die Grundlagen einer guten Regierungsführung brechen weg.

Zwar missfällt dies den meisten Afghanen, doch leider nehmen allzu viele es auch einfach hin. Die Erwartungen an die führenden Politiker sind gering, und häufig werden Kritiker mit einem Job, einem Vertrag oder Bargeld bestochen. Und wenn das nicht gelingt? Nun, Afghanistan ist ein gefährliches Pflaster. Ein Mensch, der seine Meinung äußert, kommt hier leicht zu Tode, und nur wenige Mordfälle werden aufgeklärt.

In den internationalen Medien wird ausgiebig über die Entführung ausländischer Entwicklungshelfer berichtet, ein bedauernswertes Phänomen, das allerdings eher selten ist. Diese Menschen sind gekommen, um uns zu helfen, und jedes Mal, wenn einer von ihnen sein Leben verliert für ein Land, das nicht das seine ist, blutet mir das Herz. Doch über die vielen

Entführungen von Afghanen berichten die Medien nicht. Jeder wohlhabende Afghane kennt jemanden, der entführt und gegen Lösegeld wieder freigelassen wurde. Nicht einmal kleine Kinder sind sicher vor den Banden, die an das Geld ihrer Eltern wollen. Aus diesem Grund haben die meisten afghanischen Geschäftsleute, die nach dem Sturz der Taliban zurückgekehrt sind, jedoch eine weitere Staatsbürgerschaft in Europa oder Amerika besitzen, Afghanistan wieder verlassen. So sind dem Land hoch qualifizierte Fach- und Führungskräfte abhanden gekommen.

Diese Situation wird sich erst ändern, wenn die Menschen, deren Aufgabe es ist, das Land in einem parlamentarischen System zu führen, endlich aus den richtigen Motiven heraus handeln. Welche das sind, liegt für mich auf der Hand. Ein Mensch sollte sich nur in den öffentlichen Dienst begeben, wenn er oder sie wirklich dem Volk dienen will. Wenn alle Politiker und Regierungsvertreter so dächten, dann ließe sich unglaublich viel erreichen. Die vielen Milliarden Dollar an Entwicklungshilfe, die nach Afghanistan fließen, würden endlich dort ankommen, wo sie gebraucht werden. Arbeiten würden von dem Handwerker durchgeführt, der die beste Leistung bringt, und nicht von dem, der am besten schmiert. Polizisten und Soldaten wären nur ihrer Uniform und ihrem Land verpflichtet und nicht einem korrupten Vorgesetzten. Die Gouverneure würden sorgfältig und ehrlich die Steuern und Abgaben eintreiben und sie an die Staatskasse weiterreichen. Die Zentralregierung wiederum würde dafür sorgen, dass das Geld klug und wirkungsvoll an die Ministerien und auf die von den Parlamentariern entwickelten Projekte verteilt wird. Und die Abgeordneten würden sich verpflichtet fühlen, sich die Wünsche der Menschen in ihren Wahlkreisen anzuhören und zu eigen zu machen.

Ich möchte nicht politisch naiv klingen. Alle Staaten haben ihre Probleme. Aber die besten Staaten haben Optimierungsmechanismen eingeführt. Dazu gehören parlamentarische Anfragen und Untersuchungsausschüsse, in denen Abgeordnete frei Ermittlungen anstellen und offen ihre Ergebnisse darlegen können. Dazu gehört auch eine Judikative, die wirklich unabhängig ist und den Mut hat, sich gegen eine Beeinflussung durch Korruption zur Wehr zu setzen. Dazu gehört überdies eine Polizei, die diszipliniert und stolz genug ist, über belanglose Diebstähle hinwegzusehen, und mutig genug, kriminelle Machenschaften auf allen Ebenen zu verfolgen, unabhängig davon, wie mächtig der Betreffende ist. Die internationalen Medien haben berichtet, dass Afghanistan auf dem Korruptionsindex 2010 von Transparency International die drittschlechteste Position belegt. Das ist schockierend.

Wo kann man also ansetzen? Meiner Meinung nach muss es mit einer funktionierenden parlamentarischen Opposition beginnen. Nur wenn der politische Wille da ist, den Menschen zuzuhören und sich ehrlich und integer für sie einzusetzen, kann sich die Lage in Afghanistan bessern. Das ist meine persönliche Meinung, doch sie gründet auf Gesprächen, die ich mit Tausenden von normalen Bürgerinnen und Bürgern geführt habe. Viele Afghanen haben die Hoffnung aufgegeben, dass sie jemals eine ehrliche Regierung bekommen werden. Dabei verdienen sie das und noch viel mehr.

Da man das Volk seit dreißig Jahren mit politischem Junkfood füttert, verwundert es nicht, dass die politische Kultur verwahrlost ist. Afghanistan ist politisch unterernährt, und das hat unser nationales Wachstum gehemmt. Es zeichnet sich jedoch ein Wandel ab. Ich habe eine ganze Reihe von integren Kollegen, die ihrem Wahlvolk ernsthaft zuhören und dementsprechend handeln. So gewinnen sie den Respekt und das Vertrauen der Menschen.

Der Erfolg eines demokratischen Afghanistans hängt überwiegend von zwei Faktoren ab. Der erste ist Bildung. Alle Kinder, Mädchen und Jungen, müssen eine solide, bezahlbare Bildung erhalten. Sie brauchen sie für ihre persönliche Zukunft, aber sie brauchen sie auch, um für die Zukunft ihres Landes fundierte Entscheidungen zu treffen.

Der zweite Faktor ist Sicherheit. Es müssen Recht und Ordnung herrschen, damit sich einfache afghanische Familien ein Leben in Sicherheit und Frieden aufbauen können. Und wenn die Zeit kommt, eine Regierung zu wählen, müssen sie das Zutrauen haben können, dass ihnen beim Wahlgang nichts zustößt und dass ihre Stimme dann auch tatsächlich zählt. Die meisten Afghanen wünschen sich die Chance, ihre Führung zu wählen, wissen jedoch noch nicht, was freie und faire Wahlen eigentlich sind.

Wenn ein demokratischer Staat aufgebaut werden kann, dann hoffe ich, dass mit der Zeit alle staatlichen Institutionen einschließlich der Sicherheitskräfte gemeinsam das Rückgrat einer stabilen, freien und gerechten Gesellschaft bilden. Das ist wie mit der Henne und dem Ei: Bringt Sicherheit einen besseren Staat hervor? Oder sorgt eine gute Staatsführung für Sicherheit? Wahrscheinlich stimmt beides.

Und was ist mit den Taliban, die gleichzeitig für beides und nichts stehen? Während ich dieses Buch schreibe, diskutieren die Alliierten über einen Abzug aus Afghanistan. Meiner Ansicht nach planen sie den Rückzug, ehe ihre Arbeit erledigt ist und noch während Krieg und Kämpfe unser Land vergiften. Hier schwelen Konflikte, die jederzeit international explodieren können. Die Warnung, die der große Achmed Schah Massud an die westlichen Staaten gewandt aussprach, dass nämlich der Terrorismus auch zu ihnen kommen würde, gilt heute nach wie vor. Wenn unsere internationalen Freunde nicht beginnen, das Problem der Taliban in der gesamten Region anzugehen, dann werden die Gefahren für die Welt bestehen bleiben.

In letzter Zeit wurde viel über die Versöhnung mit den Taliban und ihre Einbeziehung in die Regierung gesprochen. Anlass für die internationale Gemeinschaft, dies anzuregen, war ihr Bestreben, den Rückzug der Streitkräfte so schnell wie möglich durchzuziehen. Doch das ist ein Fehler. Diese schnelle Scheinlösung wird die Probleme der Welt nicht beseitigen, sondern sie vielmehr aufrechterhalten und eines Tages zuspitzen.

Die Taliban werden anführen, dass ihre Form des konservativen Islam die einzige Regierungsform ist, die Afghanistan braucht, und dass sie allein dem Land Stabilität bringen können. Doch sie haben deutlich gezeigt, dass ihre Interpretation der Bildungs- und Gesundheitspolitik mindestens die Hälfte der Bevölkerung extrem unterdrückt. Und ihre Ansichten zur Sicherheit und Gerechtigkeit haben nichts mit dem gemein, was die Mehrheit der Menschen wünscht und erwartet.

Sollte man den Taliban eine politische Stimme geben? In dem demokratischen System, an das ich glaube, kann jede Frau und jeder Mann in der Politik mitreden. Doch genau das ist der Punkt: In der Politik geht es ums Reden, Argumentieren und Überzeugen. Es ist schwer vorstellbar, dass die Taliban in einem Parlament neben Politikerinnen wie mir sitzen.

Die Taliban versuchen mich auf jede erdenkliche Weise zu ermorden. Und nicht nur mich. Regelmäßig bedrohen sie das Leben afghanischer Männer und Frauen – Intellektuelle, Journalisten, Andersdenkende und Freunde des Westens. Werden sie je verstehen und anerkennen, was Demokratie bedeutet? Ich bezweifle das. Werden sie wirklich bereit sein, die Macht mit Menschen zu teilen, die ihre Ideale nicht vertreten? Werden sie mit uns debattieren und nach Gemeinsamkeiten suchen? Werden sie Gesetzesvorhaben oder Ideen, die wir Frauen vorbringen, unterstützen? Die Antwort lautet nein. Es ist naiv von der internationalen Gemeinschaft, zu glauben, das wäre möglich. In den vergangenen Jahren wurde so viel für die afghanischen Frauen getan. Holt man die Taliban in die Regierung, werden all diese Fortschritte wieder zunichte gemacht.

Wenn ich durch Kabul fahre, freue ich mich über die kleinen Mädchen in ihrer Schuluniform, einem schwarzen Salwar Kamiz mit weißem Kopftuch. In den letzten zehn Jahren haben Hunderttausende von Mädchen, meine eigenen Töchter eingeschlossen, die Chance erhalten, zur Schule zu gehen. Das eröffnet ihnen nicht nur Zukunftschancen, sondern verbessert auch die künftige wirtschaftliche und gesundheitliche Entwicklung ihrer Familien. Dies wiederum stärkt unsere gesamte Nation. Wenn die Taliban zurückkehren, werden diese Mädchen wieder ins Haus verbannt und unter ihren Burkas zum Schweigen gebracht. Obskure Gesetze werden dafür sorgen, dass Frauen weniger Rechte haben als ein Hund. Unser Land wird erneut in die Finsternis abtauchen. Dies zuzulassen, wäre der größtmögliche Verrat.

Im Oktober 2010 gewann ich die Wahlen zu meiner zweiten Legislaturperiode im Parlament. Ich hatte meine Wählerschaft nicht enttäuscht, und obwohl einige meiner Gegner nach Kräften Wahlbetrug begingen, bekam ich noch mehr Stimmen als beim ersten Mal.

Zu meiner großen Freude wurde auch meine ältere Schwester Kandigul, die in der Familie Marjam genannt wird, ins Parlament gewählt. Sie ist die Schwester, die von den Mudschahedin verprügelt wurde in jener Nacht, in der meine Mutter das Waffenversteck meines Vaters nicht preisgeben wollte. Als Kind besuchte sie keine Schule und war Analphabetin (ich war das einzige weibliche Familienmitglied, das zur Schule gehen durfte). Doch während sie heiratete und Kinder bekam, beobachtete sie, wie ich mir Bildung aneignete und was ich damit erreichte. Sie wollte unserem Land ebenfalls dienen und etwas Sinnvolles mit ihrem Leben anfangen. Deshalb drückte sie die Schulbank. Zunächst lernte sie in der Abendschule lesen und schreiben und belegte Computerkurse, und wenige Jahre später schloss sie ein Universitätsstudium ab. Heute ist sie wie ich Abgeordnete und damit das neueste Familienmitglied der Kufis, das seinen Platz im politischen Geschäft gefunden hat. Ich bin unglaublich stolz auf das, was sie erreicht hat, und weiß, dass sie hart arbeiten wird, um ihrer neuen Aufgabe gerecht zu werden.

Vor den letzten Wahlen spitzten sich die Todesdrohungen gegen mich weiter zu. Bewaffnete Männer verfolgten den Wagen, in dem ich saß, Straßenbomben wurden entlang der Route platziert, die ich nahm, und es gab Hinweise auf geplante Entführungen. Am Wahltag wurden zwei Männer verhaftet, nachdem sie zugegeben hatten, meine Entführung geplant zu haben. Sie wollten mich in einen anderen Distrikt bringen und dann töten. Dass sie Verbindungen zu einem anderen Politiker der Region hatten, war offensichtlich, weil einer der beiden mit ihm verwandt war. Dieser wurde jedoch wieder auf freien Fuß gesetzt, während der andere in Gewahrsam blieb. Ich kann nicht erklären, warum man den Mann freiließ, nachdem er seine Pläne zugegeben hatte. Ich kann nur sagen, dass ich, die ich kein Blatt vor den Mund nehme, mich nicht in dem Maß auf unsere nationalen Sicherheitskräfte verlassen kann, wie ich es mir wünschte. Oft weiß ich nicht, wer mir nach dem Leben trachtet und ob die Leute Zivilkleidung oder offizielle Uniform tragen. In Kabul werde ich hin und wieder angehalten und von Geheimdienstmitarbeitern eingeschüchtert, immer ohne Anlass oder Erklärung. Das ist mittlerweile ein fester Bestandteil meines Lebens. Ich will nicht sagen, dass ich mich daran gewöhnt habe, denn niemand gewöhnt sich an solche Drohungen, aber ich habe gelernt, damit zu leben.

Ich bin stolz darauf, dass ich wie schon mein Vater vor mir als aufrichtige Politikerin gelte, die sich nicht fürchtet, wenn nötig auch in schwierigen Fragen die Stimme zu erheben. Ich habe bewiesen, dass ich denen, die es brauchen, Infrastruktureinrichtungen und finanzielle Mittel beschaffen kann. Natürlich gehören die Menschen, die ich repräsentiere, noch immer zu den ärmsten der Welt, und es ist noch viel zu tun. Aber ich weiß, dass ich ihnen das Leben leichter gemacht habe, indem ich Bau und Einrichtung von Straßen, Schulen, Arbeitsplätzen und Moscheen initiiert habe.

Kürzlich habe ich mich für den Bau mehrerer Frauenmoscheen in entlegenen und sehr konservativen Dörfern eingesetzt. Da die Moscheen dem Gebet dienen, würde kein Mann seiner Frau verbieten, das Haus für eine Stunde zum Gottesdienst zu verlassen. Für manche Frauen ist das die einzige Gelegenheit, aus dem Haus zu kommen. Deshalb werden diese neuen Moscheen den Frauen weitere Angebote zugänglich machen: In den Religionszentren erhalten die Frauen nun auch Ratschläge zur Ernährung und Hygiene und können zudem lesen und schreiben lernen. Allein schon ein solches Gebäude kann die Dynamik eines armen Dorfes fast über Nacht völlig umkrempeln.

Heute bin ich wahrscheinlich die bekannteste Politikerin in Afghanistan. In der Öffentlichkeit, sowohl bei Männern als auch bei Frauen, bin ich sehr beliebt. Die Afghanen sehen in mir erst den Politiker und dann die Frau. Darauf bin ich besonders stolz.

Meine politischen Freunde raten mir, für das Präsidentenamt zu kandidieren. Ich würde lügen, wenn ich behauptete, dass ich die Führung meines Landes nicht liebend gern übernehmen würde. Natürlich würde ich das. Gibt es irgendwo auf der Welt einen ernsthaften Politiker, der nicht Regierungschef werden wollte, wenn man es ihm anböte? Ich weiß, dass ich dieser Aufgabe gewachsen wäre und sie gut erledigen würde. Aber ich bezweifle, dass die Zeit dafür reif ist. Ich glaube nicht, dass mein Land schon bereit ist, eine Frau in diesem Amt zu akzeptieren. Natürlich hoffe ich, dass sich das eines Tages ändern wird. Bis vor kurzem hat niemand es für möglich gehalten, dass ein Schwarzer Präsident der USA werden könnte, und doch ist es geschehen. Andere islamische Länder haben schon weibliche Regierungschefs gehabt. Megawati Sukarnoputri war 2001 bis 2004 Präsidentin von Indonesien, Chaleda Sia war die erste Premierministerin von Bangladesch, und im benachbarten Pakistan war Benasir Bhutto ebenfalls Premierministerin und stand kurz davor, zur Präsidentin gewählt zu werden, als man sie ermordete. Ich denke an meine einstigen politischen Heldinnen Margaret Thatcher und Indira Gandhi. Das sind Frauen, die nicht wegen ihres Geschlechts in Erinnerung bleiben, sondern wegen ihrer Politik und ihrer Führungsstärke. Und ich weiß, dass es für Afghanistan eines Tages auch möglich sein wird.

Viel zu lange wurde Politik in meinem Land mit vorgehaltener Waffe betrieben. Sie hatte mehr damit zu tun, wer die meisten Soldaten oder die besten Panzer hatte, als mit politischen Inhalten, Plänen oder Reformen für die Zukunft. Das muss sich ändern. Doch der Wandel wird Zeit brauchen. Mit diesen Veränderungen wird auch die Wirtschaft keimen, Wurzeln schlagen und wachsen. Ein stabiles Afghanistan wird seinem Volk viele Chancen eröffnen. Sei es der Bauer, der auf besseren und sichereren Wegen zum Markt kommt, sei es der Unternehmer, der ein Import-Export-Geschäft aufbaut, oder seien es die Hunderttausenden von Exilafghanen, viele von ihnen hervorragend ausgebildet, die zurückkehren: Die Grundsteine für eine bessere Zukunft werden nach und nach gelegt werden.

Ich möchte die Aufgaben, die vor uns liegen, nicht klein reden. Es sind unglaublich viele Probleme zu lösen. In Afghanistan florieren Korruption und religiöser Extremismus, und das Land ertrinkt in einem Strom aus Geld, der sich aus einem Meer von Schlafmohn auf unseren Äckern ergießt. Doch im Lauf der leiderprobten Generationen wurden die Kraft und Entschlossenheit der Menschen nie gebrochen. Ich glaube und bete, dass die Zeit kommen wird, da alle Afghanen die Vergangenheit ablegen und in die Zukunft blicken können.

Nach so vielen Jahren Krieg und Unterdrückung ist praktisch nichts mehr da. Uns bleibt gar nichts anderes übrig, als das Land wieder aufzubauen, und ich glaube, genau das will die

Mehrheit meiner Landsleute tun. Sie brauchen dafür nur die richtigen Rahmenbedingungen. Und sie brauchen eine starke und entschlossene Führung. Diese muss die vielen individuellen Ideen und Meinungen zu einem zusammenhängenden Ganzen ordnen, das unsere Nation zusammenschweißt und zum Erfolg führt.

Und wenn wir das schaffen, meine geliebten Töchter, dann werden eure Kinder eines Tages in Freiheit aufwachsen, in einer stolzen und erfolgreichen islamischen Republik, die ihren rechtmäßigen Platz in der entwickelten Welt gefunden hat.

Dafür lebe ich.

Und dafür werde ich sterben.

Für diesen Fall, meine lieben Töchter, sollt ihr wissen, dass ich jedes Wort in diesem Buch für euch geschrieben habe. Ich will, dass ihr und alle afghanischen Jungen und Mädchen versteht, wofür ich kämpfe, und daraus lernt. Meine Träume für dieses Land werden in euch allen fortleben.

Und wenn es den Taliban nicht gelingt, mich zu töten? Nun ja, liebe Schuhra, vielleicht werde ich dir helfen, erste Präsidentin Afghanistans zu werden. Und vielleicht gründen wir gemeinsam eine neue Dynastie wichtiger islamischer Führungspolitikerinnen, die der Welt Gutes bringen.

Während ich diese letzten Worte schreibe, weiß ich, dass meine Mutter Bibi dschan im Himmel lächelt.

Historische Eckdaten der jüngeren afghanischen Geschichte

1919 – Nach dem Dritten Anglo-Afghanischen Krieg, in dem die Briten das Land unter ihren Einflussbereich bringen wollen, gewinnt Afghanistan seine Unabhängigkeit wieder.

1933 – Mohammed Sahir Schah wird König. Vierzig Jahre lang ist Afghanistan eine Monarchie.

1973 – Mohammed Daud Khan putscht sich an die Macht und ruft eine Republik aus.

1978 – General Daud wird bei einem Staatsstreich durch die linksgerichtete Demokratische Volkspartei Afghanistan gestürzt und ermordet.

1979 – Den Machtkampf in Kabul zwischen den linksgerichteten Hafisullah Amin und Nur Mohammed Taraki gewinnt Amin. Die Aufstände in den ländlichen Gebieten reißen nicht ab, und die afghanische Armee steht vor dem Kollaps. Schließlich entsendet die Sowjetunion Streitkräfte, um Amin zu stürzen. Er wird hingerichtet.

1980 – Babrak Karmal, Chef des Parcham-Flügels in der Demokratischen Volkspartei, wird von der Sowjetarmee als Regierungschef eingesetzt. Doch der Widerstand gegen das Regime wächst, und mehrere Mudschahedin-Gruppen nehmen den Kampf gegen die Sowjets auf. Die USA,

Pakistan, China, Iran und Saudi-Arabien versorgen sie mit Geld und Waffen.

1985 – Die Mudschahedin-Gruppen beraten sich in Pakistan und bilden eine Allianz gegen die sowjetischen Streitkräfte. Mittlerweile wurde Schätzungen zufolge die Hälfte der afghanischen Bevölkerung durch den Krieg vertrieben. Viele sind in die Nachbarländer Iran und Pakistan geflohen.

1986 – Die USA liefern den Mudschahedin Stinger-Raketen, mit denen sie sowjetische Kampfhubschrauber abschießen können. Babrak Karmal wird als Chef des sowjetisch gestützten Regimes durch Mohammed Nadschibullah ersetzt.

1988 – Afghanistan, die UdSSR, die USA und Pakistan unterzeichnen ein Friedensabkommen, und die Sowjetunion beginnt mit dem Truppenabzug.

1989 – Die letzten Sowjets verlassen das Land, doch der Bürgerkrieg geht weiter. Die Mudschahedin wollen Nadschibullah stürzen.

1991 – Die USA und die UdSSR vereinbaren, die Militärhilfe für beide Seiten einzustellen.

1992 – Die Truppen des Widerstands nehmen Kabul ein, und Nadschibullah verliert die Macht. Rivalisierende Milizen kämpfen um Einfluss.

1993 – Die Splittergruppen der Mudschahedin einigen sich darauf, eine Regierung unter dem Tadschiken Burhanuddin Rabbani als Präsident zu bilden.

1996 – Die Taliban nehmen Kabul ein und setzen eine extreme Version des Islam durch. Rabbani flieht und schließt sich der gegen die Taliban kämpfenden Nordallianz an.

1997 – Die Taliban werden von Pakistan, Saudi-Arabien und den Vereinigten Arabischen Emiraten als rechtmäßige Regierung anerkannt. Die meisten anderen Staaten betrachten weiterhin Rabbani als Staatsoberhaupt. Die Taliban kontrollieren mittlerweile zwei Drittel des Landes.

2001, September – Ahmed Schah Massud, legendärer Guerillakämpfer und Anführer der wichtigsten Widerstandsgruppe gegen die Taliban, wird ermordet, offenbar von Attentätern, die sich als Journalisten ausgegeben haben.

2001, Oktober – Die USA und Großbritannien fliegen Luftangriffe gegen Afghanistan, nachdem sich die Taliban geweigert haben, Osama bin Laden auszuliefern, der sich zu den Anschlägen vom 11. September auf die USA bekannt hat.

2001, 5. Dezember – Afghanische Gruppierungen einigen sich auf der Petersberger Konferenz bei Bonn auf die Bildung einer Übergangsregierung.

2001, 7. Dezember – Die Taliban verlieren ihre letzte Hochburg Kandahar, doch Mullah Omar bleibt auf freiem Fuß.

2001, 22. Dezember – Der paschtunische Royalist Hamid Karsai wird als Präsident einer dreißigköpfigen Übergangsregierung vereidigt.

2002, April – Der ehemalige König Sahir Schah kehrt aus dem Exil zurück, erhebt aber keinen Anspruch auf den Thron.

2002, Mai – Der UN-Sicherheitsrat verlängert das Mandat der Internationalen Sicherheitsunterstützungstruppe (ISAF) bis Dezember 2002.

Alliierte Streitkräfte suchen im Südosten des Landes weiter nach Überresten der Al-Qaida und der Taliban.

2002, Juni – Die Loja Dschirga, der Große Rat, wählt Hamid Karsai zum Interimspräsidenten. Karsai ernennt die Mitglieder seiner Regierung, die bis 2004 im Amt bleiben soll.

2003, August – Die Nato übernimmt die Verantwortung für die Sicherheit in Kabul. Es ist ihr erster Einsatz außerhalb Europas.

2004, Januar – Die Loja Dschirga beschließt eine neue Verfassung, die ein starkes Präsidentenamt vorsieht.

2004, Oktober bis November – Präsidentschaftswahlen: Hamid Karsai wird mit 55 Prozent der Stimmen zum Sieger erklärt. Im Dezember wird er unter strengen Sicherheitsvorkehrungen vereidigt.

2005, September – Die ersten Parlaments- und Provinzwahlen nach über dreißig Jahren finden statt.

2005, Dezember – Das neue Parlament hält seine Eröffnungssitzung.

2006, Oktober – Die Nato erhält die Verantwortung für die Sicherheit in ganz Afghanistan. Im Osten übernimmt sie das Kommando von den US-geführten Koalitionsstreitkräften.

2008, November – Die Taliban-Milizen lehnen Präsident Karsais Angebot über Friedensgespräche ab. Es könne erst Verhandlungen geben, wenn die ausländischen Streitkräfte Afghanistan verlassen hätten.

2009, Oktober – Hamid Karsai wird zum Sieger der Präsidentschaftswahl vom August erklärt, nachdem der zweitplatzierte Abdullah Abdullah vor der Stichwahl seine Kandidatur zurückgezogen hat. Dem vorläufigen Endergebnis zufolge hatte Hamid Karsai erneut 55 Prozent der Stimmen erhalten, doch aufgrund der vielen fehlerhaften Wahlzettel war eine Stichwahl angeordnet worden.

2009, November – Hamid Karsai wird für seine zweite Amtszeit als Präsident vereidigt.

2010, Juli – Auf einer großen internationalen Konferenz wird Präsident Karsais Zeitplan gebilligt, nach dem die Verantwortung über die Sicherheit bis 2014 von den ausländischen Streitkräften auf die afghanische Armee übertragen werden soll.

Bildnachweis